会说话——完美表达的艺术

徐春艳 编著

浙江工商大学出版社
ZHEJIANG GONGSHANG UNIVERSITY PRESS

图书在版编目（CIP）数据

会说话：完美表达的艺术 / 徐春艳编著 . — 杭州：
浙江工商大学出版社 , 2018.9

ISBN 978-7-5178-2851-8

Ⅰ . ①会… Ⅱ . ①徐… Ⅲ . ①语言艺术–通俗读物
Ⅳ . ① H019–49

中国版本图书馆 CIP 数据核字（2018）第 151660 号

会说话——完美表达的艺术

徐春艳 编著

责任编辑	孙婷玫　沈明珠　李相玲
封面设计	思梵星尚
责任印制	包建辉
出版发行	浙江工商大学出版社
	（杭州市教工路 198 号　邮政编码 310012）
	（E-mail: zjgsupress@163.com）
	（网址：http://www.zjgsupress.com）
	电话：0571-88904980，88831806（传真）
排　　版	北京东方视点数据技术有限公司
印　　刷	三河市兴博印务有限公司
开　　本	710mm×1000mm　1/16
印　　张	18
字　　数	307 千
版 印 次	2018 年 9 月第 1 版　2018 年 9 月第 1 次印刷
书　　号	ISBN 978-7-5178-2851-8
定　　价	52.00 元

前　言

著名学者王了一说过："说话是最容易的事，也是最难的事。最容易，因为三岁的孩子也会说话；最难，因为最擅长辞令的外交家也有说错话的时候。"

话说得好，小则可以讨喜、动人，大则可以保身、兴邦。远有苏秦、张仪游说诸侯，战国格局为之改变；诸葛亮说服孙权，三国鼎立之势成；皇太极劝降洪承畴，大清夺天下成定局。近有周恩来出色外交，四两拨千斤；罗斯福之"炉边谈话"，温暖千万心灵。

话说得不好，小则树敌、伤友，大则丧命、失江山。孔子之教有四科：德行、言语、政事、文学。言语仅次于德行，可见它的重要。由于一言之闪失，导致兵戎相见、血流成河的浩劫，在中外历史上屡见不鲜，故《论语》有言："一言可以兴邦，一言可以丧邦。"因一言不慎而招致杀身之祸的也不乏其人，因一句"此跋扈将军也"而被梁冀毒死的汉质帝，还有恃才放旷的杨修都属此列。

说话是一种技巧，更是一门艺术。一句恰到好处的话，可以改变一个人的命运，一句言不得体的话，可以毁掉一个人的一生。

职场上，每个人每一天和同事、领导难免有话要说；家庭中，同妻子、丈夫、父母、孩子必须进行交流；社交时，同朋友、客户势必联络感情。说什么？怎么说？什么话能说，什么话不能说？这些都需要我们掌握说话的艺术。在注重人际沟通的现代社会，说话的艺术也就是成功的艺术。

会说话，可以帮你办好难办的事。同一个问题变换不同的说话方式将得到截然不同的效果。有求于人，想要拉近关系；遇到僵局，想要无形化解；遭到拒绝，想要说服对方，都需要掌握说话的艺术。说好难说的话，才能办好难办的事。

会说话，可以助你掌握通达的做人智慧。说话没分寸，没艺术，即使是赞扬的话，别人也充耳不闻。说话有分寸，讲方法，即使是批评的话，别人也乐于接受。"见人说人话，见鬼说鬼话"，会说话，好做人。

会说话，可以帮你成为社交高手。如何同上司说话？如何同客户沟通？如何拒绝朋友？如何抚慰家人？人情网中，拿好语言之矛，才能攻破人心之盾。

会说话，可以助你掌握圆通的处世之道。在人生的各个场合，在什么情况下、对什么人、在什么时机说话，都要讲求艺术性。对方豪爽，就说直率的话；对方保守，就说稳妥的话；对方崇尚学问，就说高深的话。这是语言之道，也是处世之道。

杰出的说话能力不是天生的，而是可以通过后天培养训练的。本书在充分展示会说话的巨大威力的基础上，将理论与实践相结合，以通俗易懂的语言深入浅出地论述了说话的艺术，是迄今为止内容最全面、技巧丰富、方法最实用的语言艺术大全集。

本书从理论上，讲述了练就说话艺术的重要性、提高说话技巧的途径和方法；在实践上，指导读者如何把握好沉默的分寸，把握好说话时机、说话曲直、说话轻重和与人开玩笑的分寸，把握好调解纠纷时和激励他人时的说话分寸，掌握如何同不同的人说话的技巧、不同场景下的说话艺术、怎么说别人才会听你的、最讨人喜欢的说话方式及如何说好难说的话等。同时还以生动具体的事例向读者展示了同陌生人、同事、朋友、对手沟通的艺术，在求职面试、求人办事、谈判、演讲、电话交谈、尴尬时刻、危急时刻、宴会应酬、主持会议时的说话艺术。阅读本书，让你轻松面对尴尬、获取提升机会、扩大交际范围，在不同的场合、面对不同的人群，说好想说的话，说好难说的话，提高说话技巧，改变一生命运。

目　录

第二篇　如何与不同的人说话

第三篇　不同场景下的说话艺术

第六篇　最讨人喜欢的说话方式

绪 论

说话为什么要讲究艺术

在现代社会，人离不开说话犹如鱼离不开水。说话作为人们最简单、最直接的表达方式，它的重要性是不言而喻的。

明代开国皇帝朱元璋，出身贫寒，少年时就放牛，给有钱人家打工，甚至还一度为了果腹而出家为僧。但朱元璋却胸有大志，风云际会，终于成就一代霸业。

朱元璋当了皇帝以后，有一天，他儿时的一位穷伙伴来京求见。朱元璋很想见见旧日的老朋友，可又怕他讲出什么不中听的话来。犹豫再三，总不能让人说自己富贵了不念旧情吧，他还是传了穷伙伴进来。

那人一进大殿，即大礼下拜，高呼万岁，说："我主万岁！当年微臣随驾扫荡庐州府，打破罐州城。汤元帅在逃，拿住豆将军，红孩子当兵，多亏菜将军。"

朱元璋听他说得动听含蓄，心里很高兴，回想起当年饥寒交迫时大家有福同享、有难同当的情形，心情很激动，立即重重封赏了这个老朋友。

消息传出，另一个当年一块儿放牛的伙伴也找上门来了，见到朱元璋，他高兴极了，生怕皇帝忘了自己，指手画脚地在金殿上说道："我主万岁！你不记得吗？那时候咱俩都给人家放牛，有一次我们在芦苇荡里，把偷来的豆子放在瓦罐里煮着吃，还没等煮熟，大家就抢着吃，把罐子都打破了，撒下一地的豆子，汤都泼在泥地里，你只顾从地上抓豆子吃，结果让红草根卡在喉咙里，还是我出的主意，叫你用一把青菜吞下，才把那红草根带进肚子里。"

当着文武百官的面，"真命天子"朱元璋又气又恼，哭笑不得，只有喝令左右："哪里来的疯子，来人，快把他拖出去砍了！"

会说话的人可以凭借三寸不烂之舌升官发财，不会说话的人却因为言语不当遭到灭顶之灾。由此可见，说话是一门技术，更是一门艺术。在纷纭复杂的现实生活中，学会深刻地领悟语言的真谛，学会如何说话，讲究艺术，显然是势在必行的。

会说话好办事

近代美国诗人佛洛斯特从说话的角度，把一般人巧妙地分成两类：第一类是满腹经纶，却说不出来的人；第二类是胸无点墨，却滔滔不绝的人。

佛洛斯特的观察相当深入，我们经常看到一肚子学问而讷于雄辩的人，也不时听见不学无术的人废话连篇。因而，交谈最根本的条件是：既要有充实而有价值的内涵，又要善于表达，使人听得痛快，而且回味无穷。所以"有话可说"实在不是容易的事，要达到"言之有物"的境界，更要不断学习，力求充实自己。

平心而论，中国传统并不鼓励人研究交谈方法，顶多不过提出若干基本原则，让各人"运用之妙，存乎一心"而已。可是，大部分人却没有能力去体会并运用这些原则，甚至误解"巧言令色，鲜仁矣"的道理，弄得人简直不敢开口。

然而在当今社会，社交场合交谈艺术却实在是处世的第一要诀，不可不细加研究。律师出身的美国参议员，也是美国最著名的演说家之一——戴普曾经说过："世界上再没有什么比令人心悦诚服的交谈能力更能迅速获得成功与别人的钦佩了，这种能力，任何人都可以培养出来。"

的确，能够在交谈中把意思有效地表达出来的人，走到哪里都可以出人头地。他们不但可借口才引起旁人的重视，而且比一般人拥有更多、更好的发展机会。一个人必须了解：如何探寻事物，如何说明事理，以及如何进行说服性的言谈，才能获得他人的支持。

巧说话让感情峰回路转

生活是复杂而又深邃的，是一个浓缩了酸、甜、苦、辣、咸的"五味瓶"。千姿百态的生活场景摆在我们面前，我们如何对待呢？不但要在态度上迎合，在思想上关注，更重要的是在语言上尽力美化，用话语传承美好的生活。

西汉才女卓文君巧用数字劝郎君的故事堪称佳话。

卓文君是西汉的著名才女，为了神圣的爱情，她不顾众人非议，和司马相如私订终身。开始时，小两口相敬如宾，恩恩爱爱，小日子过得和美美。

但后来，司马相如出仕做官后，对卓文君的情分就逐渐淡化了。卓文君从司马相如写给自己的一封竟然只有"一二三四五六七八九十百千万"13个字的信件中看出司马相如对自己变了心，她担心相如移情别恋，于是将相如写给自己的 13 个数字融进感情，写了一封情真意切、充满哀怨的劝郎信：

"一别之后，两地相思。虽说三四月，谁知是五六年，七弦琴无心弹，八行书无可传，九连环从中折断，十里长亭望眼欲穿。百相思，千关念，万般无奈把郎怨。万语千言说不完，百无聊赖十依栏。重九登高看孤雁，八月中秋月圆人不圆，七月半秉烛烧香问苍天，六月伏天摇扇我心寒。五月石榴红如火，偏遇阵阵冷雨浇花瓣。四月枇杷未黄，我欲对镜心意乱。急匆匆，三月桃花随水流，飘零零，二月风筝线儿断，郎啊郎，巴不得下世你做女来我为男。"

司马相如看到妻子如泣如诉的信后，为妻子的深情所感动，后悔不已，最后与卓文君白头偕老。

爱情是夫妻感情的基础，充满爱意的话语是夫妻关系得以长期维护的利器，它能够使真爱之心得以发挥，让感情峰回路转，使夫妻生活更加幸福、圆满。

在感情世界里，语言是心灵的钥匙，会说话才能让爱情固若金汤，让生活尽善尽美。

说话是事业成功的翅膀

事业的成功与失败，往往取决于某一次谈话。在富兰克林的自传中有这样一段话：我在约束自己的时候，曾有一张美德检查表。当初那表上只列着 12 种美德。后来，有一个朋友告诉我，说我有些骄傲，这种骄傲，常在谈话中表现出来，使人觉得盛气凌人。于是我立刻注意这位友人给我的忠告，我相信这足以影响我的前途。然后我在表上特别列上虚心一项，我决定竭力避免说出一切直接触犯别人感情的话，甚至禁止自己使用一切确定的词句，像"当然""一定""不消说"……而以"也许""我想""仿佛"……来代替。

富兰克林又说：说话和事业的进展有很大的关系。你如出言不慎，跟别人争辩，那么，你将不可能获得别人的同情、合作与助力。这是千真万确的。所以，你想获得事业上的成功，必须具有能够应付一切的口才。

要使别人瞧得起自己，先要自己瞧得起自己，决不可露出乞怜的样子。你可以谦逊，但决不可谄媚。你不可唯唯诺诺，使人觉得你一无动人之处。你发表意见时不可肆意批评别人，更不可告诉对方说你的计划一定成功，如果雇用你，必可使业务发展等语。这只能让对方心里称许，不应由自己说出。自夸必连带着固执，这种态度只会使人厌恶。去访问一个人时，把目的简单地说出之后，你就应该告辞。即使环境允许你逗留一些时间，你也应该立刻把话题转到别处。

应聘工作时的晤谈，最重要的是表现自己的资格和能力，不过打肿脸充胖子的行为是不宜的，如果应聘工作的晤谈令你胆战心惊，那么这也许是你深深地明白自己肚子里究竟有几滴墨水的缘故。工作晤谈不是社交拜会，不宜摆出一副安逸的姿态。谈话的范围要守在一定的界限内，不要谈办公室的陈设，不要谈对方的一身装束。应聘晤谈时间有一定的限制，你必须把你的资格和能力浓缩表达，在一个很短的时间内将其交代清楚，所以这时就是检验你所受训练、教育及能力的关键时刻。

在工作上，要能胜任并心情愉快，不要摆一副冷面孔，尽量减少情绪上的困扰及不切实际的空想。你可以和同事谈谈工作上所需要的知识，谈谈工作上的经验，要诚心诚意，不抱任何成见。在一块儿工作的人，必须彼此敬重、关心，互道平安，态度温和。我们要彼此坦诚相待，心中有话，应该直言不讳。我们在团队精神的表现上尤应具有高境界。

失言是常有的事，此时不要虚张声势，除非你遭遇的情势已牵涉到别人的情感问题。这样，你应该立即承认自己犯了错误。你认错就不致使情况恶化，而且你很可能还有所收获。现在有勇气说我错了的人已经不多，因此，敢说"我错了"就能赢得尊重。这样无心的错误，还不难让人谅解。然而有一种错误，几乎不能让人原谅。显然，我们最好不要公开取笑任何人的缺点。如果你已犯了这种错误，那么就勇敢地认错、道歉并请求对方宽恕，然后闭上嘴巴。

"一句话让人笑，一句话让人跳"，说话体现着一个人的修养、学识。会说话的人让人看到光明，使人有"与君一席话，胜读十年书"之感。相反，不会说话的人，则会被人低估能力，以致被人扭曲形象。一个人即使思想如星星般熠熠生辉，即使勤奋得如一头老黄牛，即使知识渊博得像一部百科全书，但若缺乏良好的谈吐能力，则成功的机遇比其他人要少得多，也往往难以达到自己理想的目标。所以，巧妙地运用语言艺术，因人而异地与别人交流，才能改变一个人的命运，乃至一生。在人的一生中，要经历的事情多如牛毛：

如果你正在求职，就要学会推销自己的优点，针对问题不卑不亢地回答。

如果你是位老师，循循善诱和口若悬河是必不可少的。

如果你是位律师，唇枪舌剑地辩论就是这种职业的基本功。

如果你是位商务人员，做贸易也好，做管理也好，推销公关也好，商场舌战是不可避免的。

……　……

所有这些都是人生应该经历，而又不可回避的事情。面对这一连串烦琐、杂碎的事务，你切不可忧心忡忡，一筹莫展，也不可漠不关心，麻木不仁。俗话说："兵来将挡，水来土掩。"面对这种种世事，你只要具备了说话的能力，学会如何说别人喜欢的话，就会进入一种"柳暗花明又一村"的新境界。

人生在社交中度过，话语交流伴随着你每一刻，你时刻在实践着话语交往，好的话语是你生活的调味剂，是你事业的推进器，是你家庭的和谐曲，也是你实现自我的凯旋曲。掌握了说话的艺术，一个平凡的普通人也能结友如云，化险为夷，舌绽春蕾，赢遍天下。

第一篇

说话的分寸

说话能力是一个人必备的素质之一，好口才会为你带来好运气、好财气。

——［美］里根

第一章

把握好沉默的分寸

时机未到时就得保持沉默

哲学家说，沉默是一种成熟；思想家说，沉默是一种美德；教育家说，沉默是一种智慧；艺术家说，沉默是一种魅力。我们知道，在人际交往当中，沉默是一种难得的心理素质和可贵的处世之道，当然，任何事情又都不是绝对的。

心理学告诉我们，在不同的场合环境中，人们对他人的话语有不同的感受、理解，并表现出不同的心理承受力。正因为受特殊场合心理的制约，有些话在某些特定环境中说比较好，但有些话说出来就未必。同样的一句话，在此说与在彼说的效果就不一样。因此，说什么，怎么说，一定要顾及说话的环境，如果环境不相宜，时机未到，最好的办法是保持沉默。

日本公司同美国公司正进行一场贸易谈判。

谈判一开始，美方代表滔滔不绝地向日商介绍情况，而日方代表则一言不发，埋头记录。

美方代表讲完后，征求日方代表的意见。日方代表恍若大梦初醒一般，说道："我们完全不明白，请允许我们回去研究一下。"

于是，第一轮会谈结束。

几星期后，日本公司换了另一个代表团，谈判桌上日本新的代表团申明自己不了解情况。

美方代表没有办法，只好再次给他们介绍了一遍。

谁知，讲完后日本代表的态度仍然不明朗，仍是要求道："我们完全不明白，请允许我们回去研究一下。"

于是，第二轮会谈又告休会。

过了几个星期后，日方再派代表团，在谈判桌上故伎重演。唯一不同的是，这次，他们告诉美方代表一旦有讨论结果立即通知美方。

一晃半年过去，美方没有接到通知，认为日方缺乏诚意。就在此事几乎不了了之之际，日本人突然派了一个由董事长亲率的代表团飞抵美国开始谈判，抛出最后方案，以迅雷不及掩耳之势逼迫美方加快谈判进程，使人措手不及。

最后，谈判达成一项明显有利于日方的协议。

这场谈判成功的关键在于一句俗话"会说的不如会听的"，听出门道再开口，而开口便伤对方"元气"，不很高明吗？

在生活中，我们有时故作"迟钝"未必不是聪明人，"迟钝"的背后隐藏着过人的精明。有人推崇一种"大智若愚型"的艺术——意即在商业活动中多听、少说甚至不说，显示出一种"迟钝"，其实这样做的目的是为了获得最大的利益。少开口，不做无谓的争论，对方就无法了解你的真实想法；反之，你可以探测对方动机，逐步掌握主动权。

这时候的沉默，实际是"火力侦察"。

"话到嘴边留半句，不可全抛一片心""言多必失，语多伤人""君子三缄其口"的古训，把缄口不言奉作练达的安身处世之道。今天，我们亦应谨记这些古训，该沉默时一定要三缄其口。沉默，是一种态度。沉默，是一种特殊语言。沉默，也会赢得百万金。

受到攻击时，沉默是最好的方法

雄辩如银，沉默是金。在我们的生活中，有些时候确实是沉默胜于雄辩。与得体的语言一样，恰到好处的沉默也是一种语言艺术，运用好了常会收到"此时无声胜有声"的效果。

假如我们在生活中遇到个别强词夺理、无理辩三分或者出言不逊、恶语伤人的人，与之争辩是非或是反唇相讥，往往只能招来他们变本加厉的胡搅蛮缠。对付这种人的最好办法往往不是以眼还眼，以牙还牙，而是保持沉默。这种无言的回敬常使他们理屈词穷，无地自容，正如鲁迅先生所说：沉默是最好的反抗。

国外某名牌大学，曾发生过老师和校长反目的情形，该校校长遭到许多老师的围攻。当时，也有一群学生冲进校长的研究室，对他提出各种质问。但是，无论老师说什么，这位校长始终不开口，双方僵持了几个小时后，老师们终于无可奈何地走了。

这位校长保持沉默，实际上也是一种反抗，同时又给对方一种高深莫测的感觉，从而造成心理上的压迫感。由此看来，"沉默是金"确有一定道理。

当对方出于不良动机，对你进行人身攻击，并且造谣诽谤时，如果予以辩驳反击，又难以分清是非，这时运用轻蔑性沉默便可显示出锐利的锋芒。你只需以不屑的神情，嗤之以鼻，就足以把对方置于尴尬的境地。

某单位有两个采购员，田宁因超额完成任务而受奖，郑伟却因没尽力而被罚。但郑伟不认识自己的问题，反而说三道四。在一次公众场合，他含沙射影地说："哼，不光彩的奖励白给我也不要！有酒有烟我还留着自己用哩，给当官的舔屁股，咱没有学会！"

田宁明白这是在骂自己，不免怒火顿升，本想把话顶回去，可是转念一想觉得如果和他争吵，对方肯定会胡搅蛮缠，反而助长其气焰。于是他强压怒火，对着郑伟轻蔑地冷笑一声，以不值一驳的神色摇了摇头，转身离去，把郑伟晾在一边。

郑伟的脸红一阵白一阵的，窘极了。

众人也哄笑道："没有完成任务还咬什么人，没劲！"至此，郑伟已经无地自容。

在这里，田宁的轻蔑性沉默产生的批驳力比之用语言反驳，显得更为有力、得体，更能穿心透骨。这也许是对付无理挑衅的最有效的反击武器。

有些人在遇到麻烦的时候，常常喋喋不休，唠叨不止，殊不知这样正好暴露了自己的弱点。处在尴尬情况下，与其聒噪不停，甚至说错话，倒不如保持沉默。

沉默像乐曲中的休止符，它不仅是声音上的空白，更是内容的延伸与升华。它是一种无声的特殊语言，是一种不用动口的口才。

别人论己时切莫打断

在大多数场合下，注意聆听别人的谈话非常重要。当听到别人谈论自己的时候，很多人容易犯这样一个错误：一旦别人谈到自己时，尤其是不利于自己的情况时，往往会打断别人，进行争论。其实，这是最不明智之举。

伊里亚·爱伦堡的长篇小说《暴风雨》出版后，在社会上引起震动，褒贬不一，莫衷一是。某报主编不知从哪里得到了斯大林对《暴风雨》的看法——认为此书是"水杯里的暴风雨"。

为了讨好领导，主编就组织编辑部人员讨论这部小说，以表示该报的政治敏感性和高度的警惕性，表明该报鲜明的立场。

讨论进行了数小时，发言人提出不少批评意见。由于主编的诱导，每篇发言言辞都辛辣而尖刻，如果批评成立的话，都足以让作家坐几年牢。可是在场的爱伦堡极为平静，他听着大家的发言，显出令人吃惊的无动于衷的态度，这使与会者无法忍受，纷纷要爱伦堡发言，并要求他从思想深处批判自己的错误。

在大家的再三督促下，爱伦堡只好发言。他说："我很感谢各位对鄙人小说产生这么大的兴趣，感谢大家的批评意见。这部小说出版后，我收到不少来信，这些来信中的评价与诸位的评价不完全一致。这里有封电报，内容如下：'我怀着极大兴趣读了您的《暴风雨》，祝贺您取得了这么大的成就。——约瑟夫·斯大林。'"

主编的脸色很难看，以最快的速度离开会场，那些批判很尖刻的评委们，都抱头鼠窜了。爱伦堡轻轻地摇摇头："都怨我，这么过早地发言，害得大家不能再发言了。"

爱伦堡的聪明在于，如果他据理反驳，必能激起同仁们更加尖锐的批评，这种场合，最明智的做法就是保持沉默，褒贬随人。

沉默的力量是无边的，它可以帮你说服反对你的人，让你向成功迈进。所以我们要学会沉默，学会在别人论己时保持沉默。

第二章

把握好说话时机的分寸

看准机会再说话

孔子在《论语·季氏》里说:"言未及之而言谓之躁,言及之而不言谓之隐,不见颜色而言谓之瞽。"这句话有三层意思:

一是不该说话的时候说了,叫做急躁;

二是应该说话的时候却不说,叫做隐瞒;

三是不看对方的脸色变化,贸然信口开河,叫做闭着眼睛瞎说。

这三种毛病都是没有把握说话的时机,没有注意说话的策略和技巧。因为说话是双方的交流,不是一个人的单方面行为,它要受到诸如说话对象、设定时间、周边环境等种种限制,所以说话要把握时机。如果该说的时候不说,时境转瞬即逝,便失去了成功的机会。同样的,如不顾说话对象的心态,不注意周边的环境气氛,不到说话的火候却急于抢着说,很可能引起对方的误解,甚至反感。如果信口开河,乱说一通,后果就更加严重。

把握说话时机非常重要,这个过程需要充分的耐心,也需要积极进行准备,等待条件成熟,但绝不是坐视不动。《淮南子·道应》云:"事者应变而动,变生于时,故知时者无常行。"安陵君的过人之处,便在于他有充分的耐心,等待楚王欢欣而又伤感的那个时刻。此时,动情表白,感人肺腑,愉悦君心,终于受封,保住了长久的荣华富贵。

插话要找准时机

在别人说话时,我们不能只听到一半或只听一句就装出自己明白的样子。我们提倡在听别人说话时,要不时做出反应,如附和几句"是的"等话语,这样既让说者

13

知道你在听他说，又让他感觉你在尊重他，使他对你产生浓厚的兴趣。

但是，万事都有所忌，都要把握分寸。许多人过分相信自己的理解和判断能力，往往不等别人把话说完就中途插嘴，这种急躁的态度很容易造成损失，不仅容易弄错了对方说话的意图，还有失礼貌。当然，在别人说话时一言不发也不好，对方说到关键的时刻，说完后，你若只看着对方，而不说话，对方会感到很尴尬，他会以为没有说清楚而继续说下去。

还有不少人在倾听别人说话时表现得唯唯诺诺的样子，哼哼哈哈，好像什么都听进去了，可等到别人说完，他却又问道："很抱歉，你刚才说了什么？"这种态度，是有失礼节的。

所以说，即使你真的没听懂，或听漏了一两句，也千万别在对方说话途中突然提出问题，必须等到他把话说完，再提出："很抱歉！刚才中间有一两句你说的是……吗？"如果你是在对方谈话中间打断，问："等等，你刚才这句话能不能再重复一遍？"这样，会使对方有一种受到命令或指示的感觉，显然，对方对你的印象就没那么好了。

听人说话，务必有始有终。但是能做到这一点的人并不多。有些人往往因为疑惑对方所讲的内容，便脱口而出："这话不太好吧！"或因不满意对方的意见而提出自己的见解，甚至当对方有些停顿时，抢着说："你要说的是不是这样……"这时，由于你的插话，很可能打断了他的思路，使他忘了要讲些什么。

人人都有这样的经验：有时，同某人在一起，说话很愉快；有时，同某人在一起，感到很烦，本来很感兴趣的话题却不想谈下去。究其原因，主要是因为对方说话不讨人喜欢，该问的问，不该问的也问，所以让我们觉得厌烦。说话要讲究轻重、曲直，更要有个眼力见儿，知道哪些话该说哪些不该说，哪些该问哪些不该问。

问题是展开话题的钥匙，所以说话有眼力见儿就要做到问话要讨人喜欢。

有些问题，当你得不到满意的答复时，是可以继续问下去的，但有一些问题就不宜再问。

比方说你问对方住在哪里，他如果只说地区而不说具体地址，你就不宜再问在什么路几号。如果他愿意让你知道的话，他一定会自动详细说明的，而且还会补充上一句，邀请你去坐坐，否则便是不想让别人知道，你也不必再追问了。举一反三，其他诸如此类的问题，如年龄、收入等也一样不宜追问，以免引起对方不快。

不可问对方同行的营业情况。同行相忌，这是一般人的毛病。因为他回答你时，若不是对其同行过于谦逊的赞扬，便是恶意的诋毁。在一个人面前提及另外一个和他站在对立地位的人或物总是不明智的。

此外，在日常交际中，不可问及别人衣饰的价钱；不可问女子的年龄（除非她是6岁或60岁左右的时候）；不可问别人的收入；不可详问别人的家世；不可问别人用钱的方法；不可问别人工作的秘密，如化学品的制造方法；等等。

凡别人不知道或不愿意让人知道的事情都应避免询问。问话的目的在于引起双方的兴趣，而不是使任何一方没趣。若能让答者起劲，同时也能增加你的见识，那便是问话的最高本领。

一位社交家说："倘若我不能在任何一个见面的人那里学到一点东西，那就是我处世的失败。"

这句话很发人深省，因为虚怀若谷的人，往往是受人欢迎的。记住，问话不仅能打开对方的话匣，而且你可以从中增益学问。

该说话时就说话

沉默是金，并不是说要一味沉默不语；掌握时机，该说话的时候就不要沉默。比如父母为鸡毛蒜皮的小事吵得不可开交，这时你可以保持沉默，如果他们各自的怒火都平息下来了，陷入双方互不理睬的僵局时，保持沉默就不是明智之举了，这时你就应该说些劝解话，让他们重归于好。又比如，领导遇到尴尬情况了，就需要你站出来为领导打圆场，同事有矛盾了，需要你开口化干戈为玉帛，等等。掌握说话时机，该说话时就说话，才能让你为人处世更游刃有余。

该说话时就说话，不该说话时就千万别开口，以免遭灭顶之灾。这里就有一个有趣的小故事可以说明此理：

阴曹地府，正见阎罗王升堂问事。

有几个鬼抬上一个人，说："这人在阳世，干尽了缺德事。"

阎王命令道："用500亿万斤柴火烧煮。"

牛头鬼上来押解。那人私下里探头问牛头鬼："你既然主管牢狱，为啥穿着这么破烂的豹皮裤子呀？"

牛头鬼说："阴间没有豹皮，如果阳间有人焚化才能得到。"

那人立即说："我舅家专门打猎，这种皮子多着呢。如果你肯怜悯我，减少些柴，我能够活着回去，定为你焚化10张豹皮。"

牛头鬼大喜，答应减去"亿万"两字。烧煮时也只是形式而已。

待那人将归时，牛头鬼叮嘱道："可千万不要忘了豹皮呀！"

那人回头对牛头鬼说："我有一诗要赠送给你：牛头狱主要知闻，权在阎王不在君，减扣官柴犹自可，更求枉法豹子皮。"牛头鬼大怒，把他叉入滚沸的水锅里，并加添更多的柴煮了起来。

奉劝别人的话是应该说，但如果没有到该说的时候说出来，无疑会让事情变糟。

所以，说话时千万要记住：掌握时机，该说话时再说话，该说时一定要说。

第三章

把握好说话轻重的分寸

点到为止

事情有缓急，说话有轻重。有些人在日常交际中，对问题缺乏理智，不考虑后果，一时性起，说话没轻没重，以致说了一些既伤害他人，也不利自己的话。

有一对夫妻吵架，两人唇枪舌剑，各不相让，最后丈夫指着妻子厉声说："你真懒，衣服不洗，碗也不刷，你以为你是千金小姐呢，什么都不会，脾气还挺大，要你有什么用，不如死了算了。"妻子一气之下割脉自尽，丈夫后悔已经来不及了。

这样的例子在日常生活中屡见不鲜。这类说"过"了、说"绝"了的话，虽然有一些是言不由衷的气话，但是对方听来，却很伤心，故常常引起争吵、嫉恨，甚至反目成仇。俗话说"过火饭不要吃，过头话不要说""话不要说绝，路不要走绝"，正是对上述不良谈吐的告诫。

如果听话人是一个非常明白事理的人，你说的话就不必太重，蜻蜓点水，点到即止，一点即透，因为对方就像一面灵通的"响鼓"，鼓槌轻轻一点，就能产生明确的反应。对这样的人，你何必用语言的鼓槌狠狠地擂他呢？

赵明是工厂的一名班组长，最近他的班组调来一个名叫王楠的人，别人对王楠的评语是：时常迟到，工作不努力，以自我为中心，喜欢早退。过去的班长对王楠都束手无策。第一天上班，王楠就迟到了5分钟，中午又早5分钟离开班组去吃饭，下班铃声响前的10分钟，他已准备好下班，次日也一样。赵明观察了一段时间，发现王楠缺乏时间观念，但工作效率却极佳，而且成品优良，在质管部门都能顺利通过。于是，赵明对王楠微笑着说："如果你时间观念和你的工作效率同样优秀，那么你将成为一个完美的人。"以后赵明每天都跟王楠说这句话。时间久了，王楠反而觉得过意不去了，心想：过去的班长可能早就对我大发雷霆了，至少会斥责几句，但现在的班长毫无动静。

感到不安的王楠，终于决定在第三周星期一准时上班，站在门口的赵明看到他，便以更愉快的语气和他打招呼，然后对换上工作服的王楠说："谢谢你今天能准时上班，我一直期待这一天，这段日子以来你的成绩很好，如果你发挥潜力，一定会得优良奖。"

赵明对待王楠的迟到，没有采取喋喋不休的方式批评，而是点到为止，让其自动改正错误。

小宋是一位小学语文教师，他不满某些社会现象，爱发牢骚，甚至在课堂教学中有时也甩开教学内容，大发其牢骚。很显然，他缺乏教师这个角色应有的心理意识。校长了解这种情况后，与他进行了一次交谈。校长说："你对某些社会不良风气反感，对教师经济待遇低表示不满，这是可以理解的。心中有气，尽管对我发吧，但是请你千万不能在课堂上发牢骚。少年的心灵本是纯真幼稚的，他们对有些事缺乏完全的了解和认识，你与其发牢骚，何不把那份精力用来给学生讲讲如何振兴祖国？这才是一个称职的教师应该做的。"听了校长这一番语重心长的话，小宋认识到当教师确实不能随意把这种牢骚满腹的心理状态表现出来，不然，对学生会产生不良的影响。从此以后，再也没有听说他在课堂上发牢骚了。

同样，校长如果不把握说话的轻重，直接说："你这样做是缺乏修养的表现，不配做一个教师。"那么结果又会怎样呢？

说话要把握轻重，点到为止，给人留住面子，才能起到说话的原本目的。

发生冲突时切忌失去理智

人与人之间难免因某种原因产生摩擦，这时，如果把话说得过重，就会使矛盾激化，相反，如果压制自己的情绪，则能让事情平息下来。

日本一位得过直木奖的作家藤本义一先生，是位颇为知名的人。

一次，他的女儿超过了晚上时限10点钟，于12点方才带醉而归，开门的藤本夫人自是破口训斥了一顿，之后还说：

"总而言之，你还是得向父亲道个歉。"

顿时，她也清醒了不少，感到似乎大难就要临头了，于是便怯怯地走向父亲的卧房，面色凝重的父亲却只说了句："你这混蛋！"之后便愤然离去，留下了无言的女儿独自在黑暗中。

虽然只是一句话，但却深深刺痛了她的心，然而晚归之事，自此便不再发生。

为人父母者都有责备孩子的经验，多半也了解孩子可能有的反抗心，所以要他们反省是相当困难的。通常会以一句："你是怎么搞的，我已经说过多少次……"想让他们了解并且反省，此时他们若有反抗的举止，父母又会加一句："你这是什么态度？！"然后说教更是没完。

如此愈是责骂，反抗心便愈是高涨，愈是希望他们反省，反愈得不到效果，于是情况就会变得更糟，但藤本先生的这种做法，使他女儿的反抗心根本无从发泄，反而转变为反省的心。

因藤本夫人的一顿训斥，已足够引起女儿的反抗心，但藤本先生却巧妙地将它压抑住，反而使女儿的内心感到十分歉疚，因为父亲的一句"混蛋"，实胜过许多无谓的责骂，她除了感激，实在无话可说。

压制自己的情绪，在遇到愤怒的事情时，切勿失去理智，口不择言。通常有些"过头话"是在感情激动时脱口而出的：人们为了战胜对手，往往夸大其词，着意渲染，"攻其一点，不及其余"，甚至使用污言秽语。如夫妻吵架时，丈夫在火头上说："我一辈子也不想见到你！"这话显然是气话、"过头话"，是感情冲动状态下的过激之言。事过之后，冷静下来，又会追悔莫及。所以，在情绪激动时，要特别注意控制，切莫"怒不择言"，出语伤人。同时，因为双方有矛盾，说话就难免很冲、带刺，如果你也采取同样的态度回击，则积怨更深，最好的办法就是避其锋芒。钢刀砍在石头上，肯定会溅起火星，如果钢刀砍在棉花上，则软而无力。对方一定不会再强硬下去。历史上廉颇与蔺相如"将相和"的故事，告诉我们的就是在与有误解或隔阂的人相处时，应避其锋芒，不要硬碰硬，不说过头话，使用的语气不要咄咄逼人，如果一方能主动示弱，便有利于矛盾的化解。

简单否定或肯定他人不可取

对他人的评价是最为敏感的事情，应格外慎重。尤其是对自己不喜欢的人作否定性评价时，更应注意公正、客观，不要言辞过激，最好少使用"限制性"词语。如果某下属办糟了一件事，在批评时，某领导说："你呀，从来没办过一件漂亮事！"这话就说得过于绝对，对方肯定难以接受。如果这样批评："在这件事上，我要批评你，你考虑得很不周到！"这样有限度的批评，对方就会心服口服，低头认错。因此，对他人做肯定或否定性评价时，要注意使用必要的限制性词语，以便对评价的范围做准确的界定，恰当地反映事物的性质、状态和发展程度。只否定那些应该否定的东西，千万不要不分青红皂白，简单地"一言以蔽之"。

妙语精言，不以多为贵。领导者在批评下属的过错时，要用听起来简单明了、浅显易懂，实际上内涵深刻、耐人寻味的语言，使出现过错的人经过思考，便能从中得到批评的信息，并很快醒悟，接受批评，改正过错，吸取教训，不断前进。

1959年，因水利工作取得了较大成绩，水利电力部在密云水库附近建立了一座水利展览馆。周恩来总理听说后，就问水利电力部负责人有没有这件事，当周恩来听说确有其事时，他摇摇头，只说了一句话："没想到你们会做这样的事。"一石激起千层浪。周恩来总理这句言近旨远的话，不正是对有关负责人的批评？所以当时有关负责同志就感到辜负了周恩来总理的一贯教导，内心非常沉痛。以后尽管检讨了这件事，并把水利展览馆移交给其他单位改作研究所。但是每当想起周恩来总理这句话，想起周恩来当时微带失望和痛心的神情，有关负责同志内心总是十分沉痛。他们表示决不忘周恩来总理的批评教育，一定要永葆艰苦朴素的革命本色。

拿不准的问题不要武断

一般人并不怕听反对自己的意见，不过人人都愿意自己用脑筋去考虑一下各种问题。对于自己未必相信的事情，都愿意多听一听，多看一看，然后再下判断。

为了给别人考虑的余地，你要尽量缓冲你的判断结论。把你的判断限制一下，声明这只是个人的看法，或者是亲眼看到的事实，因为可能别人跟你有不尽相同的经验。

除去极少数的特殊事情外，日常交往中，你最好能避免用类似这样的语句来说明你的看法。如"绝对是这样的""全部是这样的"，或者"总是这样的"。你可以说"有些是这样的""有时是这样的"，甚至你可以说"大多数人都是这样的"。

凡是对自己没有亲历，或不了解的事实，或存有疑点的问题发表看法时，要注意选择恰当的限制性词语，准确地表达。如说："仅从已掌握的情况来看，我认为……""如果情况是这样的话，我认为……""这仅仅是个人的意见，不一定正确……"这些说法都给发言做了必要的限制，不但较为客观，而且随着掌握的新情况的增多，有进一步发表意见，或纠正自己原来看法的余地，较为主动。

　　有时是因事实尚未搞清，有时是因涉及面广，或者自己不明就里，都不宜说过头话，而应借助委婉、含蓄、隐蔽、暗喻的策略方式，由此及彼，用弦外之音，巧妙表达本意，揭示批评内容，让人自己思考和领悟，使这种批评达到"藏颖词间，锋露于外"的效果。例如，可以通过列举和分析现实中他人的是非，暗喻其错误；通过列举分析历史人物是非，烘托其错误；也可通过分析正确的事物，比较其错误等。此外，还可采用多种暗示法，如故事暗示法，用生动的形象增强感染力；笑话暗示法，既有幽默感，又使他不尴尬；轶闻暗示法，通过轶闻趣事，使他听批评时，即使受到点影射，也易于接受。总之，通过提供多角度、多内容的比较，使人反思领悟，从而自觉愉快地接受你的意见，改正错误。

第四章

倾听也要讲究分寸

把说话的权利留给别人

我们也许有过这样的经历：和别人聊起一个自己很感兴趣的话题时，对方开始打开话匣子，没完没了地说，一开始，自己还觉得很投机，后来就开始不耐烦，接着是厌烦。原因是什么？很简单，对方只顾自己说，而忽略了你。谁都不乐意一味地听别人说话，所以，与人交谈时，即使是一个很好的题材，对方很感兴趣，说话时也要适可而止，不可无休无止，说个没完，否则会令人厌倦。说一个题材之后，应当停一下，让别人发言，若对方没有说话的意思，而整个局面由于你的发言而人心向你，这个时候仍必须由你来主持局面，那么，就必须要另找题材，如此才能引起大家的兴趣并维持其生动活泼的气氛。

在谈话当中，对方的发言机会虽为你所操纵着，但是，在说话过程中，应容许别人说话，给别人说话的机会。更好的方法是找机会诱导别人说话，这样气氛更浓，大家的兴致更高，朋友之间也更融洽。当说到某一节时可征求别人对该问题的看法，或在某种情形时请他试述自己的见解，总之，务必使对方不致呆听着，才不失为一个善于说话的人，不失为一个明智的人。如果话题转了两三次，而别人仍无将说话机会接过去的意思，或没有主动发言的能力，应该设法在适当的时候把谈话结束。即使你精神好，也应该让别人休息。自己包办了大半发言的机会，是不得已时才偶一为之的方法。千万不要以为别人爱听你说话，就不管别人的兴趣而随便说下去，这背离了说话艺术之道。

在社交上，最好的谈话，是有别人的话在里面。那种看来不爱说也不爱听的人，常常坐在一个角落里，吸着香烟，当他偶然听见另外一些人哄然大笑时，也照例跟着一笑，但是，这种笑显然是敷衍的，因为那种笑容随即就收敛了，他的眼光已经移到窗外或者其他的目标上，这种人不会单独来看你。你要明白，这类人或因年纪小，或因学问兴趣较高，而时下在座的其他人比较市井气一点，谈天说地，问题无非是饮食男女、金钱女色，或出语粗俗，言不及义，使较有修养的人望而却步，所以，他才独自躲在一角。只要你知其症结所在，你便可以在几句谈话中探得他的学问兴趣，然后和他谈论下去，这样便很自然引起谈话内容。只要你恰当地提一些问题，就可以保持一个增长你学识的机会。他见你谈吐不俗，在这举世混浊中，一定会引你为知己，如此一来，僵局就打开了。年纪较大或较小的一类，因年龄差距大，社会经历、生活经验不同，因而兴趣不同，趣味也无法相投。所以可以采用上述方法来打开话题。

倾听是对别人的最好恭维

美国的汽车推销大王乔·吉拉德在一生的推销生涯中，卖出了10000多辆汽车，其中有一年卖出汽车1425辆，这一纪录被载入吉尼斯世界纪录大全中。在他的工作过程中，有过这样一次经历。

一天下午，一位先生来向他买车，吉拉德展开如簧之舌向他介绍，眼看那位先生就要签单了，结果却放弃了购买，走了出去。

到了深夜11点钟，吉拉德仍在沉思为何失败，不知道错在哪里。平时这时候，他是在回味这一天的成功呢！

吉拉德再也忍不住了，拿起电话打了过去，问那位先生为什么不买他的车。

"现在是晚上11点钟。"对方不耐烦地说。

"我知道，很抱歉。但是我要做个比别人更好的推销员，你愿意告诉我究竟我哪儿错了吗？"

"真的？"

"绝对！"

"好，你在听吗？"

"非常专心！"

"但是今天下午你并不专心听话。"那位先生告诉吉拉德，他本来下定决心买车，可是在签字前最后一分钟犹豫了。因为当他提到自己的儿子杰克要进密执安州大学，准备当医生，杰克很有运动能力等时，吉拉德满不在乎，一点兴趣也没有。当时吉拉德一边准备收钱，一边听办公室门外另一位推销员讲笑话。

倾听不仅是一种对别人的礼貌与尊重，也是对讲话者的高度赞美与恭维。而上述例子中，吉拉德没有积极倾听对方的话，以至于对方在最后一分钟犹豫了，就是因为他忽略了这点。

每个人都希望获得别人的尊重，受到别人的重视。当我们专心致志地听对方讲，努力地听，甚至是全神贯注地听时，对方一定会有一种被尊重和重视的感觉，双方之间的距离必然会拉近。

经朋友介绍，重型汽车推销员乔治去拜访一位曾经买过他们公司汽车的商人。见面时，乔治照例先递上自己的名片："您好，我是重型汽车公司的推销员，我叫……"

才说了不到几个字，该顾客就以十分严厉的口气打断了乔治的话，并开始抱怨当初买车时的种种不快，例如服务态度不好、报价不实、内装及配备不对、交接车的时间等待得过久……

顾客在喋喋不休地数落着乔治的公司及当初提供汽车的推销员，乔治只好静静地站在一旁，认真地听着，一句话也不敢说。

终于，那位顾客把以前所有的怨气都一股脑地吐光了。当他稍微喘息了一下时，方才发现，眼前的这个推销员好像很陌生。于是，他便有点不好意思地对乔治说："小伙子，你贵姓呀，现在有没有一些好一点的车种，拿一份目录来给我看看，给我介绍介绍吧。"

当乔治离开时，已经兴奋得几乎想跳起来，因为他的手上拿着两台重型汽车的订单。

从乔治拿出产品目录到那位顾客决定购买，整个过程中，乔治说的话加起来都不超过10句。重型汽车交易拍板的关键，由那位顾客道出来了，他说："我是看到你非常实在、有诚意又很尊重我，所以我才向你买车的。"

玫琳凯·艾施在《玫琳凯谈人的管理》一书中，曾对倾听的影响做了如此的说明："我认为不能听取别人的意见，是自己最大的疏忽。"

玫琳凯经营的企业能够迅速发展成为拥有20万名美容顾问的化妆品公司，其成功秘诀之一是她相当重视每个人的价值，而且很清楚地了解员工真正需要的除了金钱、地位外，还有一位真正能"倾听"他们意见的知心人。因此，她严格要求自己，并且使所有的下属人员铭记这条金科玉律：倾听，是最优先的事，绝对不可轻视倾听的能力。现在，你应该了解到，倾听技巧的好坏，足以影响一家公司变得平凡或伟大的道理何在了吧！

有许多顶尖的行销人员，他们几乎都不是滔滔不绝，具有舌灿莲花口才的人，说服能力也好不到什么程度，然而，他们的业绩却高出同事 10 倍、20 倍之多。你可知道，为什么有这么大的差别吗？原因主要在于能否认真倾听别人说话。

到什么山听什么歌

作为一个聆听者，除了能对他人有个了解，增长见识之外，事实上还应对别人的说话艺术及风格有所关注。吸取积极经验，总结错误教训，以使自己日后在说话时不至于犯同样的错误。总而言之，聆听者可以在倾听中获得以下几条说话经验。

作为聆听者，一定能注意到，人们平常的说话都是在一定的社会环境中进行的，特定的环境、特定的氛围，对说话者的情绪、表达的内容产生直接的影响。说话的特定效果，也是在特定的场合中获得的。因此在和别人说话时就要了解以下几点：

1. 社会环境

社会环境是一个大的宏观背景，包括时代、社会、民族、地域、文化等。时代是最重要的，不同的时代，有着不同的政治、文化、经济生活内容，人们所说的话必然都打上时代的烙印，即使讲古代的内容也要讲出时代的特征。说话要合时宜，首要的是指符合时代的大背景。如我们今天在搞社会主义市场经济，这是我国时代的趋向，而你在讲话时还左一句计划经济，右一句计划经济，这显然是不合潮流的。再如，我们强调的是说普通话，而说话者还在满口之乎者也，这只能成为人们的笑料。

不同的民族、不同的国家或不同的地域有着不同的风俗习惯，说话人要注意不要闯"红灯"。比如郭亮和田兵同在一个科室工作，郭亮是西北某地区人，而田兵是北京人。一次两人在业余时间闲聊，谈得正起劲，郭亮看见田兵的头发有点长了，就随口说："你头上毛长了，该理一理了。"不料田兵听了勃然大怒："你的毛才长了呢！"结果两人不欢而散。无疑，问题就出在小李的一个"毛"字。郭亮那个地方的人都管头发叫做"头毛"，郭亮刚来北京时间不长，言语之中还带着方言，因此不自觉地说了出来。而北京却把"毛"看做是一种侮辱性骂人的话，什么"杂毛""黄毛"之类，无怪乎田兵要勃然大怒了。

还有许多其他的语言习惯，如北方称老年男子为老先生，但上海、嘉定人听来，就会当是侮辱他。安徽人称朋友的母亲为老太婆，是尊敬她；而在浙江，称朋友的母亲为老太婆简直就是骂人了。各地的风俗不同，说话上的忌讳也不相同，在说话时，一定要注意这个大的社会背景，不然，一旦说出口就会伤害别人。这在社交场合非常重要。

2. 说话的场合

这一点尤其重要，因为场合对说话的影响比其他因素对说话的影响更为具体直接。场合多种多样，从性质方面看，场合有正式与非正式之分。正式场合指从事公务活动的场所，如报告集会、会场、办公室等，非正式场合指日常交往的娱乐场所，如家庭、商店、街头、电影院等。一般说来，正式场合社会制约性较强，人员众多、庄重典雅，说话时要注意做到准确规范，而非正式场合比较宽松、随便，说话也不必一本正经，应以平易、通俗、幽默为宜。

从氛围方面看，场合有悲痛和喜庆之分。在喜庆的场合应讲一些轻松、明快、诙谐、幽默的话语，在悲痛的场合应讲一些与场合的氛围相融洽的话语。这是起码的要求。如果不注意，就会引起别人的反感。

从对象的数量看，场合有大小之分。有的场合人数较少，甚至只有一个对象，这种场合说话一般较为自由；有的场合人数较多，说话时要考虑到大多数。

3. 环境的影响

所谓关系环境是指亲疏远近而形成的环境。人与人之间的关系含义很多，至少包括血缘关系、工作关系、临时关系等。关系深浅不同，说话也应深浅不同。倘若与对方不是相知很深，只是临时关系，你也畅所欲言，无所顾忌，则显得你没有修养；你与他不是诤友，却见面劝其这样那样，这显得你冒昧，忠言逆耳。因此，对关系不深的人，大可聊聊闲天，海阔天空吹一吹，对于个人的私事还是不谈为好。但这并不是说对任何事都遮遮盖盖，见面绝不超过三句话。如果是关系不一般，则可以不断地交流思想，促膝谈心，如果对方遇到困难，可帮助对方出出主意，排忧解难。

总之，说话环境是十分重要的。凡是成功的说话都是主动适应环境的结果。说话要做到说话内容与说话环境的统一，说话形式与说话环境的统一，说话者的外部形象和说话环境的统一。

聆听者听后要有所获益，不能白听一场。有道是，人不可以犯相同的错误，既然别人已经提供了失败的教训，那么聆听者就当吸取前车之鉴，也不枉一听。

做个倾听高手

在日常生活中，能聆听别人意见的人，必是一个富于思想，有缜密的思维和谦虚性格的人。这种人在人群中，起初也许不太引人注意，但最后则必是最受人敬重的。因为他虚心，所以受所有人欢迎；因为他善于思考，所以便为众人所敬仰。

怎么去做一位"听话"的高手呢？

首先是要"专注"。别人和你谈话的时候，你的眼睛要注视着他，无论他的地位和身份比你高或是低，你都必须这样做。只有虚浮、缺乏勇气或态度傲慢的人才不去正视别人。

其次，别人和你说话时，不可做一些与此无关的事情，这是不恭敬的表示，而且当他偶然问你一些问题，你就会因为不留心听他所说的话而无从回答了。

聆听别人的话时，偶尔插上一两句赞同的话是很好的，不完全明白时加上一个问号也是非常必要的，因为这正表示你对他的话留心了。

但是，你不可以把发言的机会抢过来，就滔滔不绝地说自己的，除非对方的话已告一段落，该轮到你说话时才可以这样做。

无论他人说什么，你不可随便纠正他的错误，如果因此而引起对方的反感，那你就不可能成为一个良好的听众了。批评或提出不同意见，也要讲究时机和态度，否则，好事会变成坏事。

有些人常喜欢把一件已经对你说过好几次的事情重复地说，也有些人会把一个说了好多次的笑话还当新鲜的东西。

你作为一位听众，此时要练习一次忍耐的美德了。你不能对他说"这话你已经说过多次了"，这样会伤害他的自尊心，你唯一能做的事是耐心地听下去，你心里明白他是一个记忆力不好的人。你应该同情他，而且他对你说话时充满了好感和诚意，你应该同样用诚意来接受他的诚意。

但如果说话的人滔滔不绝而你又毫无兴趣，觉得花时间和精力去应酬他是十分不值得的。这时，你应该用更好的方法，使他停止这乏味的话，但千万要注意，不可伤害他的自尊心。

最好的方法是巧妙地引他谈第二个话题，尤其是一些他内行而你又感兴趣的话题。

为了让自己更会"听话"，最好还要做好以下 5 个方面的训练：

（1）训练"听话"时的注意力。想听得准确，必须排除干扰。可以用这样的方法来训练：同时打开两台以上的收音机，播放不同内容，然后复述各个收音机播放的内容。

（2）训练"听话"时的理解力。可用这样的方法：找朋友闲聊，但要有意识地锻炼自己的理解力。

（3）训练"听话"时的记忆力。就是学会边听边归纳内容要点，记住关键性词语，以及重要的事实和数据。

（4）训练"听话"时的辨析力。即迅速分辨出争论各方的不同观点和逻辑关系，并加以评析。

（5）训练"听话"时的灵敏力。即能很好地在各种场合与各种对象交谈。经过足够的训练，再经过实际锻炼，你一定会成为一名"听话高手"。

第二篇

如何与不同的人说话

好口才是社交的需要，是事业的需要，是生存的需要。它不仅是一门学问，还是你赢得事业成功常变常新的资本。

——［美］戴尔·卡耐基

第一章

如何与陌生人说话

最重要的第一句话

初次见面的第一句话，是留给对方的第一印象。说好说坏，关系重大。说第一句话的原则是：亲热、贴心、消除陌生感。常见的有这么3种方式：

1.攀认式

初次见面，同对方说："你是××大学毕业生，我曾在××进修过两年。说起来，我们还是校友呢！""您是影视界老前辈了，我爱人可是个电影迷。你我真是'近亲'啊！""您来自河北，我出生在河南，两地近在咫尺，今天得遇同乡，令人欣慰。"

2.敬慕式

对初次见面者表示敬重、仰慕，这是热情有礼的表现。用这种方式必须注意：要掌握分寸，恰到好处，不能胡乱吹捧，不说"久闻大名，如雷贯耳"之类的过头话。表示敬慕的内容也应该因时因地而异。

例如："您的大作《教你能说会道》我读过多遍，受益匪浅。想不到今天竟能在这里一睹作者风采。""桂林山水甲天下。我很高兴能在这里见到您这位著名的山水画家。"

3.问候式

"您好"是向对方问候致意的常用语。如能因对象、时间的不同而使用不同的问候语，效果则更好。对德高望重的长者，宜说"您老人家好"，以示敬意；对年龄跟自己相仿者，称"老×（姓），您好"，显得亲切；对方是医生、教师，说"李医师，您好""王老师，您好"，有尊重意味。节日期间，说"节日好""新年好"，给人以祝贺节日之感；早晨说"您早""早上好"则比"您好"更得体。

用话题展开交谈的"瓶颈"

俗话说"巧妇难为无米之炊",没有话题,一场谈话就没有焦点。光是空发话,没有实际意思,那陌生人终究还是陌生人,陌生的局面终究化不开。

和陌生人说话最苦于找不到话题,怎样巧找话题呢?那就要从具体情况出发去考虑,如果彼此完全陌生尚未相识,那就要察言观色,以话试探,寻求共同点,抓住了共同点就是抓住了可谈的话题。如果是因为话不投机,出现难题,那就要求同存异,或是检讨自己的不妥之处,表示歉意,如果对方有什么顾虑,或是沉默的原因不明,那就没话找话,随便找个话题,引起对方的兴趣,说个笑话,谈点趣闻都可以活跃气氛。

从具体情况出发,可以选择采取下面的方法:

1. 你想了解什么就问什么,谈什么

在初次交往中,各自都有一定的意图,那就可以依据你的意图,提问求答,你想了解什么就可以问什么。但这样做的时候要注意两点:一是不要形成一串的盘问;二是不要探听对方的隐私。最好的做法是你想了解对方的什么情况,你就先谈自己的什么情况,扩大自己的开放区域,来促使对方扩大开放区域,这样就容易找到许多可谈的话题。如果你想了解对方的业余生活,可以问对方:平时有什么兴趣爱好?业余时间喜欢做点什么?但是很可能对方只说了"喜欢旅游,听听音乐"这么一句话,就不再说了。那你就谈谈自己的业余爱好,谈得具体、详细一些,这样就会引发对方的谈兴,使交谈趣味相投。

与陌生人交谈,一般都可以先提一些"投石式"的问题,在略有了解后再有目的地交谈,便能谈得较为自如。如在商业宴会上,见到陌生的邻座,便可先投石询问:"您是主人的老同学呢,还是老同事?"无论问话的前半句对,还是后半句对,都可循着对的一方面交谈下去;如果问得都不对,对方回答说是"老乡",那也可谈下去。假如是北京老乡,你可和他谈天安门、故宫、长城,谈北京的新变化;如果是福建老乡,你可与他谈荔枝、龙眼、橘子,沿海的水产等,从而开始你与他的交往,也许他将来就是你事业上的合作伙伴呢!

2. 就社会热点问题进行交谈

陌生的双方刚一接触时,纯属个人生活的事情不宜多谈,但可以对时下的人所共知的社会现象、热点问题谈谈看法。如果对方对这一问题还不太清楚,你可以稍作

介绍。例如，近期影响较大的社会新闻、电影、电视剧和报刊文章等，都可以作为谈话的题目和接近的媒介。

3. 从眼前和身边的具体景物上找话题

（1）从双方的工作内容寻找。相同的职业容易引起共鸣，不同的职业更具有新奇感与吸引力。

（2）从彼此的经历中寻找。经历是学问，亲身经历过的人和事往往会给你留下极深的印象。这种交流最易敞开心扉、最易见到真情。

（3）从双方的发展方向寻找。人都关心自己的未来，前途与命运是长盛不衰的永恒的话题。人生若没有前进的方向，生活便失去了动力。这类话题最易触动对方敏感的神经。尤其是异性，更热衷于此。

（4）注意家庭状况。谈家庭生活并不一定就是俗气。家庭是社会的细胞，家庭生活的完美、和谐是每个人的理想。这类话题不必做准备，随时都可谈论，但有思想的人都可以从中发现许多人生的哲理。

（5）关注子女教育。孩子是父母生活的希望，孩子的教育牵动亿万家长的心。怜子、爱子、望子成龙是家长的共同心理。谈及孩子，即使是性格内向的人，也会眉飞色舞、滔滔不绝。

有的时候如果是预约式地拜访陌生人，那你最好具备一些洞察力。你首先应当对那位你即将拜会的客人做些了解。例如，问一些你们双方都认识的朋友的情况，探听一下对方的情况，关于他的职业、兴趣、性格等方面，了解得越详细越好。

当你走进陌生人的住所时，可以凭借你的观察力，看看能否找到一些对方性格的线索。墙上挂的是哪位画家的画？如果是摄影作品，可以揣测对方是否是摄影爱好者呢。

要知道，屋内的装饰摆设，可以表现主人的喜好和情调，甚至有些物品会牵引出某段动人的故事。如果你把它当做一个线索，不是可以了解主人心灵的某个侧面吗？了解了对方的一些个性，不就有话题了吗？

交谈前，使用多种手段，尽可能地多了解对方，再把所获的种种细微信息进行分析研究，由小见大，由微见著，将它作为交谈的基础。

另外，在话题的选择上，还有一些讲究必须注意。例如不谈对方深以为憾的缺点和弱点；不谈上司、同事以及一些朋友们的坏话；不谈人家的隐私；不谈不景气、手头紧之类的话；不谈一些荒诞离奇、黄色淫秽的事情；不询问妇女的年龄、婚否、家庭财产等事情；不说个人恩怨和牢骚；不说一些尚未明辨的隐衷是非；避开令人不愉快的疾病详情；忌夸自己的成就和得意之处。

有了话题，才能打开"瓶颈"，接下来的谈话才会顺利。

谈论别人感兴趣的事情

"酒逢知己千杯少"，两个意气相投的人在一起总觉得有说不完的话。因此，我们在和陌生人交往时，不妨多多寻求彼此在兴趣、性格、阅历等方面的共同之处，使双方在越谈越投机的过程中获得更多关于对方的信息，迅速拉近距离，增进感情。

美国耶鲁大学的威廉·费尔浦斯教授，是个有名的散文家。他在散文《人类的天性》中写道：

"在我8岁的时候，有一次到莉比姑妈家度周末。傍晚时分，有个中年人慕名来访，但姑妈好像对他很冷淡。他跟姑妈寒暄过一阵之后，便把注意力转向了我。那时，我正在玩模型船，而且玩得很专注。他看出我对船只很感兴趣，便滔滔不绝讲了许多有关船只的事，而且讲得十分生动有趣。等他离开之后，我仍意犹未尽，一直向姑妈提起他。姑妈告诉我，他是一位律师，根本不可能对船只感兴趣。'但是，他为什么一直跟我谈船只的事呢？'我问道。

"'因为他是个有风度的绅士。他看你对船只感兴趣，为了让你高兴并赢取你的好感，他当然要这么说了。'"

谈论别人感兴趣的东西能够很容易拉近人与人之间的距离。对于这一点，下面的例子可以作证：

美国马里兰州的爱德华·哈里曼，退伍之后选择了风景优美的坎伯兰谷居住，但是在这个地区很难找到工作。哈里曼通过查询得知一位名叫方豪瑟的企业家，控制了附近一带的企业。这位白手起家的方豪瑟先生引起了哈里曼的好奇心，他决定去造访这位难以接近的企业家。哈里曼如此记载了这段经历：

"通过与附近一些人的交谈，我知道方豪瑟先生最感兴趣的东西是金钱和权力。他聘用了一位极忠诚而又严厉的秘书，全权执行不让求职者接近的任务。之后我又研究了这位秘书的爱好，然后出其不意地去到她的办公室。这位秘书担任保护方豪瑟的工作已有15年之久，见到她后，我开门见山告诉她，我有一个计划可以使方豪瑟先生在事业和政治上大获其利。她听了颇为动容。接着，我又开始称赞她对方豪瑟先生的贡献。这次交谈使她对我产生了好感，随后她为我定了一个时间会见方豪瑟先生。

"进到豪华巨大的办公室之后，我决定先不谈找工作的事。那时，他坐在一张大办公桌后面，用如雷的声音问道：'有什么事，年轻人？'我答道：'方豪瑟先生，我相信我可以帮你赚到许多钱。'他立刻起身，引我坐在一张大椅子上。我便列举了好几个想好的计划，都是针对他个人的事业和成就的。

"果然，他立刻聘用了我。20多年来，我一直在他的事业里与他同时成长。"

谈论别人感兴趣的话题，对双方都有好处。不仅可以使人对你产生兴趣，钦佩你，而且可以使自己更关心别人，关心别人对自己的要求。

打破僵局的几种技巧

初次与人交谈，往往因为不熟悉，不了解而出现冷场，这是比较令人难堪的局面。在人际关系中，冷场无疑是一种"冰块"。打破冷场的技巧，就是及时融化"冰块"，消除交往的障碍。

陌生人之间存在以下几种情况时，最容易因"话不投机"而出现冷场。

（1）彼此不大熟悉；

（2）年龄、职业、身份、地位差异大；

（3）心境差异大；

（4）兴趣、爱好差异大；

（5）性格、素质差异大；

（6）平时意见不合，感情不和；

（7）互相之间有利害冲突；

（8）异性相处，尤其单独相处时；

（9）因长期不交往而比较疏远；

（10）性格均为内向者。

对于可能出现的冷场，应该具备一定的预见性，并采取措施加以预防，否则陷入冷场的谈话会令双方都很尴尬。

下面几种方法可供借鉴：

1. 针对对方的兴趣谈

老人最感兴趣的话题是关于他们自己年轻时候的经历；青年人关注怎样才能使自

己的才能得以发挥，以及他们的工作、学习、业余生活；年轻妈妈最感兴趣的莫过于她们的孩子。

2. 故意抛出错误观点

有时装作不懂的样子，往往可以听取他人更多的意见，让他人的自炫心理得以满足。反之，如果你表现得太聪明，人家即使要讲，也有顾忌，怕比不上你。如果我们用"请教"的语气说话，引起对方的优越感，就会引出滔滔话语。喜欢教人，而不喜欢受教于人，这是种普遍心理。

3. 打破自己造成的沉默

如果是自己太清高、架子大，使人敬而远之，而造成了双方的沉默，在交谈中应该主动些、客气些、随和些。

如果是自己太自负，盛气凌人，使对方反感，而造成了沉默，则要注意谦虚，多想想自己的弱点，适当褒扬对方的优点。

如果是自己口若悬河，讲起话来漫无边际，无休无止，而导致了对方的沉默，则要注意使自己的讲话适可而止，给对方说话的机会，不要让人觉得你在进行单方面的"传教"。

4. 鼓励对方讲话

为了鼓励对方讲话，你可以经常变换使用一些表示赞同的词语，让对方把话讲完，把心中的想法倾吐出来。当对方受到鼓励并获得赞同意见时，他会感到自己受到了重视。创造一种信任的气氛，这种气氛有助于对方主动说话。

5. 消除隔阂和陌生

如果你和对方过去曾发生过摩擦或存在隔阂，造成了现在见面无话可谈的情形，那么你就应该放宽心胸，把过去的隔阂抛在脑后，仿佛什么也没发生过似的。你的宽容和热情难道打动不了他吗？

如果因为彼此不了解，不知谈什么得体，那么你就应该主动做自我介绍，并把话题扩展到尽可能广泛的领域，从中发现双方共同感兴趣的内容。

如果你们刚刚发生了争论而出现了沉默，那么，你就应该冷静下来，心平气和地谈些双方无分歧的话题。

冷场的出现，跟你选择的"话题"密切相关。"曲高和寡"会导致冷场，"淡而无味"同样会引起冷场。不希望出现冷场的交谈者，应当事先做些准备，使自己有一点"库存话题"，并把它用随和又恰当的方式表达出来。

在这里可以向你提供一些有关的话题，帮你打破冷场：

（1）对方的孩子；

（2）对方个人的爱好；

（3）对方事业上的成就；

（4）对方的健康；

（5）体育运动；

（6）影视戏剧；

（7）新闻趣事；

（8）日常生活中的"热点"；

（9）祖居地风情、特产；

（10）旅游、采购。

　　打破冷场当然没有固定的模式，交谈者应根据具体的时间、地点和对方的心理特点，以及造成冷场的原因，采取不同的方法和对策。

第二章

如何与同事说话

初来乍到的说话"规矩"

那么初到公司，该怎么和同事说话呢？

1. 不忘寒暄

和同事在一起工作，不要小看寒暄、招呼。

早晨上班的时候，见到了同事，一句简单的"早上好"代表了你对他一天的祝福。小小的一句问候，让人如沐春风。下班的时候，说句"再见"代表了你亲善友好的态度。如果你和同事之间发生了什么不愉快的事情，简单的一句寒暄或许可以让你们之间的恩怨化为乌有。

寒暄、招呼看起来似乎是微不足道的，一句简单的话语不过几个字，脱口就可以说出，想都不用想，但实际上它又体现了同事之间是否互相尊重、礼貌、友好。

2. 不自吹自擂

和同事相处一定要注意不要自吹自擂。

每个人都有优点，同样，每个人也都有缺点。人和人的能力是不一样的，你在某一方面或许很突出，而你的同事就有可能在其他的方面比你好。

要想在公司当中为自己的发展创造良好的环境，要想有一个良好的人际关系，就要学会和各式各样的人相处，就要培养自己良好的素质，在同事面前，不要吹牛。

3. 安慰有方

人非圣贤，孰能无过。犯了错误挨批评是难免的。但是，大庭广众之下挨批评的滋味可不好受。如果你的同事挨了老板的批评，你该怎么去安慰他呢？是盲目的劝慰，还是讲一些技巧？毫无疑问，安慰同事需要掌握一定的技巧。如果不掌握一定的技巧，不但不会让同事得到安慰，反而会引火烧身，给自己带来不必要的麻烦。

当下属被老板公开责备的时候，他肯定会受到很大的伤害，甚至怒火中烧，对骂自己的老板深恶痛绝。如果此时，你马上去安慰他，用同情的心态去劝慰他，很容易引起老板的不满，你此时最好的办法是保持缄默。

事后，找一个合适的机会，把同事约出去转换一下他的心情，这样做，老板不会因为不快而抓你的小辫子，同事也会因此信赖你。

4. 以诚为本

俗话说：以诚为本。无论做什么事情，所必需的、最根本的首要前提就是真诚。

在和别人合作的时候，一定要讲究诚信。如果你连起码的诚信都没有，别人怎么敢和你合作？当今社会，恐怕没有人愿意和一个不讲信用的人共事。

同事之间相处，如果一项工作需要彼此之间合作完成，就一定要互相信任、互相支持，互相帮助。

俗话说，群众的眼睛是雪亮的。从你对工作的态度、方式、你在工作时与同事合作的心态，可以看出你是一个什么样的人。

你的同事当中绝对没有傻子，如果你在和他们合作的时候没有诚意，假装真诚，一旦需要你出手相助时，你却袖手旁观，甚至是耍手段，为了自己的利益而坑害同事，总有一天会被他们识破。到那时，没有人会再相信你，当你有了困难的时候，也没有人会帮助你，你最终会让自己陷入一事无成的境地。

避开同事的隐私问题

每个人都有不想让大家知道的事情，也就是说每个人都有自己的隐私。与人相处中，要极力避免谈论别人的隐私，否则就会使你人格受损，并显得缺乏修养，甚至破坏你与他人的和睦关系。

避免谈论别人的隐私，一是不可在谈话中拐弯抹角地打听别人的隐私，二是不可知道了别人的一点点隐私就到处宣扬。宇宙之大，谈资无所不有，何必非要以他人的隐私当做谈资呢？

对待别人的隐私，要切忌人云亦云，以讹传讹。首先你要明白，你所知道的关于别人的事情不一定确凿无疑，也许另外还有许多隐情你不了解。要是你不加思考就把你所听到的片面之言宣扬出去，难免会颠倒是非，混淆黑白。话说出口就收不回来，事后你完全明白了真相时才后悔不已，但此时已经在同事之间造成了不良的影响。

如果有人在谈到某同事时说，"我只跟你说"，对这样的话你可别太当真了。

假使你对某同事不具好感并按捺不住地对上级说:"这些话只跟您提而已……"如果随意地就大发议论的话,正中上级下怀,你所说的话会立刻传入该同事的耳中。

对于造谣中伤,大多数人都是深恶痛绝的。而对于隐私方面的流言蜚语,虽然大多数人也表示厌恶和排斥,但不少人总爱在不知不觉中加入进去。

事实上,人与人之间的关系相当复杂,你如果不知内幕,就不可信口雌黄,以免招惹是非。

现实生活中有一种人,专好推波助澜,把别人的隐私编得有声有色,夸大其词地逢人就说,人世间不知有多少悲剧由此而生。你虽不是这种人,但偶然谈论别人的隐私,也许你无意中就为别人种下祸患的幼苗,其不良后果并非你所能预料到的。

要是有人向你说某人的隐私,你唯一的办法就是,像保守你自己的秘密一样,不可做传声筒,并且不要深信这片面之词,更不必记在心上。说一个坏人的好处,旁人听了最多认为你是无知;把一个好人说坏了,人们就会觉得你存心不良。

人们好说女人最爱谈论别人是非,其实男人当中也不乏这种人。如果你茶余饭后要找谈话的资料,那天上的星河、地上的花草,无一不是谈话的好题目,真的不必一定要说东家长,西家短才能消遣时间。

要是同事能将自己的隐私信息告诉你,那说明你们之间的友谊肯定要超出别人一截,否则她不会将自己的隐私全盘向你托出。

要是同事在别人嘴中听到了自己的秘密被曝光,不用说,她肯定认为是你出卖了她。被出卖的同事肯定会在心里不止千遍地骂你,并为以前的付出和信任感到后悔。因此,不随意泄露个人隐私是巩固职业友情的基本要求,如果这一点做不好,恐怕没有哪个同事敢和你推心置腹。

尽量避开私人问题,也别议论公司里的是非长短。你议论别人没关系,用不了几个来回就能"烧"到你自己头上,引火烧身,那时再"逃跑"就显得很被动。

避免与同事"交火"

工作中同事之间容易发生争执,有时搞得不欢而散甚至使双方结下芥蒂。人是有记忆的,发生了冲突或争吵之后,无论怎样妥善地处理,总会在心理、感情上蒙上一层阴影,为日后的相处带来障碍,最好的办法还是尽量避免它。

中国人常用这么一句话来排解争吵者之间的过激情绪:有话好说。这是很有道理的。据心理学家分析,争吵者往往犯三个错误:第一,没有明确清楚地说明自己的想法，含糊，不坦白；第二，措辞激烈、武断，没有商量余地；第三，不愿以尊重的态度聆听对方的意见。另一项调查表明，在承认自己容易与人争吵的人中，绝大多数人不承认自己个性太强，也就是不善于克制自己。

相互之间有了不同的看法，最好以商量的口气提出自己的意见和建议，语言得体是十分重要的。应该尽量避免用"你从来也不怎么样……""你总是弄不好……""你根本不懂"这类绝对否定别人的消极措辞。每个人都有自尊心，伤害了他人的自尊心，必然会引起对方的反感。即使是对错误的意见或事情提出看法，也切忌嘲笑。幽默的语言能使人在笑声中思考，而嘲笑使人感到含有恶意，这是很伤人的。真诚、坦白地说明自己的想法和要求，让人觉得你是希望得到合作而不是在挑别人的毛病。同时，要学会聆听，耐心、留神听对方的意见，从中发现合理的部分并及时给予赞扬或同意。这不仅能使对方产生积极的心态，也给自己带来思考的机会。如果双方个性修养、思想水平及文化修养都比较高的话，做到这些并非难事。

如果遇到一位不合作的人，首先要冷静，不要让自己也成为一个不能合作的人。宽容忍让可能会令你一时觉得委屈，但这不仅能表现你的修养，也能使对方在你的冷静态度下平静下来。当时不能取得一致的意见，不妨把事情搁一搁，认真考虑之后，或许大家能找到解决问题的好办法。善于理解、体谅别人在特殊情况下的心理、情绪是一种较高的修养。有的人生性敏感，遇到不顺心的事就发泄怒气，这就可能是造成态度、情绪反常或过激的原因。对此予以充分谅解，会得到相应的回报。

心胸开阔是非常重要的。任何人都会出现失误和过错，别人无意间造成的过错应充分谅解，不必计较无关大局的小事情。

自曝劣势，淡化优势

在职场中，当你明显比同事强时，你在感情上还是要和大家在一起，千万不能与他们拉开距离，同事们也就不会再嫉妒你了，同时也会在心里承认你的"优势地位"是靠自己努力换来的。当你处于优势地位时，注意突出自己的劣势，就会减轻妒忌者的心理压力，使其产生一种"哦，他也和我一样无能"的心理平衡感觉，从而淡化乃至免除对你的嫉妒。

古人云："人之恶在于好为人师。"可见一般人都有这样的心理，除了爱听奉承话之外，还愿做别人的老师。

在日常生活和求职就业的过程中，与他人交往时，你也不妨做一个忠诚的听众。

把别人都当成自己的老师，少说多听，做一个学生，给对方充分表现自己的机会，最后达到自己的目的。这就是"甘为人徒法"的根本所在。

每个人都有强烈表现自己的欲望，以此来自我感觉比别人略高一筹。这正是人们既可爱又愚蠢的地方。

以人为师，少说为佳，并不是不说话。你得说，投其所好，不懂就问；懂得，有时也要暂时装作不懂去问。你提问的方式，要能使对方口若悬河，使对方心理有一种满足感和被尊重感。这时你谦虚的形象，自然就勾画出来了。

有的新员工进公司后没多久就融入了公司的整体气氛中，而有的人只做了两三个月就辞职，关键就在于前者非常会使用"不耻下问"这一招，在众人尤其是重要人物面前，多谦虚请教，这样别人都不会把他视为眼中钉，驱逐他。

职场上的路是靠自己走出来的。在你自曝劣势、"不耻下问"的过程中，你与工作中其他人员的关系往往会更加紧密，从而创造出更加美好的成果。

锋芒太露招人忌

俗话说："枪打出头鸟。"锋芒太露了总是会招人嫉妒的。一个人只有时刻保持谦虚的态度，他的路才能走得长远。

身在职场处于优位时，自然是可喜可贺的事。如果别人一提起一奉承，你就马上陶醉而喜形于色，这会无形中加强别人的嫉妒。所以，面对同事的赞许恭贺，应谦和有礼、虚心，这样不仅能显示出自己的君子风度，淡化同事对你的嫉妒，而且能博得同事对你的敬佩。

"小姜毕业一年多就提了业务经理，真了不起，大有前途呀！祝贺你啊！"在外单位工作的朋友小叶十分钦佩地说。

"没什么，没什么，老兄你过奖了。主要是我们这儿水土好，领导和同事们抬举我。"小姜见同一年大学毕业的小吴在办公室里，便压抑着内心的欣喜，谦虚地回答。小吴虽然也嫉妒小姜的提拔，但见他这么谦虚，也就笑盈盈地主动招呼小姜的朋友小叶："来玩了？请坐啊！"

不难想象，小姜此时如果说什么"凭我的水平和能力早可以提拔了"之类的话，那么小吴不妒忌、进而与小姜和谐相处才怪呢。

在职场中，当你明显比同事强时，你在感情上还是要和大家在一起，千万不能与他们拉开距离，同事们也就不会再嫉妒你了，同时也会在心里承认你的"优位"是靠自己努力换来的。当你处于优位时，注意突出自己的劣势，就会减轻妒忌者的心理压力，产生一种"哦，他也和我一样无能"的心理平衡感觉，从而淡化乃至免除对你的嫉妒。

小李是大学刚毕业的新教师，对最新的教育理论有较深的研究，讲课亦颇受同学欢迎，以致引起一些任教多年却缺乏这方面研究的老教师的强烈妒忌。为了改变自己的处境，小李便故意在办公室的同事面前大曝自己的劣势：教学经验一点都没有、对学校和学生的情况很不熟悉等等，最后还一再强调"希望老教师们多多指教"。

就这样，小李自曝劣势后，终于有效地淡化了自己的优位，衬出对方的优位，减轻弱化了老教师对他的妒忌。

刚进职场的年轻人，纯真、热情、有正义感，就像"初生牛犊不怕虎"似的，面对单位里的一些"黑暗"现象，总是忍不住"拍案而起"，慷慨陈词。但是，他们的好心之言，往往会受到同事们的误会，这些刚进职场的新人因此而受到同事们有意无意的冷落，甚或是打击报复。

毕业后，张先生在出版社当了一名助理编辑，他文笔不错，学习意愿高，因此进出版社才5个月，就把与出版有关的事务摸得一清二楚。

有一次，社长召集大家开会，轮到张先生报告时，他提出印刷品质不好及成本太高的问题，并说假如能降低3%的成本，每个月就能省下20～30万元，最后，还说那家印刷厂是印刷费用收得最高的一家。

社长对他的报告没有发表任何意见，但从这一天开始，张先生开始感觉到负责印务的同事对他的不友善。

8个月后，张先生离开了这家出版社。

任何人都不喜欢被批评作检讨，尤其是在公众场合。因为一则有伤自尊，二则任何批评检讨都会引起旁人的联想与断章取义的误解。总之，批评是带有伤害性的一件事。张先生的批评，狠狠地踢了印务部门一脚，印务部门的同仁当然会"记恨于心"。

你想要"出头"，也一定要周全考虑这样做哪些人的利益和自尊会受到损害。同事不要得罪，上司更不能无意得罪，那样就太冤枉了。

比如在职代会上，公司正在讨论一方案，一代表发言："我认为，还应该加入一点……"

而另一代表发言："我经过对这个方案的多方考虑，认为有点不太理想的地方，我提出来，你指正一下……"

对于前者，上司只是神情冷漠地听了一遍，无所表示。对于后者，上司却着着实实地考虑了一番，从此以后，公司里的事，还常常征求他的意见。

再无能的上司也是自负的上司。在上司面前，你最好不要表露"我比你聪明"的意向，在谦虚的请教之中表达你的意见是你最好的选择。

把握上司的自负心理，谦虚地提出你的建议和意见，一定会使你的事业飞黄腾达。

避人锋芒的最好办法就是时而"不耻下问"，满足对方好为人师的心理，做个好学生。有的新员工进公司后没有多久，就能融入公司的整体氛围中，说话办事都适应公司的作风。而有的人只做了两三个月就辞职了，因为他们实在是无法适应公司的作风，并且与同事之间的关系是别扭而疏离的。为什么会有这些不同的情况出现呢？关键就在于前者往往善于不耻下问。

职场上的路是要靠自己走出来的。在你"不耻下问"的过程中，你与工作中其他人员的关系往往会更加紧密，从而带来更加美好的成果。

古人云："人之恶在于好为人师。"可见一般人都有这样的心理：除了爱听奉承话之外，还愿做别人的老师。

在与同事或上司交往时，你也不妨做一个忠诚的听众。把别人都当成自己的老师，少说多听，做一个学生，给对方充分表现自己的机会，最后达到保护自己的目的。这就是"甘为人徒"法的根本所在。

以人为师，少说为佳，并不是不说话。你得说，投其所好，不懂就问；懂的，有时也要暂时装作不懂去问。你提问的方式，要能使对方口若悬河，使对方心里有一种满足感和被尊重感。这时再露锋芒，也不会太引人注目，你的目的也就容易实现了。

第三章

如何与客户说话

赢得客户的信任

现代营销充满竞争，产品的价格、品质和服务的差异已经变得越来越小。推销人员也逐步意识到竞争核心正聚焦于自身，懂得"推销产品，首先要推销自我"的道理。要"推销自我"，首先必须赢得客户的信任，没有客户信任，就没有展示自身才华的机会，更无从谈起赢得销售成功的结果。

为了利益，一些推销员不择手段，到头来其实失去的比得到的要多，损失最严重的就是失去客户的信任。

在一个人的推销生涯中，取得信任是不可或缺的一环。不要以为推销就是骗人，如果你得不到人们的信任，也就无法实现你的推销。

在推销过程中，顾客是形形色色的，对于那种非常顽固的顾客，你不妨使用一些直率、诚挚的话语来打动他，从而取信于他。

推销员想要赢得顾客信赖，不管采用何种方法达此目的，都需要从一些微不足道的小事做起。莎士比亚说："最伟大的爱情用不着说一个爱字。"爱得你死我活的热恋者，一定会以悲剧收场。套用莎翁的话，最伟大的推销员也用不着说"我是非常守信用的"。推销员的一举一动、一言一行更能表明自己是否值得信赖。有时，哪怕是一个极不起眼的细节，也可能使你信誉倍增。

你听说过有人带着闹钟去推销吗？这人就是齐藤竹之助。

据说，齐藤竹之助每次登门推销时总是随身带着闹钟，当会谈一开始，他便说："我打扰您10分钟。"然后就将闹钟调到10分钟后的时间。时间一到，闹钟便自动发出声响，这时他便起身告辞："对不起，10分钟时间到了，我该告辞了。"如果双方商谈顺利，对方会建议继续谈下去，他便说："那好，我再打扰您

10分钟。"于是，他又将闹钟调了10分钟。谈话就这样10分钟10分钟地继续下来。

齐藤给人一种说话算数的感觉，从而让对方对他产生很强烈的信任感。

不管是用独树一帜的方法还是采取直率的态度打动对方，推销首先要设法做成功的一件事就是取信于对方。

投其所好进行推销

投其所好，是一种艺术、一种智慧，实际上更是一种沟通。它是寻求不同职位、不同行业、不同经历的买卖双方的利益共同点。

一位推销员奉命到印度去谈判一笔很难成交的军火生意。他事先和印度军界的一位将军通电话，但完全不提合同的事，只是说："我准备到加尔各答去，这次是专程到新德里拜访阁下，只见1分钟的面，就满足了。"那位将军勉强地答应了。

来到将军的办公室，将军先声明："我很忙，请勿多占时间！"冷若冰霜的态度给人增加了极大的失望感。

推销员思索片刻，说出了一番令人意想不到的话："将军阁下！您好。"他说，"我衷心向您表示谢意，感谢您对敝公司采取如此强硬的态度。"

将军顿感莫名其妙，一时无言以对。

"因为您使我得到了一个十分幸运的机会，在我过生日的这一天，又回到了自己的出生地。"推销员不紧不慢地说道。

"先生，您出生在印度吗？"将军冷漠的脸上露出了一丝微笑。

"是的！"推销员打开了话匣子，"1929年的今天，我出生在贵国名城加尔各答。当时，我父亲是法国密歇尔公司驻印度的代表。印度人民是好客的，我们一家的生活得到了很好的照顾。"

接着，推销员又深情地谈起了他对童年生活的美好记忆："我过4岁生日的时候，邻居的一位印度老大妈送给我一件可爱的小玩具，我和印度小朋友一起坐在象背上，度过了我一生中最幸福的一天……"

将军被他的一番情真意切的话语深深感动了，当即提出邀请说："您能在印度过生日太好了，今天我想请您共进午餐，表示对您生日的祝贺。"

汽车驶往饭店途中，推销员打开公文包，取出颜色已经泛黄的合影照片，双手捧着，恭恭敬敬地展放在将军面前。"将军阁下！您看这人是谁？"

"这不是圣雄甘地吗？"将军吃惊地说道。

"是呀！您再仔细瞧瞧左边那个小孩，那就是我。4 岁时，我和父母一道回国途中，曾经十分荣幸地和圣雄甘地同乘一条船，这张照片就是那次在船上拍的。我父亲一直把它当作最宝贵的礼物珍藏着。这次，我要拜谒圣雄甘地的陵墓。"

"我非常感谢您对圣雄甘地和印度人民的友好感情。"将军紧紧握住了推销员的手。

当推销员告别将军回到住处时，这桩生意已成交。

在经营、推销的活动中，既要知彼，又要知己，同时再加上巧妙地周旋，艺术地交谈、推销，说客户喜欢听的话，你就能赢得主顾心甘情愿的解囊，在生意场上做到游刃有余，纵横驰骋。

利用问题接近客户

推销是一件很难的事情，要推销成功，成为一位优秀的推销员，需要掌握很多推销方法，其中利用问题接近客户是很有效的方法。推销员直接向客户提出问题，引起客户的注意和兴趣，引导客户去思考，并顺利转入正式面谈阶段。作为一名推销员，你可以首先提出一个问题，然后根据客户的实际反应再提出其他问题，步步紧逼，接近对方。也可以开头就提出一连串问题，使对方无法回避。

"到 2010 年，你将干什么呢？"这个问题可能引起一场推销员与客户之间关于退休计划的讨论。

"你的生意大得足以有利可图地使用自动化生产设备吗？"这个问题引得一家发展中的制造公司总裁提出新问题："我不知道，我的生意必须达到多大规模？"从而进入正式的推销面谈。

某公司推销员对客户说："只要你回答两个问题，我就知道我的产品能否帮助你装潢你的产品。"这实际上也是一个问题，并且常常诱出这样的回答："你有什么问题？"

美国一位推销女士总是从容不迫，平心静气地提出 3 个问题："如果我送给你一套有关个人效率的书籍，你打开书发现内容十分有趣，你会读一读吗？""如果你读了之后非常喜欢这套书，你会买下吗？""如果你没有发现其中的乐趣，你把书重新塞进这个包里给我寄回，行吗？"这位推销女士的开场白简单明了，使客户几乎找不到说"不"的理由。后来这3个问题被该公司的全体推销员所采用，成为标准的接近方法。

美国一位口香糖推销员遭到客户拒绝时就提出一个问题："你听说过威斯汀豪斯公司吗？"零售商和批发商都会说："当然，每个人都知道！"推销员接着又问："他们有一条固定的规则，该公司采购人员必须给每一位来访的推销员1小时以内的谈话时间，你知道吗？他们是怕错过好的东西。你是有一套比他们更好的采购制度，还是害怕看东西？"

某自动售货机制造公司指示其推销员出门携带一块两英尺宽三英尺长的厚纸板，见到客户就打开铺在地面或柜台上，纸上写着："如果我能够告诉你怎样使这块地方每年收入250美元，你会感兴趣，是吗？"

当然，接近问题必须精心构思，刻意措辞。事实上，有许多推销员养成一些懒散的坏习惯，遇事不动脑筋，不管接近什么人，开口就是："生意好吗？"有位采购员研究推销员第一次接近客户时所说的行话，做了这样一个记录，在一天里来访的14名所谓的推销员中，就有12位是这样开始谈话的："近来生意还好吧？"这该是多么平淡、乏味。某家具厂推销经理抱怨说4/5的推销员都是以同一个问题开始推销面谈："生意怎样？"

一名成功的推销员，他最大的优势在于能将他接触的每一个人都自然转化为准客户，那么他是如何做到这一点的呢？

到一个公司或一个小区（亦即机关、单位或居民区）拜访前，尽力收集其内部情况，至少也要弄到一个人的姓。如事先来不及了解有关情况，则向在小区、公司遇见的人询问负责人的办公地点。问路也有窍门，你得选择固定的人才行，小店老板、办公室职员等都是理想目标。不然，你再也见不到你接触过的人，只是白费工夫。

"请问，物业管理委员会（居委会）在哪里？"

"请问××办公室怎么走？"

问题很简单，对方回答起来特别容易。

得到答案后，径直走向目的地找负责人。找到了当然再好不过，即使找不到，也不要紧。你的推销对象多着呢！

你回过头来再次与给你指路的人见面。这时候，对那个人来说，你不是真正意义上的陌生人了。你很诚恳地表示他或她的指点让你获益多多，能够认识他或她，你很高兴……你得营造出人与人之间交往的良好气氛。这样一来，进行推销就轻松了，因为你们已经变成熟人了嘛。

用计要灵活，你心里很清楚到哪个地方怎么走的时候，也可以"问路"，对吧？

有些推销员非常讨厌秘书、保安，总觉得他们碍手碍脚，整日琢磨骗过他们的"过关法"。其实，你把他们也看成推销对象、未来的合作伙伴，所有问题都能迎刃而解。

随身携带"高帽子"

恐怕这世上没有人会拒绝被别人抬高，推销员在推销过程中最好怀揣若干顶"高帽子"，适当的时候就给对方扣上一顶，事情会比你想象的好办得多。

"高帽"就是对客户的能力和品格进行美化，这是销售成功必备的细节。想想看，谁不愿意听到美化自己的语言呢？谁又不认同美化自己的人呢？找到客户身上的闪光点，将它在合理的范围内合理放大，相信你总是受欢迎的。

有的推销员更是胜人一筹，在推销自己的产品之前先对对方的某个产品大赞一番，人们崇尚礼尚往来，我说你的产品好，再提到我的产品时，你还会给我泼冷水吗？

"我工作时，常用贵公司制造的收音机。那台收音机的品质极佳，我已经用了5年，还完好如新，没发生过故障。真不愧是贵公司生产的，就是有品质保证。"一个纸张推销员在推销本公司产品之前这样说道。

当然，他非常懂得怎样去丰富他的赞美之辞，他不仅说出自己对对方公司的商品有兴趣，还具体地说明了他实际使用后，该商品的特征与性能，从而使自己评价的重点有了价值：

"或许大家不知道，我现在仍使用贵公司20年前生产的扩音器。其间，我也买过好几次别的产品，但不是发生故障，就是声音难听，结果还是买贵公司的产品划算。贵公司的产品真是好用，即使用了20年，比起现在的新产品也毫不逊色，真是令人佩服。"

"是的，本公司生产的扩音器都是采用进口技术的，材料把关也相当严格，所以非常耐用。现在市场上这样有质量保障的品牌为数不多。你真是有眼光，我看你们公司的产品也挺不错嘛，能让我试用一下吗……"对方再也忍不住要和他沟通起来。

　　好听的话令人感到开心和快乐，而对于说话的人也没有任何损失，何乐而不为呢？如果你出门多带一些"高帽子"，你几乎会比别人少遇到一半的麻烦，它们会给你带来大量的生意。

第四章

如何与朋友说话

替别人找个下台的借口

在和朋友相处的过程中，难免会遇到一些尴尬的事情，让气氛骤然紧张、难堪，学会替别人找个下台阶的借口，不仅会缓和对方的紧张心理，让事情得到顺利发展，而且还会让彼此的友谊得到进一步的增进。要达到这样的目的，我们不妨学习使用以下的技巧：

1. 给对方找一个善意的动机

突然间发现别人的失误或错误行为，但不会导致重大的损失出现时，我们应尽量克制自己的情绪，以平静如常的表情和态度装作不解对方举动的真实意图和现实后果，并且给对方找到一个善意的动机，让事态的发展按照自己所希望的方向推进，以免把对方逼到窘迫的境地。

一天中午，一位姓王的老师路过学校后操场时，发现前两天帮助搬运实验器材的几位同学正拿着一枚实验室特有的凸透镜在阳光下做"聚焦"实验。他想：他们哪来的透镜？难道是在搬运时趁人不备拿了一枚？实验室正丢了一枚。是上去问个究竟，还是视而不见绕道而去？为难之时，一位同学发觉了他，其余的慌忙站了起来，手拿透镜的这位同学显得很不自在。王老师从同学们慌张的神情中可以进一步判断这透镜的来历。当时的空气就像凝固了似的，一分一秒也不容拖延。王老师快速地构思，终于想出一条妙方，他笑着说："哟，这枚透镜原来被你们找到了！"凝固的空气开始流通起来。接着他用略带感激的语调补充道："昨天我到实验室准备实验器材，发现少了一枚透镜，我想大概是搬运过程中丢失了，我沿途找了好几遍都未能找到，谢谢你们帮我找到了这枚透镜。这样吧，你们继续实验，下午还给我也不迟。"同学们放松地点了点头，空气依旧是那么温暖，那么清新。

2.换一个角度思考问题

在许多情况下，面对尴尬下不来台是因为思维框定在正常的状态之中，这对事态的发展毫无作用。如果我们换一种角度对其尴尬的举动做出巧妙、新颖的解释，便可使原本的消极举动具有另外的内涵和价值，成为符合常理的行动。

有一次全校语文老师来听安老师讲课，校长也光临"指导"，这下可使小安犯难了。他既怕课讲得不好，又担心有的学生回答时表现不佳，有失面子。

课上，他重点讲解了词的感情色彩问题。在提问了两位同学取得良好效果后，接着提问校长公子："请你说出一个形容×××的美丽的词或句子。"

或许是课堂气氛紧张，或许是严父在场，也可能兼而有之，这位公子一时为难，只是站着。

空气凝固。王老师和校长都现出了尴尬的脸色。很快，这位老师便恢复正常，随机应变地讲道："好，请你坐下，同学们，B同学的答案是最完美的，他的意思是这个人的美丽是无法用文字和语言来形容的。"

听课者都发出了会心的微笑。

忠言也顺耳

忠告，对于帮助他人和与他人建立真诚的友谊，起着难以替代的重要作用。反过来讲，不能给予他人忠告的人不是真诚的人，这种人不会将自己的真实感受告诉对方。也就是说，不爱别人的人是不会给予他人忠告的，不被人爱的人也同样得不到忠告。因此，我们应该欢迎忠告。

尽管如此，为什么一般人都讨厌忠告，忠告为何听起来总不顺耳呢？

究其原因，就在于一般人容易受感情支配，即使内心有理性的认识，但仍易受反感情绪的影响而难以听进忠言。

有一个中学生很贪玩，整日在外游荡，不爱学习。

有一天，他大彻大悟了，下决心要好好学习。当他刚一走进家门，他母亲就急不可耐地教育儿子：

"你又到哪里野去了？还不快去复习数学，看你将来怎么考大学！"

"哼，上大学，上大学，我就不信不上大学就混不出人样！"

受逆反心理驱使，一气之下，儿子又跨出了家门，母亲的一番苦心白费了。

看来，仅有为别人着想的良好愿望还不行，忠告也需要技巧，否则就会起到相反效果。那么给人忠告时需要怎么做才能让其听着顺耳起来呢？

1. 谨慎行事

说到底，忠告是为了对方，为对方好是根本出发点。因此，要让对方明白你的一番好意，就必须谨慎行事，不可疏忽大意。此外，讲话的态度一定要谦和诚恳，用语不能激烈，也不必过于委婉，否则对方就会产生你教训他，假惺惺的反感情绪。

2. 选择时机

例如，当下属尽了最大努力而事情最终没有办好时，此时最好不要向他们提出忠告。如果你这时不合时宜地说"如果不那样就不致这么糟了"之类的话，即使你指出了问题的要害且很在理，可下属心里却会顿生"你没看见我已在拼命了吗"的反感，效果当然不会好了。相反，如果此时你能说几句"辛苦你了""你已做了最大的努力""这事的确比较难办"之类的安慰话，然后再与部下一起分析失败的原因，最终部下是会欣然接受你的忠告的。

除此之外，在什么场合提出忠告也很重要。原则上讲，提出忠告时，最好以一对一，避开耳目，千万不要当着他人的面向对方提出忠告。因为这样做，对方就会受自尊心驱使而产生抵触情绪。

3. 不要比较

忠告的第三个要素，就是不要以事与事、人与人做比较的方式提出忠告。因为此时的比较，往往是拿别人的长比对方的短，这样很容易伤害对方的自尊心。

"小于，你看人家小熊哪天不是安安静静的，而你总是疯玩疯闹，你就不能学学人家吗？"母亲痛切地对女儿说。

"她乖，她好！你认她做女儿算了，我走！"女儿嚷道。虽然女儿明明知道自己的缺点，但出于自尊心，她没好气地顶撞着母亲。母亲的劝告失败了。

把话亮出来说

有些朋友彼此太熟了，再用文绉绉、有模有样的说话方式交谈，朋友会觉得你"假"，所以和熟的朋友说话不必一本正经。这种沟通法也有好处，不容易有心结，心里有什么话，就亮出来。像是撒把胡椒粉，不容易有心结，心里有什么打个喷嚏，但是"喷"完了，也就没事了。

萧伯纳和丘吉尔两人，虽然一个在文坛，另一个在政界，但却是相知的好朋友。两个人的关系，由他们之间信函往来的内容就看得出来。

萧伯纳有一场新剧要在伦敦首演。他特别送了两张入场券给丘吉尔，还附上一张写着寥寥数语的便信：

"附上拙作演出入场券两张，一张给你，一张给你的朋友——如果你还有朋友的话。"

在政界一向饱受政敌攻击的丘吉尔看了哈哈大笑，随即回了一封也只写了几句话的便条：

"很抱歉，我今晚没空，但是我会和朋友明晚去观赏——如果你那场戏明晚还能继续上演的话。"

新剧上演前，萧伯纳一位要好的在银行工作的朋友也写了一封信给他：

"听说你的新剧就要上演了，送给我前排的入场券10张，以便分送朋友观赏如何？"

这位朋友也收到了萧伯纳的回信：

"听说贵行的新钞票已经出笼了，送给我大额票面的钞票10张，以便分送亲朋好友花用如何？"

曾两度竞选美国总统均败在艾森豪威尔手下的史蒂文森，从未失去幽默。在他第一次荣获提名，竞选总统时，他承认的确受宠若惊，并打趣说："我想得意扬扬不会伤害任何人，也就是说，只要不吸入这空气的话。"在他竞选败给艾森豪威尔的那天早晨，他以幽默的口吻，在门口欢迎记者进来："进来吧，来给烤面包验验尸。"几年后的一天，史蒂文森应邀在一次餐会上演讲。他在路上因为阅兵行列的经过而耽搁，到达会场时已迟到了。他表示歉意，并一语双关地解释说："军队英雄老是挡我的路。"

他用谈笑的口吻大大提高了自己的人气和威信，赢得了朋友们一致的尊重和爱戴。

有着高明"说笑"技巧的说话高手，在人群里一向都是最受欢迎的人物。说笑的时候大可放心，因为伤不了人。所以一旦遇到有什么状况发生，心胸宽大地拿自己来嘲笑一番，最能虏获人心，让人哈哈一笑，不但化解了尴尬，也放松了大家的紧张情绪，可真是功德一桩哩！

有一回北宋宰相王安石骑马游极宁寺，马儿由马夫牵着，王安石坐在马上放眼浏览四周的景致，心情十分愉快。

没想到，马夫一个疏忽，竟然让马儿受惊，马失前蹄，王安石由马背上摔了下来，这下大伙儿可紧张了，尤其是马夫紧张得手足无措。

众人赶快扶起王安石，幸好他毫发无伤。王安石看了看趴在地上吓得直打哆嗦的马夫，一言不发地跨上马背，然后用马鞭指着马夫说："幸亏我的名字叫作王安石，要是叫王安瓦，这下可要摔得粉碎了！"

一句话说罢，他用鞭子轻打了一下马屁股，继续向前行进，一句妙语让四周的人哈哈一笑，缓解了紧张的气氛。马夫擦了擦额头上硕大的汗珠，松了一口气。

你有没有发现，在朋友之间，懂得如何说笑的人是最受人欢迎的，但是一般人需要心理上的调整，才能够培养这份能力。照着以下的方法自我调适，就能让人际关系向前更迈进一步：

1. 放下身份

不管是什么身份，如果想要受人欢迎，就得要放下身段。想想看，谁会愿意接近一个成天紧绷着脸，眼睛长在头顶上的人。

2. 把话说得亲切点儿

话说得太高雅了，就会拉出距离。"嗨！穿得这么美干什么？要迷死人啊！"这句恭维话就比"嗨！你今天穿的衣服非常漂亮！"要来得亲切。

3. 偶尔装点儿疯，卖点儿傻

没有人喜欢成天看一本正经的苦瓜脸，偶尔装点儿疯，卖点儿傻，就算嘴里讲着歪理，也不会有人怪你，反而会跟着轻松起来插科打诨一番。

不仅是朋友之间，如果夫妻、亲子之间也以这种方式相处，就会有一个甜蜜温馨、让人一下了班就想要赶回去的家！

4. 说起话来可别像老师上课

就算再有道理，也别把话说得硬邦邦，让人听了不舒服。在朋友之间说理，只要点到为止就好，别成天婆婆妈妈的，让人见了退避三舍。

5. 把热情拿出来，把诚恳写在脸上

朋友之间遇到麻烦需要有人处理时，尽管举起手来大声说："让我来！"时常打个电话问候一下，别在有求于人时才登门拜访，结结巴巴地说："无事不登三宝殿。"

让朋友表现得比你出色

每个人都希望自己比别人优秀，我们在对待朋友时，要尽量让其表现得比你出色，这样既表现出自己的谦虚，又让朋友喜欢你，达到融洽的人际关系，两全其美的事情，何乐而不为呢？

法国哲学家罗西法古说："如果你要得到仇人，就表现得比你的朋友优越吧；如果你要得到朋友，就要让你的朋友表现得比你优越。"

为什么这句话是事实？因为当我们的朋友表现得比我们优越，他们就有了一种重要人物的感觉，但是当我们表现得比他还优越，他们就会产生一种自卑感，造成羡慕和嫉妒。

纽约市中区人事局最得人缘的工作介绍顾问是亨丽塔，但是过去的情形并不是这样。在她初到人事局的头几个月当中，亨丽塔在她的同事之中连一个朋友都没有。为什么呢？因为每天她都使劲吹嘘她在工作介绍方面的成绩、她新开的存款户头，以及她所做的每一件事情。

"我工作做得不错，并且深以为傲，"亨丽塔对拿破仑·希尔说，"但是我的同事不但不分享我的成就，而且还极不高兴。我渴望这些人能够喜欢我，我真的很希望他们成为我的朋友。在听了你提出来的一些建议后，我开始少谈我自己而多听同事说话。他们也有很多事情要吹嘘，把他们的成就告诉我，比听我吹嘘更令他们兴奋。现在当我们有时间在一起闲聊的时候，我就请他们把他们的欢乐告诉我，好让我分享，而只在他们问我的时候我才说一下我自己的成就。"

苏格拉底也在雅典一再地告诫他的门徒："你只知道一件事，就是你一无所知。"

无论你采取什么方式指出别人的错误：一个蔑视的眼神，一种不满的腔调，一个不耐烦的手势，都有可能带来难堪的后果。你以为他会同意你所指出的吗？绝对不会！因为你否定了他的智慧和判断力，打击了他的荣耀和自尊心，同时还伤害了他的感情。他非但不会改变自己的看法，还要进行反击，这时，你即使搬出所有柏拉图或康德的逻辑也无济于事。

永远不要说这样的话："看着吧！你会知道谁是谁非的。"这等于说："我会使你改变看法，我比你更聪明。"这实际上是一种挑战，在你还没有开始证明对方的错误之前，他已经准备迎战了。为什么要给自己增加困难呢？

有一位年轻的纽约律师，他参加了一个重要案子的辩论，这个案子牵涉到一大笔钱和一项重要的法律问题。在辩论中，一位最高法院的法官对年轻的律师说："海事法追诉期限是 6 年，对吗？"

律师愣了一下，看看法官，然后率直地说："不。庭长，海事法没有追诉期限。"

这位律师后来说："当时，法庭内立刻静默下来。似乎连气温也降到了冰点。虽然我是对的，他错了，我也如实地指了出来，但他却没有因此而高兴，反而脸色铁青，令人望而生畏。尽管法律站在我这边，但我却铸成了一个大错，居然当众指出一位声望卓著、学识丰富的人的错误。"

这位律师确实犯了一个"比别人正确的错误"。在指出别人错了的时候，为什么不能做得更高明一些呢？

因此，我们对于自己的成就要轻描淡写。我们要谦虚，这样的话，永远会受到欢迎。

要比别人聪明，但不要告诉人家你比他更聪明。

第五章

如何与对手说话

欲攻其人，先攻其心

"心战为上，兵战为下。"与对手辩论也是如此，欲攻其人，先攻其心，揣测对方心理，抓住关键，方能一语中的，成功地击败对方。

第二次世界大战时，丘吉尔于 1941 年圣诞节前去了美国，希望说服美国人和英国人结盟，立即对德宣战，以扭转英国所面临的危机。可是当时不少美国人对英国人不抱好感，反对介入对德战争，这无疑给丘吉尔的说服工作增加了许多困难。但丘吉尔不愧是著名的论辩家，他在进行说服工作时十分注意攻心技巧的运用，用情感来打动美国人的心，化解了他们对立的情绪，让他们把英国人当做"自己人"，从而转变了态度，支持政府援助英国，参加对德作战。

丘吉尔说："我远离祖国，远离家园，在这里欢度这一年一度的佳节，但我并不觉得寂寞孤独。或许是因为我母亲的血缘关系，或许是因为我在这里得到的许多友谊，让我根本不觉得自己是个外来者。我们的人民和你们讲着同样的语言，有着同样的宗教信仰，追求着同样的理想。我感受到的是一种和谐的、亲密无间的气氛。

"此时此刻，在一片战争的混乱中，今晚，在每一颗宽容无私的心灵中都得到了灵魂的平和。因此，至少我们可以在今晚，把那些困扰我们的各种担心和危险搁置一边，并在这个充满风暴的世界里，为我们的孩子准备一个幸福的夜晚。那么，此时此刻，在今天这个夜晚，讲英语世界中的每个家庭都应该是一个有阳光普照、幸福和平的小岛。"

丘吉尔从两国人民间共同的语言、共同的宗教信仰、共同的理想及长期的友谊切入，将这些共同点作为彼此相信、相互了解的基础，并把它提出来，用"讲英语的家庭都应过一个和平安详的圣诞节"这样的话语，打动了无数美国人的心，使他们改变反战立场转而与英国结盟。

一语双关，引人就范

一语双关，是指在一定的语言环境中，利用语句的同义或谐音的关系，有意识地使语句具有双重意义，言在此而意在彼。

由于双关含蓄委婉，生动活泼，又幽默诙谐，饶有趣味，能给人以意在言外之感，又使人回味无穷，因而在辩论中经常为人们所使用。

有一天，一位年轻的作者来到某编辑部，递上自己的作品。编辑看了作品以后问他："这篇小说是你自己写的？"

"是我自己写的。"年轻人答道，"我构思了一个多月的时间，整整坐了两天才写出来的，写作真苦！"

"啊，伟大的契诃夫先生，您什么时候复活了啊！"编辑大发感慨。听了编辑的话，年轻人赶紧悄悄地离开了编辑部。稍加思索，就会明白，"契诃夫先生，您什么时候复活了啊"这句话，隐喻着"你抄了契诃夫先生的作品"。其效果远胜于明言快语地指出作品是抄袭的。

某日，老杨带着8岁的儿子捧着一盒包装精美的糖果登门造访一位朋友。临走时，坚持留下那礼物，说："$\sqrt{2}$啊，收下吧！"主人愣住了。

哪知那8岁的儿子接着说："$\sqrt{2}$等于1.41421……就是，意思意思而已啦！"

人的心理，社会心理，在许多事情上是自相矛盾的。比如送礼就是这样。一方面主张"君子之交淡如水"，一方面又说"礼尚往来人之常情"，所以在送礼与收礼时，往往处在进退两难的境地。倘若说："$\sqrt{2}$啊，收下吧。"那就大出新意，在心照不宣的笑声中，一切都"功德圆满"了。

1.41421又与"意思意思而已"谐音，这是又转了一道弯。幽默往往表现为曲线的，这样，就在笑声中，更耐人寻味了。

为了增加语言的幽默或讽刺意味，可以临时借助音词的谐音关系，造成语带双关，可以起到明言此、暗言彼的效果。

有次，美国前总统里根决定恢复生产B-1轰炸机，引起许多美国人的反对。在记者招待会上，面对责问，里根答道："我怎么不知道B-1是一种飞机呢？我只知道B_1是人体不可缺少的维生素，我想我们的武装部队也一定需要这种不可缺少的东西。"

这句一语双关的妙言，一时竟使得那些反对者不知所措。

在论辩中，当遇到棘手的问题不好回答或不能回答时，一语双关往往能收到出人意料的效果。

抓住对方破绽，有力反击

论辩场上，唇枪舌剑，你来我往，难免会犯一些错误，存在一些纰漏，产生一些破绽，机智者常常可及时捕捉住对方的破绽，给以有力的回击，这是展示言辩者知识水平、理论功底、逻辑能力与语言技巧的最佳时机。

1993 年 8 月，在新加坡国际大专辩论赛中，复旦大学与悉尼大学对垒，辩题是"艾滋病是医学问题，不是社会问题"。悉尼大学队是正方，复旦大学队是反方。开始，双方你来我往，势均力敌，难分胜负。这时，复旦大学队的二辩问了对方一个问题："请问对方，今年世界艾滋病日的口号是什么？"对方四位辩手面面相觑，瞎猜一气，错误应答。复旦大学队立即纠正，并巧妙引开："错了，今年艾滋病日的口号是'行动起来，时不我待'，对方辩友连这都不知道，难怪谈起艾滋病来这么不紧不慢的啊！"这一招，在对方的阵地上打开了一个缺口，从而瓦解了对方的阵线。

在辩论中，一方面要守住阵地，稳扎稳打，不能贪图一时之利口不择言，言语出错，给对方以可乘之机；另一方面又要洗耳恭听，捕捉对方的言语、逻辑错误，一有机会，立即盯住，穷追猛打。

在北大首届辩论赛中，国政系与历史系就"仓廪实而知礼节"展开辩论。正方历史系在论证物质与文化的关系时，提出："在德国这样经济发达的国家，产生了巴赫、贝多芬、门德尔松等伟大的音乐家……"

反方国政系立即抓住正方论据中出现的"贝多芬"发出反击："正方错了，贝多芬恰恰是在贫困交迫的情况下才写出《命运交响曲》这样辉煌的作品的！"

正方错上加错："那他也必须在吃饱饭的情况下才能进行创作呀！"

反方步步紧追："那么请问贝多芬是在哪一顿吃饱了之后才写出《命运交响曲》的？"

上例中，反方抓住正方口误，及时予以回击，赢得了观众的掌声，直逼得对手败下阵来。

在司法审讯中，常见一些有经验的审讯者巧设圈套，让罪犯露出破绽，出现常识错误，在其阵地上打开缺口，从而瓦解其坚固阵地。

绵里藏针，以柔克刚

人之所以要学习"说话"的方法，原因就在于人必须在不同的论点中寻求和谐，不能因各自不同的理念而损及人际关系。因此，与人沟通时，就必须注意分寸的拿捏。如果论辩中既不想太强硬，又不想违背自己的原则主张，你可用绵里藏针法，这或许是一个不错的方法。绵里藏针意味着软中有硬，硬是通过软的方式表现出来的，婉言中预示警戒，柔弱中显示刚强。

郑穆公元年，秦穆公任命孟明视为大将，集合300辆战车，于12月出发，准备带兵偷袭郑国。

这消息被郑国的一个贩牛商人弦高知道了。当时他正赶着一群牛准备到市集兜售，正在往洛阳的途中，回国报告已经来不及，于是他急中生智，一边派人抄近路连夜回国报信，让国君作好迎战准备；一边把自己装扮得衣冠楚楚，并挑选了12头肥牛和4张牛皮，乘着马车，带着随从，在秦军必经之路等候着。

这天，秦国队伍行经时，突然有人拦住去路，大声喊道："郑国使臣弦高受国君派遣，特来求见将军。"

孟明视听了，不禁一怔，心想：莫非我们派兵偷袭的消息被郑国人知道了？他满腹狐疑地接见了弦高，并迫不及待地问："先生到这里来有何见教？"

弦高说："我们国君听说将军带兵要来敝国，特派我来犒劳大军，先送上这12头肥牛和4张牛皮作为慰劳品，表示我们的一点心意。"

孟明视故作镇静，收下慰劳品，假惺惺地说："听说郑国国君新丧，我们国君怕晋国乘机来侵犯你们，特意叫我带兵来保护。"

弦高说："我们郑国是个小国，夹在秦、晋两个大国中间，为了安全，我国的将士们枕戈待旦，日夜小心地守卫着每一寸国土，要是有谁胆敢来侵犯，我们一定会给以迎头痛击。这一点请将军放心。"

孟明视又不甘心地说："这么说来，郑国就用不着我们秦军的帮助了吗？"

弦高说："我们已经做好了一切准备，如果贵国军队真的入境，我们将负责供应你们粮食和柴草，派兵保护你们的安全。"

孟明视听了弦高的话，心想郑国早已有所戒备，只得放弃进攻郑国的打算。事后，郑穆公召见了智言周旋而救国的弦高，并封他为军尉。

此外，在外交上，委婉含蓄的语言往往更意蕴深刻。1984 年 9 月，苏联外长葛罗米柯访问白宫时，曾开玩笑似的对第一夫人南茜说："请贵夫人每天晚上都对里根总统说句悄悄话——和平。"言外之意是里根总统头脑不够冷静，往往做出有损于世界和平的事。对此，南茜回敬说："我一定那样做，同样地，希望你的身边也能常常吹出这样的'枕边风'。"葛罗米柯听后，心领神会地讪讪一笑。

由于代表着不同国家、不同的政治利益，政治家之间的语言游戏，无论形式如何，都是针锋相对的斗争。葛罗米柯和里根夫人的妙语，都在含蓄之中藏着三寸钢针，一个刺得好，一个扎得妙。听似玩笑，实则真言。凭借委婉含蓄，政治家把尖锐的批评包藏起来，抛向对方，不显山不露水地进行了一番较量。

人人各有立场，如果都冲动地、直截了当地阐明自己的立场，恐怕世界纷争不断。所以既要维持表面的和谐关系，在捍卫自己的理念上又不能有丝毫让步时，绵里藏针便是最好的方法了。

第三篇

不同场景下的说话艺术

发生在成功人物身上的奇迹，至少有一半是由口才创造的。

——［美］汤姆士

第一章

求职面试时的说话艺术

不要小看自我介绍

在求职面试时，考官一般都要你先做个自我介绍。看似简单的一个问题，但如果处理得不好，就会全盘皆输。所以为了使用人单位全面、具体了解你自己，应如实地向对方介绍自己的情况，即介绍与求职有关的、最主要的情况。与此有关的要介绍清楚，不要遗漏；与此无关的则不必介绍，以防眉毛胡子一把抓，反而冲淡了主要内容。

介绍自己的情况时一般包括以下几方面：

（1）一般情况。如姓名、年龄、工作或学习单位、家庭住址等。

（2）学历及工作经历。

（3）职业情况。将所从事工作的内容、时间、职务、效果、评价一一说清。

（4）其他情况。凡不属以上三方面的内容而又有必要加以介绍的情况，都可分小项介绍，如家庭成员、与本人的关系，也可专门介绍你的爱好和特长。

另外，如果对求职有什么要求，也可以专门介绍。

为了使录用单位更全面地了解自己，将自己的基本情况整理好，介绍出来，是一项重要的、必不可少的工作。

除了介绍自己的基本情况外，还可以适当地将自己的能力和才干表现出来。

求职者总要想方设法把自己的能力和才干表现出来，让招聘者了解自己。然而，表达自己的能力和才干也是一门艺术，如果一味地平铺直叙，大讲特讲自己比他人如何如何好，恐怕会给人自吹自擂不谦虚的印象，所以，在说出自己的能力后应作些补充说明。如果有条件的话，即使不补充，也可以让事实来说明问题。

某电信公司在招聘考试时，发现一位叫柳杉的应试者在校成绩不太好。

主考者问道："你的成绩不大好，是不是不太用功？"

柳杉回答说："说实在话，有的课我认为脱离实际，所以把时间全花在运动上了，所以身体特别好，还练就一身好功夫。"

主考者很感兴趣，让他表演一下，柳杉脱下衣服，一口气做了100多个俯卧撑，使主考者大为吃惊，立即录用了他。

有时稍稍抬高自己也是必要的。面谈者当然知道你不会"自道己短"，但别扯得太远，"吹嘘自己"时只要谈谈有关工作方面的内容即可，而且千万要记住要用具体例子来做支持。比如说，你说"我和其他工作人员关系很好"时，别说到这里停止了，还要举一些具体事例来加以陈述，如"我总是与我的工作伙伴和属下有着相当融洽的关系，而且我也跟从前每一位上司都成了好朋友"。此时应注意以下几点：

（1）只讲正面性的事。

（2）用证据来支持你的陈述。

（3）陈述的内容要集中在工作所需的资历之上。

（4）简明清晰不要超过3分钟。

（5）说完之后，可问对方是否还想知道得更多一些。

让对方了解你的优点，从而录用你。

妙对面试官的陷阱问题

求职面试时，面试官经常设下圈套，以判断求职者的心理素质、反应能力等，稍有不慎，就会落入圈套，全盘皆输。那么常见的陷阱问题有：

1. 压力问题

在求职面试时，有些主考官会故意提出一些问题，让你处于不利的境况。如果回答得好你就可以顺利通过面试，否则只有失败的份儿。那么我们一起看看下面这个例子：

在一次公务员面试中，考官对一位少女考生前面问题的回答非常满意。最后，一位考官对她说："你是一个很漂亮的女孩，但是我们发现你脸上有不少雀斑，你觉得这会对你的面试有影响吗？"面对这种故意设置的压力问题，该女孩的回答非常精彩：

"我是来报考公务员的，今天主要考察的应该是能力，我想各位老师坐在这里也肯定是为国家选材而不是选美，如果各位是来选美的，我想我不合适，但如果是选材，我相信自己是栋梁之材。"

女孩非常自信，没有因为被问及自己的缺点而丧失信心，相反，回答得有理有据，没有正面回答缺点对面试是否有影响，而是从另外一个角度阐述，把问题交给考官，任其选择，获得成功。因此，当被问及自身缺点时，不要慌张。回答时可以扬长避短，突出自身优势，减少缺点带来的影响。

2. 迷惑问题

面试时，有些问题并非是面试官的本意，他们只是在试探你，看看你有何反应，面对这些迷惑性的问题时你可要提高警惕。

在一家企业面试中，张雷凭借自己的实力已经通过了笔试和第一次面试，在最后一次面试过程中，考官突然问道："经过了这次面试，我们认为你不适合我们单位，决定不录用你，你自己认为会有哪些不足？"面对考官的问题，张雷回答道：

"我认为面试向来是5分靠实力，5分靠运气的。我们不能指望一次面试就能对一个人的才能、品格有充分的了解和认识。通过这次面试，我学到了很多东西，也发现了自己的不足——既有临场经验的不足，也有知识储备的不足。希望以后能有机会向各位考官讨教。我会好好地总结经验，加强学习，弥补不足，避免在今后工作中再出现类似的问题。另外，希望考官能对我全面、客观地进行考察，我一定会努力，使自己尽量适应岗位的要求。"

其实，考官这是在考察你的应变能力，并非真的对你不满，如果他们认为你不合适的话，是不可能再问你问题的。因此，要沉着应付，不要中了圈套而暴露自己的弱点，回答时可以虚一点，把重点放在弥补弱点上，这可以看出你积极进取的品质。另外，要诚恳地向考官讨教，以博取他们的好感。

3. 刁钻问题

在面试时，经常会碰到一些刁钻问题，如果按一板一眼的方式回答，很容易让自己处于劣势。这时你不妨以刁制刁。

在一次公司求职面试中，某主考官见一位湖南来的小马先生知识渊博，思维敏捷，各类问题都对答如流，便突发异想，抛开原定题目，出了一道偏题："朱自清的散文《春》，尽人皆知。请你回答这篇文章一共多少字？"这下可真把马某考住了。他暗想，主考出此题目未免脱离常规，既然有意刁难，录取必然无望，就不管一切，大胆反问："主考官的尊姓大名，天天目睹手写，也已烂熟，请问共有几笔？"主考官想不到应考者竟会有如此反问，一时愣住。事后，主考官十分赏识马某的才能和胆识，于是亲自录用。

有些问题过于刁难，而且实在无法回答，不妨反戈一击，反问对方，可能会起到意想不到的效果。不过，切记要保持微笑，以礼待人，因为考官只是在考察你的应变能力而非真的刁难你。

4. 两难问题

有些问题，如果只简单地回答"是"或"不是"，强调一方面的话，很难让自己顺利通过面试，这时不妨采用折中的回答方式，在两者兼顾的基础上强调重点。

在一次公司招聘面试中，考官突然对一位应聘者提出这样的问题："你对琐碎的工作是喜欢还是讨厌，为什么？"对于这个两难问题，若回答喜欢，似乎有悖现在知识青年的实际心理；若说讨厌，似乎每份工作都有琐碎之处。因此，小梁在思考过后回答道：

"琐碎的事情在绝大多数工作岗位上都是不可避免的，如果我的工作中有琐碎事情需要做，我会认真、耐心、细致地把它做好。而且，我刚到一个单位，情况还不十分熟悉，通过做小事，可以熟悉工作，熟悉单位，尽快进入角色。不管是什么学历，都要从小事做起，甘当小学生。一屋不扫，何以扫天下？只有把小事做好，才能让领导信任，才有机会做大事。"

其实，考官并不是真正考察你到底是否喜欢做琐碎的工作，其真正的目的在于"工作态度"。小梁的回答，委婉地表达了大多数人的普遍心理——不喜欢琐碎工作，又强调了自己对琐碎事情的敬业精神——认真、耐心、细致。既真实可信，又符合对方的用人心理，是个很好的回答。因此，对于这种两难问题，可以采取避实就虚的方法，不要从正面回答问题，而从多角度分析回答。

5. 测试式问题

有些问题，看似让你回答，实则是在测试，比如：诚实、信用等。面对这些问题，你要三思而后行。

谢元在应聘某家公司财务经理一职时，被问道："作为财务经理，如果总经理要求你一年之内逃税100万元，你会怎么做？"因做过很多财务工作，谢元深知工作中的要求规则，于是很快地回答："我想您的问题只能是一个'如果'，我确信像贵公司这样的大企业是不会干违法乱纪的事情的。当然，如果您非要求我那么做的话，我也只有一种选择：辞职。虽然能够在贵公司工作是我一心向往的，但是无论什么时候，诚信都是我做人的第一原则。我不能为了留在公司工作而违背良知、违背工作准则。"

面对这类问题，如果你抓耳搔腮地思考逃税计谋，或者思如泉涌地立即列举一大堆方案，都会中了考官的圈套。实际上，考官在这个时候真正考核的不是你的业务能力，而是你的商业判断能力及商业道德方面的素养，遵纪守法是员工最基本的要求。谢元的回答非常精彩，既遵循了原则，又突出了诚信。

6. 诱导式问题

面试时，有些考官会诱导你作出错误的回答，如果你中了圈套，你也就与工作无缘了。

王飞是一名大学毕业生，在一次公务员面试中，考官问道："你认为金钱、名誉和事业哪个重要？"王飞面对这种诱导式的语言陷阱，回答道："我认为这三者之间并不矛盾。作为一名受过高等教育的大学生，追求事业成功当然是自己人生的主旋律。而社会对我们事业的肯定方式，有时表现为金钱，有时表现为名誉，有时二者均有。因此，我认为，我们应该在追求事业的过程中去获取金钱和名誉，三者对我们都很重要。"

这个问题，好像是一道单项选择题，它似乎蕴涵了一个逻辑前提，即"这三者是互相矛盾的，只能选其一"。实则不然，切不可中了对方的圈套，必须冷静分析，可以明确指出这种逻辑前提条件不存在，再解释三者的重要性及其统一性。对于这种诱导式问题，不能跟随考官的意图说下去，以讨好考官。这样做的结果只能给考官"此人无主见，缺乏创新精神"的感觉。

7. 工作经验问题

"你的相关经验比较欠缺，你怎么看？"如果回答"不见得吧""我看未必"或"完全不是这么回事"，那么也许你已经掉进陷阱了，因为对方希望听到的是你对这个问题的看法，而不是简单、生硬的反驳。

对于这样的问题，你可以用"这样的说法未必全对""这样的看法值得探讨""这样的说法有一定的道理，但我恐怕不能完全接受"为开场白，然后婉转地表达自己的不同意见。面试官有时还会哪壶不开偏提哪壶，提出让求职者尴尬的问题，如："你的学习成绩并不很优秀，这是怎么回事？""从简历看，大学期间你没有担任学生干部的经历，这会不会影响你的工作能力？"等等。

碰到这样的问题，有的求职者常常会不由自主地摆出防御姿态，甚至狠狠反击对方。这样做，只会误入过分自信的陷阱，招致"狂妄自大"的评价。而最好的回答方式应该是，既不要掩饰回避，也不要太直截了当，可用"明谈缺点，实论优点"的方式巧妙地绕过去。

比如说，当对方提出你的学习成绩不很优秀时，你可以坦然地承认这点，然后以分析原因的方式带出你另外的优点。如，在校期间学习成绩之所以不很优秀，是因为我担任社团负责人，投入到社团活动上的精力太多。虽然我花在社团的心血也带给我不少的收获，但是学习成绩不是最优秀，这一点一直让我耿耿于怀。当意识到这一点后，我一直在设法纠正自己的偏差。

在面试中屡战屡胜的 Michael 就有过一次这样的面试经历。Michael 的学习成绩不算顶尖，面试咨询公司时，这便成了考官发起攻击的要害："你的成绩好像不太出众哦，你怎么证明自己的学习能力呢？" Michael 不慌不忙："除了学习，我还有其他活动，不是只有成绩才能反映人的学习能力。其实我的专业课都相当不错，如果你有疑问，可以当场测试我的专业知识。" Michael 巧妙地绕开了令人尴尬的问题，将考官的注意力引导到他最拿手的专业知识上。

8. 业余时间问题

"你怎样消磨休闲时间？包括星期天、节假日、每天晚上，当你参加聚会时，你是喜欢独处，还是喜欢出风头？请谈一谈你最要好的朋友？你选择朋友时，一般考虑哪些因素？"

诸如此类问题看似在问一些有关生活的轻松话题，实意在考察你人际交往能力和与人相处的技巧。对于这类问题，你不必拘泥于自己的实际情况，可以适当加以夸大，因为主考官无法核实你所说的是否属实，一般来说大多数人都愿意和开朗、热情大方、善解人意的人交朋友，而不愿意与那些过于清高、气量狭小、毫无生活情趣的人在一起。

有些外企或国有大型企业，人力资源部在招聘职员时，对职位都要作充分的测评，以便在招聘过程中，做到有针对性、有目的性，并且有的公司已经为即将聘入职位的新职员做好了职业生涯规划。因此在招聘中，会有意地设置一些陷阱问题检测应聘者是否具有该职位所要求的独特的能力和素质。这时候，应聘者就需要有一颗洞察"问题"的慧心。

首先，要注意识破主考官的"声东击西"策略。当主考官觉察到你不太愿意回答问题而又想有所了解时，可采取声东击西的策略。例如，对于"政治问题"和其他一些敏感性的问题，许多人不愿真实表达自己的观点。主考官为了打消你的顾虑，可能会这样问："你周围的人对这个问题有些什么看法？"面对这种情况，你不要疏忽大意，不能信口开河，不要以为说的不是自己的意见，说出来就不会暴露自己观点。因为主考官往往认为，你所说的大部分都是你自己的观点。另外，主考官可能采用投射法来测验你的真实想法。所谓投射法就是以己度人的思想方法，例如，主考官让你看一幅图画，然后让你根据图画编一个故事。这种方法一方面是检测你的想象力，一方面是测验你的深层的心理意识。这时，你尽可以放开思维，大胆构思，最好能有一些新奇的想法，表明你有创造力、想象力，但同时一定不要忘记这样一个原则，所编造的故事情节要健康、积极、向上，有建设意义。因为主考官认为你是在"以己度人"，故事情节中融入了你的真实心理。

其次，要分析判断主考官的提问时评测你哪个方面的素质和能力，有针对性地进行回答。把握好这两个步骤，就不容易踩进"陷阱"里了。

离职原因小心说

"你能说一说离开原单位的原因吗？"这类问题在面试时经常会被问及，面试考官能从中获得很多有关你的信息。因此，求职者面对这个看似简单的问题，回答时切不可掉以轻心。对于一些普遍性的原因，如"大锅饭"阻碍了自身的发挥、上班路途太远、专业不对口、结婚、生病等人们都可以理解的原因，是可以如实道来的。而对下面一些原因就要慎之又慎了，否则，很有可能使你的面试陷入僵局。

1. 关于上司的问题

对你的前任上司切不可妄加评论，要知道现在招聘你的考官可能就是你未来的上司，既然你可以在他面前说过去的上司不好，难保你今后不在上司面前对他说三道四。一个人要在社会中生存，就得与各色各样的人打交道，挑剔上司说明你对工作缺乏适应性。

其实主考人心里有数，知道许多人是因为讨厌上司而辞职不干的，他们自己也可能因为同一原因换过几次工作。但是没有多少雇主喜欢听这种话。

惠普公司的副总裁麦克·李弗尔说："我想不通为什么有些人希望我录用他，却又去谈他和上司有冲突。那等于拉起了警报。"然而，如果你真是因为上司太难应付而辞职，就应该委婉地告诉主考人，这比直接说出来好得多。要说得得体，保持冷静。

刘婷是一位很有工作经验和工作能力的女秘书。招聘她的女经理问她："小姐，你人这么美，学历又高，举止又优雅，难道你原来的上司不喜欢你吗？"刘婷微笑着说："也许正因为美的缘故，我才离开原来的公司。我宁愿老板事多累下人，也不希望他们'情多累美人'。我想在您手下工作，一定会省去许多不必要的累。"刘婷并没有说"老东家"的好与不好，但一句"情多累美人"既让人同情也让人爱怜。结果刘婷很顺利地走上了新岗位。

如果你只是因为领导层频频换人而辞职，而领导本人并无问题，这个原因你也不可以随便讲出。因为很明显，工作时间，你只管做自己的事，领导层中的变动与你的工作应该是没有直接关系的。你对此过于敏感，也表现了你的不成熟和个人角色的不明确。

2. 关于人际关系的复杂

现代企业讲求团队精神，要求所有成员都能有与别人合作的能力，你对人际关系的胆怯和避讳，可能会被认为你心理状况不佳，处于忧郁、焦躁、孤独的心境之中，从而妨碍了你的从业取向。

3. 关于工作压力太大

在这个快节奏的现代社会，无论是在企业内部还是在同行业之间，竞争都很激烈。竞争不仅来自于社会压力，同时也要求员工处于高强度的工作状态。如果你动不动就说，在原单位工作压力太大，很难适应，很可能让现在的招聘单位对你失去信心。

李强原是某经济报专刊部记者，报社不仅要求记者一个月完成多少字的文稿，而且还要负责拉广告。中文系毕业的他对家电、电脑市场行情一窍不通，要写这方面的文章，感到压力太大。于是他到商报应聘新闻记者。负责招聘的考官问他："你是否觉得在经济报社的工作压力太大？我们社的工作压力也不小的，你可以承受吗？"李强说："作为年轻人，工作压力大点没关系，最重要的是希望找到能发挥自己专长的工作岗位。"结果李强如愿以偿进了商报社，文章也频频得奖，很快当上了新闻部主任。

4. 竞争过于激烈

随着市场化程度的提高，无论是在企业内部还是在同行之间，竞争都日益激烈，需要员工能适应在这种环境下干好本职工作。

5. 关于你想换行业的意愿

洛杉矶的招募经理霍华德·尼奇克告诫说："不要直接说'我想试一试另一份工作'。我听了会这么想：'此人对自己的方向都没搞清楚。'"你应该说，以你的能力、个性和志向，做这项工作更适合；或者说，你想"添加"一些能助你取得更大成就的新经验。

你可以从几个方面来说，一方面是自己的专业基础，例如会计事务所其实很欢迎工科的学生，因为他们对数字很敏感，曾经的工作经验、社会活动、个人感受，说明你对这个职位的了解；另一方面告诉考官你的性格，正是这样的性格适合这个工作；此外，再把你的兴趣与工作联系起来就使这个回答更加圆满了。

在上述几个慎重回答的重点中，我们推荐尽量采用与工作能力关系不大，能为人所理解和接受的原因，如为符合职业生涯规划；住处离公司太远不方便上班，影响工作效率；生病离职（这种病不是经常性发作的）等。

让对方看到你曾经的辉煌

在人才市场上，那些工作能力强，或对所从事的职业怀有很高的热情，或富有自信心，或办事果断刚毅，或为人处世老成持重，或擅长社交，或对从事的工作孜孜不倦，或者以前的工作硕果累累的求职者往往受到用人单位的青睐。求职者在面试时可以从以前的工作中挑出几个具体的例子来说明自己有很强的办事能力，那些能适应瞬息万变的社会的职员是最受上司宠爱的。

某市一家外企急欲招聘一名总经理助理，招聘广告刊出后，求职的人络绎不绝。这家公司经过笔试的筛选后，淘汰掉了100多名的求职者，剩下的5名应聘者必须参加面试，以确定最佳人选。100多名的求职者围猎一个职位，竞争可谓激烈而残酷。通过最后的一道关卡——面试后，公司录用了来自河北大学的一名研究生，这位研究生怎样成功地展露自我，推销自我呢？下面是他求职面谈的一些片断：

招聘人员："你认为作为一名总经理助理，应具备什么样的素质？"

求职者："他应当具备必要的经营管理能力和协调上、下级之间关系的能力，此外，他还应当具备基本的财务预算、决算、审计等方面的知识和才能，较为熟悉有关的法律法规等。"

招聘人员："你有过管理企业的实践经验吗？"

求职者："在攻读硕士学位期间，我曾在某合资企业担任过兼职部门经理，代表公司同十几家外国企业进行商业谈判，成交贸易额达数百万元。"

招聘人员："你具备较扎实的财务核算技能和有关的经济法律知识吗？"

求职者："我在读研究生一年级期间即参加了全国律师资格考试，并以高分的成绩顺利通过这次考试。二年级又参加了全国注册会计师资格考试，并全部通过4门考试科目（他向招聘人员出示两个资格证书）。此外，我还在兼职的那家合资企业协助有关会计人员搞过几次财务预算、决算工作。"

招聘人员："你的外语水平如何？"

求职者："我的外语读、写基本上没有问题，能翻译一般的外文、文章、书信、函电等，口语较好，已通过了英语六级考试，这是证书（求职者又向招聘人员出示了英语六级证书）。"

随后，招聘人员对求职者用英语进行单独的会谈，并当场让这位研究生翻译一些商贸函电和外文书信，他很快便完成了公司交代的任务。最后，公司聘用他担任总经理助理职务。

如果你才华出众，业务能力强，但如果没有在求职面试中展现给对方，那也是白费力气。同时，面试只有短短几十分钟，乃至几分钟，在如此短暂的时间里让对方看到你曾经的辉煌是件不容易的事，不掌握一定的说话技巧是很难圆满成功的。

第二章

谈判时的说话艺术

环顾左右，迂回入题

我们每个人对"顾左右而言他"这句话都不陌生，但在谈判中，如何运用它，也许不是每个人都熟悉的。在谈判中，特别是开谈之前，巧妙运用其法，将有利于你取得谈判的胜利。

谈判开始之时，虽然双方人员外表彬彬有礼，但往往内心忐忑不安。尤其是谈判过程中更是如此。因此，不能一碰面就急急忙忙地进入实质性谈话，要善于运用环顾左右，迂回入题的策略，一定要用足够的时间，使双方协调一致。因此，谈判开始的话题最好是松弛的，非业务性的。这样，可以消除双方尴尬状况，稳定自己的情绪，使谈判气氛变得轻松、活泼，为谈判成功奠定一个良好的基础。

环顾左右，迂回入题的做法很多，下面介绍几种常用有效的入题方法：

1. 从题外话入题

谈判开始之前，你可以谈谈关于气候的话题。如："今天的天气不错。""今年的气候很怪，都三四月了，天气还这么冷。""还是生活在南方好啊，一年到头，温度都这么适宜。"

可以谈有关旅游的话题。如："杭州西湖真是美啊，各位去过没有？""我国的兵马俑堪称世界一绝，没有去看那真是一大遗憾。""各位这次经过少林寺，有没有去玩玩，印象如何？"

可以谈有关娱乐活动的话题。如："昨晚的舞会，大家尽兴了吧？张女士舞姿翩翩，真是独领风骚啊！""离我们这不远，有一家卡拉OK厅，听说很不错，各位不知去过没有？"

可以谈有关衣食住行的话题。如："这里的饭菜有点辣，各位吃得惯吗？""这几天天气很冷，感冒的很多，要注意多加衣服。""这里居住条件还是蛮好的，尤其是有空调，这是比其他地方优越之处。"

可以谈有关旅行的话题。如："各位昨天的火车正点吗？一路上辛苦了。""这里的旅游点非常多，非常美，不妨去看一看。"

可以谈有关嗜好、兴趣的话题。如："先生喜欢集邮吗？最喜欢哪类邮票？""钓鱼最重要的是要耐心，否则谈不上钓鱼了。""我也喜欢养花，但就是不知道怎么才能养好。"

题外话内容丰富，可以说是信手拈来，不费力气。你可以根据谈判时间和地点，以及双方谈判人员的具体情况，脱口而出，亲切自然，不必刻意修饰，否则反而会给人一种不自然的感觉。

2. 从"自谦"入题

如对方为客，来到己方所在地谈判，应该向客人谦虚地表示各方面照顾不周，没有尽好地主之谊，请谅解等等。也可以由主人介绍一下自己的经历，说明自己缺乏谈判经验，希望各位多多指教，希望通过这次交流建立友谊等。

3. 从介绍己方人员情况入题

可以在谈判前，简要介绍一下己方人员的经历、学历、年龄和成果等，由此打开话题，既可以缓解紧张气氛，又不露锋芒地显示了己方的实力，使对方不敢轻举妄动，暗中给对方施加了心理压力。

4. 从介绍己方的基本情况入题

谈判开始前，先简略介绍一下己方的生产、经营、财务等基本情况，提供给对方一些必要的资料，以显示己方雄厚的实力和良好的信誉，坚定对方与你合作的信心。

投石问路巧试探

投石问路是谈判中一种常用的策略。作为买家，由此可以得到卖家很少主动提供的资料，来分析商品的成本、价格等情况，以便做出自己的抉择。

投石问路是谈判过程中巧妙地向对方的一种试探，它在谈判中常常借助提问的方式，来摸索、了解对方的意图以及某些实际情况。

作为买家，在讨价还价时，你可以提出下列问题：

"假如我们和你们签订半年的合同，或者更长时间呢？"

"假如我们减少保证，你有何想法？"

"假如我们自己提供材料呢？"

"假如我们要求改变产品的规格呢？"

"假如我们采取分期付款的方式呢？"

当你想取得对方的情报，获取所需要的信息时，可以提出下列问题：

"请问这批货物的出厂价是多少？"

"请问，提货地点在哪里？"

"究竟什么时候才能到货？"

当你想引起对方的注意，并引导他的谈话方向时，可以这样提出问题：

"您能否说明一下，这种类型的商品修理方法？"

"如果我们大批订货，你们公司能不能充分供应？"

"您有没有想过要增加生产，扩大一些交易额？"

当你希望对方作出结论时，可以这样提问：

"您想订多少货？"

"您对这种样式感到满意吗？"

"这个问题已完全解决了，我们可以签订协议了吧？"

当你想表达己方的某种情绪或思想时，可使用这类问话：

"我们的价格如此低廉，您一定会感到吃惊吧（表达炫耀的情绪）？"

"您是否调查过本公司的财务状况和信用（表达自信和自豪的情绪）？"

"对于刚才那个建议，您的想法如何（引起他人注意，为他人思考指引方向）？"

总之，每一个提问都是一粒探路的"石子"。你可以通过产品质量、购买数量、付款方式、交货时间等问题来了解对方的虚实。

同时，不断地投石问路还能使对方穷于应付。如果卖方想要拒绝买方的提问一般是很不礼貌的。

面对这种连珠炮式的提问，许多卖主不但难以主动出击，而且宁愿适当降低价格，而不愿疲于回答询问。

在谈判中，恰到好处地使用"投石问路"的方法，你就会为自己一方争取到更大的利益。

商务谈判，拒绝有招

商务谈判中，讨价还价是难免的，也是正常的，有时对方提出的要求或观点与自己相反或相差太远，这就需要拒绝、否定。但若拒绝、否定死板、武断甚至粗鲁，会伤害对方，使谈判出现僵局，导致生意失败。高明的拒绝否定应审时度势，随机应变，让双方都有回旋的余地，使双方达到成交的目的。下面介绍几种拒绝方法：

1. 移花接木法

在谈判中，对方要价太高，自己无法满足对方的条件时，可移花接木或委婉地设计双方无法跨越的障碍，既表达了自己拒绝的理由，又能得到对方的谅解。如："很抱歉，这个超出我们的承受能力。""除非我们采用劣质原料使生产成本降低50%才能满足你们的价位。"暗示对方所提的要求是可望而不可及的，促使对方妥协。也可运用社会局限如法律、制度、惯例等无法变通的客观限制，如"如果法律允许的话，我们同意"，"如果物价部门首肯，我们无异议"。

2. 肯定形式，否定实质

人人都渴望被了解和认同，可利用这一点从对方意见中找出彼此同意的非实质性内容，予以肯定，产生共鸣，造成"英雄所见略同"之感，借机顺势表达不同的看法。某玩具公司经理面对经销商对产品知名度的诘难和质疑，坦然地说："正如你所说，我们的品牌不是很知名，可我们将大部分经费运用在产品研发上，生产出式样新颖时尚，质量上乘的产品，面市以来即产销两旺，市场前景看好，有些地方竟然脱销。"

3. 迂回补偿法

谈判中有时仅靠以理服人、以情动人是不够的，毕竟双方最关心的是切身利益，断然拒绝会激怒对方，甚至终止交易。假使我们在拒绝时，在能力所及的范围内，给予适当优惠条件或补偿，往往会取得曲径通幽的效果。某自动剃须刀生产商对经销商说："这个价位不能再降了，这样吧，再给你们配上一对电池，既可赠送促销，又可另做零售，如何？"

积极突破谈判中的僵局

谈判中有时会出现让人不愉快的僵局，究其原因主要是双方各执己见，互不让步而造成的。参加谈判的人往往是一个公司的代表，或是一个组织的代表，甚至是一个国家的代表。他们的谈判地位决定了他们不能动摇自己的立场，否则会损坏企业、组织、国家的形象以及个人的信誉与尊严。如果经常变化立场，变化态度，往往会让人觉得你软弱，没有实力地位。所以，谈判者要力图保持自己的尊严，不要做有损于面子的事，即使要让步，也是在不失面子情况下的让步。

那么，怎么才能做到不失面子呢？一般情况下，要让对方认为，你这个让步是在已经获得某种利益或好处的情况下的让步，而不是被他的强硬态度所征服。同样，如果想要对方让步，也要让对方觉得你有同样的感觉。

谈判中，出现僵局是双方都不愿看到的事情。但谈判时分歧是不可避免的，所以僵局的出现也非偶然。那么一旦出现僵局，我们采用什么方法解决呢？

1. 谅解疏导

当谈判出现意见对立的僵局时，双方除了要注意冷静聆听对方对自己观点的阐述外，还要变换自己谈话的角度，善于从对方角度解释你的观点，寻找双方共同的感受。从共同的信念、经验、感受和已取得的合作成果出发，积极、乐观地看待暂时的分歧。这种僵局的出现双方都是有责任的，因此在处理时，不要总是相信只有自己是有道理的，要多为对方想一想。

2. 求同存异

它是指双方在某一问题上争执不下时，提议先议另外一个容易达成一致意见的问题。例如，双方在价格条款上僵持住了，可以把这个问题暂时放下，转而就双方易于沟通的其他问题交换意见。事情常常会这样，当另一些条款的谈判取得了进展以后，如对方在付款方式、技术等方面得到了优惠，再回到价格条款上来讨论时，双方已经从态度、方法上都发生了根本性的转变，谈判中商量的气氛也就浓厚起来。

3. 沉默是金

实践证明，沉默是一个十分有利的谈判工具，运用得好，对方会慌乱起来。使用这种战术，事先应做好谋划，在僵局出现时，要能有效地约束自己的反应。虽然沉默不语，但表情却颇有含义。因为有时情况不允许我们多讲，少讲一句也许会使我们更加主动。

4. 更换人员

把双方单位的头面人物即领导人，如董事长、总经理、总裁等请出来参加谈判，有时甚至需要请一个中间人，由他来主持双方的谈判。

5. 更换场合

如果上面的方法都行不通了，那只有把谈判场合变更一下以改善一下谈判气氛。也就是将会议上的正式谈判变成会外的非正式谈判，如双方打打高尔夫球，举行一下宴会、酒会，在这样的场合下再进行谈判。

6. 暂停谈判

谈判一旦陷入僵局，不妨提议休息一下，即采用休会策略，等休息结束后，双方也许会有一个新的精神面貌，原先处于低潮的，也可以回避过去。之后再提出可以接受的而又能打破僵局的方案，重新开始谈判。

第三章

演讲时的说话艺术

好的开头是成功的一半

好的开头是成功的一半，演讲的开头是联系演讲者与听众之间感情的一座桥梁，一句能让听众注意、让听众感动的开头是奠定演讲者与听众沟通感情的基础。也起到了开宗明义、升华主题的作用。

俗话说：万事开头难。演讲是一门语言艺术，要使你的演讲先声夺人、引人入胜，就要有个好的开头。很多名人演讲时都很注意开篇的语言效果，其具体方法主要有以下几种：

1. 开始就要逗引听众大笑

当你在做严肃的政治演讲时，是否觉得很难使听众产生浓厚兴趣呢？那么，来看看英国文学家吉卜林在开始政治演讲时，是怎样逗引听众大笑的。他所讲的并不是编造出来的故事，却是他自己过去的经历，并且用一种戏谑的口吻指出其中的矛盾。他说：

"诸位，我在年轻的时候，住在印度。我常常替一家报社采访社会新闻，这工作是非常有趣的，因为它可以使我有机会去认识一些伪造货币、盗窃、杀人以及这一类富有冒险精神的有才干的人（听众大笑）。在我采访到他们被审判的情形后，我还要到监狱里，去拜访一下我们那些正在受罪的朋友（听众又发出笑声）。我记得，有一位因为杀人而被判无期徒刑的人，是一位绝顶聪明而善于说话的青年人。他告诉我一段在他看来是一生最重要的话：'我觉得一个人如果一失足跌入罪恶的渊薮里，他从此一定要为非作歹不止，最后他竟以为唯有把他人都挤到邪路上去，才可以表现自己的正直（听众大笑）。'这句话，真是妙不可言了（听众的笑声和鼓掌声同时响起）！"

2. 使听众的心情仿佛悬在半空

下面是一篇演说开头的一段话，请你读下去，看看你对这开头是否喜欢？是否使你立刻产生了兴趣?

在 82 年前，也正是这个时候，伦敦出版了一本被世人公认为不朽的小说的杰作，很多人都称它是"环球最伟大的一本小说"。该书出版之初，伦敦市民在街头巷尾，与朋友相遇，都要彼此问一声："你读过这本书吗？"答案一定是："是的，我已经读过了。"这本书出版的第一天，便销出 1000 册，两星期内共销售出 15000 册；自然，这本书以后又再版了许多次，世界各国都有了译本。在几年前，大银行家摩根以一个巨大的代价，买到了这本书的原稿，现在这本原稿和摩根其他的无价宝物，一并陈列在纽约市的美术馆中。这一部世界名著是什么呢？就是狄更斯著的《圣诞节的欢歌》。

你认为这篇演说的开始的确很成功吗？为什么它一开始就能引起你的注意，并且还使你的兴趣逐步增高呢？就是它勾起了你的好奇心，使你的心情仿佛悬在半空中一样。

3. 融入场景，即兴发挥

美国前国务卿埃弗雷特一次在葛底斯堡国家烈士公墓揭幕式上发表演讲，远处的群山、眼前的原野、伫立的人群、肃穆的气氛，激起他心底波浪翻滚，他抛开讲稿，即兴发挥：

"站在明静的长天之下，从这片经过人们终年耕耘而现在还安静憩息的广阔田野放眼望去，那雄伟的阿勒格尼山脉隐约地耸立在我们前方，弟兄们的坟墓就在我们脚下，我真不敢用我这微不足道的声音来打破上帝和大自然所安排的这意味无穷的寂静……"这个开场白相当精彩，字字句句震撼了听众的心。

4. 接过话头，顺势发挥

1938 年陈毅率领新四军在浙江开化县华埠镇休整。当地抗日组织召开欢迎大会，陈毅准备上台演讲。开始司仪介绍陈毅为"将军"，陈毅登上讲坛，接过话头大声说：

"我叫陈毅，耳东陈，毅力的毅。刚才司仪先生称我将军实在不敢当，我现在还不是将军。当然叫我将军也可以。我是受全国老百姓的委托，去'将'日本鬼子的'军'。这一'将'直到把他们'将'死为止……"

这个开场白十分漂亮。陈毅接过别人的话头，顺势尽情挥洒，讲得自然风趣，幽默传神，活跃了会场，紧紧抓住了听众。

5. 用实物来刺激听众注意

在一个古钱币展览会中，一位男士用两个手指执了一枚钱币，高举过肩，这自然使观众都注意起他手上的钱币了。然后，他才开始演讲说："在场的诸位，有没有人在街上捡到过这样的钱币？"接着，他就讲述这枚钱币的稀珍和他的收藏经过了。

拿一些实物来给听众看，这是引人注意的一个最容易的方法。这种实在的刺激物，有时在一些知识程度很高的听众面前，也会发生很好的效果。

6. 以故事导入话题

人们大都是爱听故事的，一般人尤其爱听演说者述说有关他自己亲身经历的故事。已故美国著名牧师康维尔，曾把他的那篇《遍地黄金》演说了 6000 次之多，这篇著名演说是这样开头的：

1970 年，我们沿着土耳其底格里斯河顺流而下，走到巴格达城时，便雇了一个向导，领我们去看西坡里斯、巴比伦……

接着他把这个故事逐步讲了出来。这是能够抓住听众注意力的最好开端，这种开端，十分简单明白，非常不易失败。它灵活轻松，能使听众不知不觉地随着它走，因为他们都希望知道后来发生了些什么事，都会平心静气地听他讲下去。

7. 自我贬抑，增进沟通

1990 年春节联欢晚会上，台湾著名电视节目主持人凌峰作了段精彩的演讲，他的开头是：

"在下凌峰，我和文章不一样，虽然我们都得过'金钟'奖和最佳男歌星称号，但我是以长得难看而出名的……一般来说，女观众对我的印象不太良好……她们认为我是人比黄花瘦，脸比炭球黑。"

这里，自我贬抑表现出演讲者的坦率幽默，机智随和。用这种方法作开场白往往能博得听众的掌声，效果很好。

8. 引用名人格言

名人说过的格言，永远具有引人注意的力量，所以，你能适当地引用一句名人说过的话，实在是演说开端的好方法。一位演说者的讲题是："事业怎样成功？"他这样开始：

"著名的心理学家郝巴德说：全世界都愿把金钱和名誉的最优奖品，只赠给一件事，这就是创造力。创造力是什么？简单来说，就是不必人家指示，而能够做出别人没做过的事……"

这段演说词的开头，有几个特点是值得称道的。它的第一句话引用了名人名言，就引起了听众的好奇心，使听众愿意听下去，再多知道一些。演说者如果在说完"只赠给一件事"的后面，能够十分巧妙地略略停顿一下，那更会使人迫不及待地要问："世界把最优等的奖品赠给了什么？"它的第二句话立刻把听众引进了题目的中心。第三句是问话，可以引起听众的思索，而且使听众愿意共同讨论。第四句给创造力下了一个定义……接着下面演说者举了一件有趣的事实，来证明创造力的可贵。像这样巧妙的开端，依你的评判，应不应加以称颂呢？

随着生活节奏的逐步加快，时间以分秒来计算，因而，当今社会的演讲也要适应时代的这一特点。在演讲切入主旨之前，不能绕太大的弯子，不能把时间过多地花在讲一些与主题无关或关系不大的道听途说的笑话掌故、自我经历或不必要的提问、寒暄客套等上面，而应尽快打开场面，切入主题。

设置悬念，激发听众兴趣

演讲时，如果一味平铺直叙，一本正经地讲下去，有时是很难吸引听众的，这里不妨吊一下群众的胃口，设置悬念以引起听众的兴趣。

所谓悬念，是人们急切期待明白某种事物发生、发展、结局的心理状态。即兴说话时巧设悬念，可以勾起读者的迫切期望和悬念意识，使读者产生浓厚的探究心理和倾听兴趣。

构成悬念的因素是多种多样的：

1. 突兀的提问构成悬念

问题总是听者所关注的，特别是那些与听者的工作、生活密切相关的问题，而问题不仅仅是个"？"（问号），还需要有下文。所以，问题本身就是悬念。问题提出得越突兀，悬念的吸引力就越强。

2. 以新鲜、奇异的事物构成悬念

新鲜、奇异的事物后面，隐藏着新事为什么新、奇事为什么奇的悬念。构思即兴说话的悬念，精心选择、运用新奇事实材料，可使悬念高高吊起读者的倾听"胃口"。

3. 以鲜明的对比差异构成悬念

对比差异就是矛盾。越是鲜明的对比，越是悬殊的差异，就越引人注目，就越能强烈地吸引听众去探究原因，推动听众去了解矛盾的发生、发展和最后结局。

4. 以越轨、反常行为构成悬念

正常的事人们不足为奇，超越常规，一反常理、常态的行为，人们就要感到好奇了。构思即兴说话的悬念，巧妙借助越轨、反常的事实材料，可收到出人意料、引人入胜的效果。

5. 以惊人的结论构成悬念

以倒叙方式布局的说话，常采用这种思路设置悬念。听众被惊人的结论所吸引，就会进一步去研究这个结论是凭什么得出来的。所谓惊人的结论，不外乎言别人所不

能言、不敢言，说别人欲说但尚未说，讲别人心中所有而言中所无的肯定或判断之语。

某大学举办写作知识讲座，主讲老师在谈到细节描写时，首先提出了一个悬念："请问同学们，男生和女生回到宿舍时，摸钥匙开门的动作有什么不一样呢？"台下的大学生们活跃起来了，有的私下议论，有的举手回答，有的干脆掏口袋，模拟一下自己回宿舍时找钥匙的动作。主讲教师让同学们议论一阵后说："据我观察，大多数的女生在上楼梯时，手就在书包里摸摸索索，走到宿舍门口，凭感觉捏住一大串钥匙中的那一片钥匙，往锁孔里一塞，正好门开了。而大多数的男生呢？他们匆匆忙忙地跑到宿舍门口，'砰'的一脚或一掌，门不开，然后才想起找钥匙。摸了书包摸裤袋，摸了裤袋又摸衣袋，好不容易摸到了钥匙串，把钥匙片往锁孔里一塞，打不开，原来钥匙片又摸错了。"主讲教师的描述引起了会场上一片会心的笑声，教师趁势总结道："把男女生回宿舍摸钥匙开门的动作描述出来，就是细节描写，而细节描写的生动又来源于对生活的细致的观察。"这位写作教师先制造悬念，让听众探索悬念的答案，然后利用解答悬念抛出讲学要点，取得了很好的教学效果。

设置悬念的方法很多。可以运用与内容相联系的实物；可以运用突然发出、与主题反差较大的情感；可以运用听众一时难以回答上来的问题；可以运用带有夸张色彩的动作；可以运用录音、幻灯、录像设备等。

此外，悬念的设置还要注意新奇，产生出人意料的效果；形象，处在听众情理之中；到位，表达圆满自然。

设置悬念的位置，有的在开头，有的在转折处，有的干脆多层设置，一悬到底。

（1）在即兴说话的开头设置悬念，引起听众最初的倾听兴趣。

（2）在即兴说话的转折处设置悬念，吸引听众产生新的倾听兴趣。

（3）在即兴说话中多层次地设置悬念，吸引听众一猜再猜，甚至一猜到底，使听众保持对整篇说话的倾听兴趣。

悬念的产生，得益于一些事实存在的不合理性。突然将一些令人莫名其妙、迷惑不解的事情推到人的眼前，悬念随即产生了。

制造演讲的高潮

众所周知，演讲高潮既是演讲者思想最深刻、感情最激昂的时刻，又是听者情绪最激动、精神最振奋的瞬间。有了高潮，演讲方可最充分地表现其审美价值，进而产生最大的感染力和说服力。那么，如何构筑演讲的高潮呢？下面介绍3种常见的方法：

1. 运用排比

连用两个或两个以上结构形式相同的句子，多角度地表达演讲者的思想感情，这就是排比修辞。使用排比句的地方，未必一定是演讲高潮的地方，但演讲高潮的地方却往往离不开排比句。

"有办法！办法就出在陕甘宁边区！办法就是八路军、新四军和敌后抗日根据地！办法就出在中国人的身上！办法就出在真正抗日的党派和军队中间！就出在中国共产党，尤其是在我们的毛泽东同志心中！"

这是周恩来同志在延安一次会上发表的演讲中的片断。从全篇演讲来看，这段文字显然是高潮所在。这里用了5个相同排比句："……办法就出在……"这5个排比句或由近及远、由小及大，或由此及彼、由次及主，好似管弦齐奏，把演讲推向高潮。

2. 运用反问

与设问不同，反问是问而不答，是用疑问句的形式表达确定的内容。这种句式感情色彩浓重，有很强的感染力和说服力，因而同样有助于构筑演讲高潮，特别是在说理性、论辩性和鼓动性很强的演讲中，其作用显得尤为突出。请看：

"我们的同胞已身在疆场了，我们为什么还要站在这里袖手旁观呢？先生们希望的是什么？想要达到什么目的？生命就那么可贵？和平就那么甜美？甚至不惜以戴锁链、受奴役的代价来换取吗？"

这是亨利在美国弗吉尼亚州议会上演讲结尾中的一组反问句。全篇演讲就像跌宕起伏的海浪，一个高潮接着一个高潮，而且处理高潮的语言修辞手段各不相同。这一连串反问句，使演讲显得更加轩昂激越，文气也随之大振，充分显示了反问所特有的鼓动力量。紧接着，亨利用呼吁式的口吻结束了演讲："全能的上帝啊，阻止这一切吧！在这场斗争中，我不知道别人会如何行事，至于我，不自由，毋宁死！"

演讲至此，演讲者的思想、意志、信念和感情都达到了最高潮，犹如空谷回音，三日不绝，给听众留下了深刻的印象。

3. 运用设问

设问就是自问自答。它之所以被广泛用于演讲，是因为它能够调节演讲时的气氛，唤起听众听讲的兴趣和热情，达到提醒和强调的目的，激发听众共同思考问题，从而使演讲者牢牢掌握住演讲的主动权。

我们不妨具体分析一段演讲：

"你们问：我们的政策是什么？我说，我们的政策就是用我们的全部能力，用上帝所给予我们的全部力量，在海上、陆地和空中进行战斗，同一个在人类黑暗悲惨的罪恶史上所从未有过的穷凶极恶的暴政进行战斗，这就是我们的政策。你们问：我们的目标是什么？我们可以用两个字来回答：胜利——不惜一切代价，去赢得胜利；无论多么可怕，也要赢得胜利；无论道路多么遥远和艰难，也要赢得胜利……"

这是丘吉尔著名的《出任首相后的首次演讲》中的最后一段。该演讲的前部分主要报告新政府组阁的情况，后部分则是阐明新政府的态度和政策。通读全篇演讲不难看出，通过步步上升和层层推进，演讲者的思想表达越来越鲜明、深刻和完整，其感情也随之越来越强烈。到了结尾部分，演讲者巧妙地运用两个设问句，全盘托出了自己的观点主张，酣畅淋漓地抒发了自己的情感情绪，使演讲达到了最高潮。

让结尾回味无穷

常常见到这种情况，当演讲者尚在津津有味地画蛇添足时，听众已经乒乒乓乓起身离座了，如释重负地叽叽喳喳聊天，混乱不堪，带着这种"乱"的心情离开会场，这就冲淡了演说的效果。

据说有一个民族，有个古老的风俗，在全体集会的时刻，发言者只准用一只脚站着讲，不管讲不讲完，站不下去就算结尾，不失为一种高明的办法。

那么，怎么才能把演说的结束讲好呢？

1. 把要点作一个总结

演说是口传之事，不消几分钟，我们的话题便可以上天下地，无所不至。听众很容易忘记原来的题目。演说者往往忽略这一点，他们自以为不管什么材料，自己谈问题的焦点都一直是集中的，殊不知这些已经是本人深思熟虑、反复酝酿出来的问题，对于广大听众，只是第一次接触。所以，就难以与演说者有同样的思维逻辑。因而，在结束时，要把自己宣传的要点概括、总结：一是提醒，二是强调。既要撒得开，又要收得拢。有人这样概括说：你开始对听众说，现在将要告诉他们一些什么，然后开始讲述，到了最后，要再次申明，原来要告诉的东西已告诉过了。这种结尾可以让听众更加明晰你的要点。

2. 用充满激情的话语

充满激情的结尾，有很大的鼓动力，特别是一些动员性的演说，结尾说一段热情洋溢的话，可以使人振奋，使人激昂。如看一场球赛，中场进一球，与终场1分钟前进一球，其结束时的群众情绪是大不相同的。

1960 年，林肯在选举中获胜当选为总统，他亲自起草了就职演说，当时美国因奴隶制度问题使南北斗争日益激化。南方七省先后宣布脱离联邦，一场武装叛乱正在酝酿之中，国家的生死存亡面临考验。林肯作为总统，要全力维护国家的统一，用和平手段解决争端。他在就职演说中，深刻地阐明这一思想。在结尾部分，他提出了振奋人心的口号，要求南北加强团结：

"我不愿意结束演说。我们不是敌人，而是朋友。我们不应该成为敌人。虽然感情不能维系爱的契约，但是感情不能打破爱的契约，把这个广阔的土地上的每一个战场，每一个爱国者的坟地，同每一个活着的人的心，每一个家庭联结起来的，那神秘的记忆之弦，一旦重新为我们天性里的善良天使所拨动，将仍然会使合众国合唱的歌声雄壮嘹亮起来。

"而这琴弦一定会被重新拨动。"

3. 幽默的结尾

有位演说家讲述："你必须在听众的笑声里说'再见'。"其含义是用幽默的话来做结尾。

1926 年 11 月 3 日，斯大林发表了《〈论我们党内的社会民主主义倾向〉报告的结论》。他在"总结部分"曾讥讽季洛维也夫夸口自己能把耳朵贴在地上听到历史的脚步声的大话。他一针见血地指出，这些人尽管耳朵这么灵敏，却偏偏听不到党的声音。结束一句他这样说：

"因此，我要奉劝可敬的反对派分子，治一治你们的耳朵吧！"

这幽默的话不只是为了逗逗听众的发笑，而是有其强烈的战斗性，并且产生强烈的幽默感。

如果注意一下我国相声艺术，都可以发现每个作品都是以笑料结束的。这对于演讲艺术来说，也有很好的借鉴意义。

4. 引用诗文名句结束

演说结尾，有许多方式可供我们参考，但所有的方式中，假如做得恰当，再也没有比以幽默的话，或引用名句更容易讨好听众的了。事实上如果你能引用适当的诗文名句作结束，那真是最理想的，并可获得所希望的风味，它将显出高尚优美。

英国扶轮社的哈利·罗德爵士，在爱丁堡大会席上，对美国扶轮社代表的演说结论，是这样讲的：

"当你们归家之后，有些人会寄给我一张明信片来，就是你们不寄给我，我也要寄给你们每位一张，并且你们会很容易知道那是我寄的，因为上面未贴邮票（众笑）。但是在上面我要写一些字，是这样写的：'季节自己来，季节又自己去。你知道世间一切都按时而凋谢，但有一件却永远如露水一般开得鲜艳，那就是我对你们的仁慈和热爱。'"

这节诗很符合罗德的个性，并且无疑也适合他全篇演讲的旨趣。因之，这节诗对他是极恰当的。假如是另一个拘谨的人，在发表过一篇严肃的演说后，结尾引用这节诗句时，也许很不合时宜，甚或极为可笑！

5. 层层递进句句有力

现在要告诉你另一种普遍的方法，演说术上称为"阶升法"，好像阶梯一般步步升高。不过，这种方法常是不易运用的，也不是一切的演说者对一切的题材都可应用；但若能用得其当，那会取得极好的效果。这种方法是一层高一层，一句比一句有力量！

林肯在以"尼亚加拉瀑布"为题材，预备一篇演说时，就是用的"阶升法"。试看他的比较是如何一个比一个有力量，他怎样以哥伦布、耶稣、摩西、亚当等人的年代，与尼亚加拉瀑布相比，获得累增的效果的：

——这要推测无限的久远，当哥伦布最终发现这块大陆——当耶稣基督被钉在十字架上——当摩西率领以色列人过红海——甚至亚当从创世主的手里出来——从那时到现在，尼亚加拉就在这里怒吼！

——古代巨人的眼睛，像现今我们人的眼睛一样，曾看见过尼亚加拉。与第一代人种同时代，比人类的第一个始祖还古老，一万年前的尼亚加拉，和现在的却是同样的新鲜有力！我们还能想象到那庞大骨骼的前世巨象爬虫，也曾见过尼亚加拉——从那样久远的年代起，尼亚加拉从未静止，从未干涸，从未冻凝，从未睡去，从未休息。

6. 避免结束太唐突

初次登台演说的人，每每会犯停止得太唐突的毛病。他们结束的方法，未免太欠圆满了。似乎他们并没有结束，只是突然中止，就好像一位朋友正在谈话，突然鲁莽地站起来走了，连一句告别话也不说一样。

7. 在微笑中说再见

乔治·柯赫是美国一个以幽默见称的演说家，他告诉我们说：

"你必须将'再见'表现在听众的微笑中。"

你能做到这一步，可说结束的技巧已经十分熟练。但是怎么做呢，完全要自己去斟酌。

第四章

宴会应酬时的说话艺术

宴会致辞贵在巧妙

在欢度佳节、迎送宾客、吉庆喜事等活动的酒席上，人们常要举杯祝酒，说一些美好的话语，互相表达祝贺和希望。对于一个领导来说，酒宴致辞更是家常便饭，这是由于领导是酒宴的贵宾，是酒宴的焦点。一席好的祝酒词，能使酒宴的气氛更为欢快轻松，使入席者的感情更为融洽密切。但有时发表祝酒词的人才思不够敏捷，甚至端着酒结结巴巴说不下去。大家手里举着酒，又不能放下来，又不好喝下去，这才叫尴尬！

祝酒词一般是在饮第一杯酒以前说的，因此，祝酒词必须短小精悍，千万不能太长太啰唆。因为大家举杯，情绪高昂，要是啰唆半天，热乎劲儿就冷了。

你一旦开始祝酒，就不要离题，要沿着一个主题，保持一个完整的结构，逐步趋向一个明快、自信的邀请，让每个人都举起酒杯，还要把你所祝愿的那个人（或那些人）的名字准确无误地牢牢地记在脑子里。你的主题可以着眼于被祝愿的人的成就或品质，一件事情的重要意义，伙伴们的乐事，个人的成长或集体工作的益处，等等。无论说什么都要和那个场合相适应。例如老友聚会，那么可以说："此时此刻，我从心里感谢诸位光临，我极为留恋过去的时光，因为它有着令我心醉的友情，但愿今后的岁月也一如既往，来吧，让我们举杯，彼此赠送一个美好的祝愿。"

1. 尽可能地表现出文采

适当地引用诗词、典故，能使讲话更有感染力。1984 年，缅甸总统吴山友访问上海，市长在祝酒词中引用了陈毅元帅《致缅甸友人》的诗句："我住江之头，君住江之尾，彼此情无限，共饮一江水。"大家都知道中缅交界只有一江之隔，两岸人民共饮一江水。话语亲切，表达了中缅两国人民之间的情谊，外宾十分高兴。

比喻可以使祝酒词生动形象。例如，两校建立校际关系，其中一方致辞说："过去，我们交往只是一条小路；现在，却是一条宽敞的大道。我相信，我们的友谊和交往一定会成为一条高速公路。"这一连串的比喻，言辞贴切，恰到好处地说出了他内心的祝愿，赢得了大家热烈的掌声。

2. 适时进行联想

在祝酒时如能就地取材进行联想，就可以产生出乎意料的好效果，使人产生出许多美好的想象，从而达到使人愉悦、使人振奋的目的。例如你端起席间一杯矿泉水，在不同的情况下可以引起不同的联想，运用不同的语词。

在朋友的聚会上你可以说："俗话说，如鱼得水，看见这杯矿泉水使我想起我们的友谊。鱼儿离不开水啊，正因为有了深厚的友谊，才使我们顺利地在艰苦的生活中成长起来。现在我们又一起回到了家乡，更是如鱼得水。相信今后我们的友谊将会与日俱增。我建议为友谊干杯！"

在为老师祝贺生日的聚会上可以说："同学们，这是一杯水。看见这杯水我想起了'饮水思源'这句老话。我们之所以有今天的成功，完全是老师辛勤培养的成果啊！师恩难忘。同学们，让我们以水代酒，祝老师永葆青春！"

劝酒时的说话艺术

劝酒对于营造氛围具有重要作用。同时，劝酒也是一门艺术。我们常能在酒宴上发现这样的劝酒高手，几句"花言巧语"就搞得你明明酒量有限，却还是喝了个酩酊大醉。应该说，既要让对方尽其所能地喝酒，又要活跃气氛，此外还不伤和气、不损面子，这是一位劝酒者的基本"责任"。所以，领导者在劝酒时一定要把握好度，使劝酒恰到好处。

1. 真诚地赞美对方

人对于赞美的抵抗力往往是微弱的，特别是在酒桌上，热闹的气氛使得人的虚荣心很容易膨胀起来，而虚荣心一膨胀人就免不了要做出一些超出常规的"豪壮之举"。另外，在酒桌上赞美对方的酒量或学习成绩、工作成绩，如果对方仍坚持不喝，就会牵涉到一个面子的问题，酒桌上众人的眼光会给他造成一种无形的压力：既然你能喝，既然事业这么得意，连杯酒都不愿喝，是瞧不起我们吗？这种压力是对方很容易感觉到的，因而他即使是迫于压力也得拿起酒杯。

张健考上了研究生，在单位为他举行的欢送会上，作为单位里的领导者，可以这样劝酒："功夫不负有心人，汗水浇灌出了丰硕的成果。我们今儿祝贺你，这杯酒你得喝完。"在这种情况下，张健不得不喝下了别人的劝酒。

2. 强调场合的特殊意义

人逢喜事精神爽。有些人从不喝酒或喝得不多，但在一些特殊的喜庆场合就愿意喝两口或多喝几杯，一方面是心里高兴，一方面也是场合的特殊性使然。那么，劝酒者在劝酒时不妨就多强调一下此场合的重要性、特殊性，指出它对于对方的价值与意义，这样既能激发对方的喜悦感、幸福感、荣誉感，又使他碍于特定的场合而不得不愉快地再饮一杯。

例如，在一次老同学聚会上，一位久未谋面的老同学不喝酒，你劝酒时可以这样说："好，这杯酒我也不劝你了，你愿意喝就喝，不愿意喝就别喝。反正今天是我们2003年毕业生的第一次大聚，下次再聚真不知到什么时候了。我知道你酒量不行，这杯酒你要是觉得不该喝，大伙儿也都同意，那我也就一句话不说了……"话说到这时，那位老同学一般也不会再推辞了。这种强调场合的特殊意义的劝酒方法一般都是能见效的，因为没有谁愿意在这种场合给大家留下不注意场合的坏印象。

3. 强调酒宴对自己的意义

酒宴是联络和增进感情的重要场所，通过向同级、上级与下级敬酒、劝酒，能够促进双方的情感交流，使彼此的关系更密切、更稳固。一般来说，如果劝酒本身真的能够达到这个目的的话，对方是不会轻易拒绝的。针对这种心理，领导者在劝酒时可以充满感情地强调一下自己与对方的特殊关系，使劝酒变为两人之间独特的情感交流方式。

4. 用反语激将对方

人都有自尊心，为了维护自己的自尊心，人有时很容易突破常规的框框做出某种强硬之举。在酒桌上也是一样，如果领导者能恰到好处地使用反语刺激刺激对方的自尊，使其认识到不喝这杯酒将会多么损害自己的尊严，那么对方往往就会"喝"出去，逞一回英雄。不过，使用此方法劝酒一定要注意适可而止，如不成就干脆作罢，以免真的戳痛了对方的自尊，两人较起劲来，甚至可能伤了和气，那就得不偿失了。

例如，在一次单位员工的聚餐上，范林在喝了一杯后就不再喝了。这时，可以这样激将他："范林，你看看，单位里的小伙子可是每人一杯酒，女同志可以例外。如果你不是男子汉，这杯酒你可以不喝。要不，我给你叫瓶'露露'？你瞧，女士们可是人手一瓶啊。"范林被激将说道："谁说我不能喝？我偏偏喝给你们看。"说着，一仰头就干杯了。激将法在这里取得了效果。

5. 采用以退为进的方法

对于某些酒量委实有限的人，特别是女士和年轻的小伙子，过分地勉强显然是不太好的，那么就不免在饮酒量上做些让步，自己喝一杯，别人喝半杯，或改喝啤酒，以此来说服对方。对方在你苦劝之下执意不喝，本身就多少有些不好意思，此时你再做出让步，对方恐怕就不便再推托了，不过这时你必须是一个酒量不错的人，因此在这方面吃点"亏"也算不了什么大不了的。

例如，在向一位女士劝酒时，就可以使用这一方法："姜艳，我这唾沫都快说干了，你还是不喝，看来你真是不准备给我留面子了。那好吧，我就不要面子了。你喝半小盅，我陪这一大杯总行了吧？这回你再拒绝，我就只能找个地缝钻下去了！"

说完，一仰脖就喝干了，姜艳见状也只好喝下了这杯酒。

以上这些方法技巧在使用时一定要注意场合。其实最重要的一点是大家别忘了饮酒也是文化，酒宴应当成为文明、礼貌的交际场所。大家叙叙旧，谈谈生活，切磋技艺，交流思想，这才是酒宴的宗旨，因此它应该是显现融洽亲切、高雅欢快的场面。

巧妙拒绝他人的劝酒

宴会应酬时，喝酒是免不了的。面对别人劝酒时，不好不给面子，扫大家的兴，但喝得太多会伤身，那么如何才能拒绝别人的劝酒，又不扫大家的兴呢？

1. 满面笑容，好话说尽

宋伟乔迁之日，特邀亲朋祝贺，小白也在其中，然而小白平素很少饮酒，且酒量"不堪一击"。酒席上，小董提议和小白单独"表示"一下，小白深知自己酒量的深浅，忙起身，一个劲地扮笑脸，一个劲地说圆场话：

"酒不在多，喝好就行。"

"经常见面，不必客气。"

"你看我喝得满面红光，全托你的福，实在是……"

结果使小董无可奈何。

在筵席上一些"酒精（久经）考验"的拒酒者，任凭敬酒的人说得天花乱坠，他就是笑眯眯地频频举杯而不饮，而且振振有词。这种"满面笑容，好话说尽"的拒酒术往往能让对方拿你没办法，最后只好作罢。

2. 以子之矛，攻子之盾

小傅的朋友张彪，人特好，就是有一个毛病，喜欢在酒席上盛情劝酒，而且通常采取那种欲抑先扬的劝酒术，先恭维对方是"高人"或"朋友"，再举杯敬酒，让对方骑虎难下。因为张彪已经恭维在先，如果不喝，就不配为"高人"，不配做"朋友"。

这天在酒席上，张彪又故技重演，劝小傅喝酒，可小傅怎么也不想喝了，于是说：

"今天你要我喝酒简直是要我的命。如果你把我当朋友，就不要害我了！"

张彪也不好意思再劝了，小傅使用了和他一样的说话技巧，可谓是以子之矛，攻子之盾。因为小傅的言下之意也很明白：你要我喝酒就不够朋友！而劝酒者都有一个心理：喝也罢，不喝也罢，口头上都必须承认是朋友，是兄弟。抓住这个弱点予以反击，劝者碍于"朋友"的情面，不得不缄口。

3. 实话实说争取谅解

陈民去参加一个宴会，黄莉好久没与他见面了，坚持要和陈民痛饮三杯，陈民说：

"你的厚意我领了，遗憾的是我最近一段时间身体不好，正在吃药，已是好久滴酒不沾，只好请老朋友你多多关照了。好在来日方长，后会有期，日后我一定与你一醉方休，好吗？"

此言一出，宾客们纷纷赞许，黄莉也就只好见好就收了。

事实胜于雄辩，拒酒时，若能突出事实，申明实际情况，表明自己的苦衷，再配上得体的语言，那就能取得劝酒者的谅解，使他欲言又止，辍杯罢手。

4. 巧设圈套，反守为攻

宿军新婚大喜之日，当酒宴进入高潮时，某"酒仙"似醉非醉、侃侃而谈，请三位上座的来宾一起"吹"一瓶。面对"酒仙"言辞上的咄咄逼人，三位来宾中的一人站起来说：

"我想请教你一个问题，'三人行，必有我师'这是不是孔子的话？"

"是的。""酒仙"随即说。

来宾又问：

"你是不是要我们三个人一起喝？"

"酒仙"答：

"不错。"

来宾见其已入"圈套"，便说：

"既然圣人说'三人行，必有我师'，你又提出要我们三人一起喝，你现在就是我们最好的老师，请你先示范一瓶，怎么样？"

这突如其来的一击，直逼得"酒仙"束手无策，无言以对，只得解除"酒令"。

这一招叫"巧设圈套，反守为攻"，就是先不动声色，静听其言，等待时机，一旦时机成熟，抓住对方言辞中的"突破口"，以此切入，反守为攻，使对方无言争辩，从而回绝劝酒。

当然了，这一招最为关键的是"巧设圈套"，这需要设局者跳出当时的处境，以旁观者的心态去看待事情本身。这时，往往会有"闪亮"的圈套跃入思维。酒场上最忌的是直白、粗鲁，"虚虚实实，实实虚虚"才是酒场的轴心。

5. 强调后果，表示感谢

饮酒当然是喝好而不喝倒，让客人乘兴而来，尽兴而归。那种不顾实际的劝酒作风，说到底，也不过是以把人喝倒为目的，这充其量只能说是一种低级趣味的劝酒术，是劝酒中的大忌。作为被动者，当酒量喝到一半有余时，就应向东道主或劝酒者说明情况。如：

"感谢你对我的一片盛情，我原本只有三两酒量，今天因喝得格外称心，多贪了几杯，再喝就'不对劲'了，还望你能体谅。"

如此开脱以后，就再也不要喝了，这种实实在在地说明后果和隐患的拒酒术，只要劝酒者明白"过犹不及"的道理，善解人意者，就会见好就收。

6. 女将出马，以情动人

刘丽陪丈夫去参加聚会，酒席上丈夫的好朋友们大有不醉不归的架势。但丈夫身体不好，刘丽担心生性内向的丈夫会一陪到底，而不会适时拒绝。等丈夫三杯白酒下肚，刘丽站了起来，举起手中的酒，对酒席上丈夫的朋友们说：

"各位好朋友，我丈夫身体不好，两周前还去过医院，医生特地关照说不能喝酒，可今天见了大家，他高兴，才喝了那么多。既然都是好朋友，你们一定不忍心让他酒喝尽兴了，人却上医院了。为了不扫大家兴，我敬各位一杯，我先干为敬！"

说完，一杯酒就下了刘丽的肚子。丈夫的朋友们，听她说的话挺在理，又充满感情，再看她豪爽的架势，也就不再劝她丈夫的酒了。

酒席上，女人拒酒往往更能得到人们的理解，如果女人能帮着丈夫拒酒，不就是帮丈夫解围了吗？当然这时，一定要慎重，不要贸然代替丈夫拒酒，否则会让人觉得你的丈夫不豪爽，反而有损丈夫的面子。

借助美酒良言促进感情

好酒的人，很容易在酒桌上交到朋友，他们碰到一起，总是容易一拍即合，几杯酒下肚后，便会说相见恨晚，觉得与对方特投缘，朋友就这样产生了。

俗话说无酒不言商，许多大生意都在酒桌上搞定。生意场上有不少人借着酒精的刺激来促进彼此的往来，在我们周围也不乏原来滴酒不沾的人，在工作了10多年之后变成了杯中高手。如果在酒席上坚持不喝酒的人，则会引起别人的反感，甚至觉得你不真诚，虚伪，心眼太多，不可交。

酒是感情的润滑剂，如何使它发挥最有利的功效，就在于自己如何运用。

从古到今都流传着这样一句话："酒逢知己千杯少。"即使现在也是如此，彼此谈得来的人到一块酒一喝，话密了，情自然就浓。酒杯对酒杯，心口对心口，滚烫的友情便挡也挡不住，友谊也随着酒的绵香而逐渐加深。

尤其是生意人早就已经习惯在酒席间谈生意，好像不喝点酒就没办法敞开胸怀说话似的。这种习惯其实并非中国人所特有的，外国人也是如此。

其实，喝酒只是一种形式，真正起作用的还是推杯换盏之间的溢美之词。只要你适当运用自己的口才，就能"喝"出名堂来。

1. 众欢同乐，切忌私语

大多数酒宴上宾客都较多，所以应尽量多谈论一些大部分人能够参与的话题，得到多数人的认同。因为每个人的兴趣爱好、知识面不同，所以话题尽量不要太偏，避免唯我独尊，天南海北，神侃无边，出现跑题现象，而忽略了众人。

特别是尽量不要与邻近的人贴耳小声私语，给别人一种神秘感，往往会使别人产生"就你俩好"的嫉妒心理，影响酒宴上的气氛。

2. 话语得当，诙谐幽默

酒桌上可以显示出一个人的才华、学识修养和交际风度，有时一句诙谐幽默的话语，会给别人留下很深的印象，使人无形中对你产生好感。所以，应该知道什么时候该说什么话，语言得当，并巧妙地运用你的诙谐幽默。这很关键。

3. 劝酒有度，切莫强求

在酒桌上往往会遇到劝酒的现象，有的人总喜欢把酒场当战场，想方设法让别人多喝几杯，认为不喝到量就是不实在。

"以酒论英雄"，对酒量大的人还可以，酒量小的可就犯难了，有时过分地劝酒，反而会伤害朋友间的感情。

4. 敬酒有序，主次分明

敬酒也是一门学问。一般情况下敬酒应以年龄大小、职位高低、宾主身份为序，敬酒前一定要充分考虑好敬酒的顺序，分清主次。即使与不熟悉的人在一起喝酒，也要先打听一下身份或留意别人如何称呼他，做到心中有数，避免出现尴尬的局面或伤了感情。敬酒时一定要把握好敬酒的顺序。有求于席上的某位客人时，对他自然要倍加恭敬，但是要注意：如果在场有更高身份或年长的客人，则不应只对能帮你忙的人毕恭毕敬，也要先给尊者、长者敬酒，不然会使大家都很难为情。

5. 锋芒渐露，稳坐泰山

酒席宴上要看清场合，正确估价自己的实力，不要太冲动，尽量保留一些酒力并注意说话的分寸，既不让别人小看自己，又不要过分地表露自身，选择适当的机会逐渐露出自己的锋芒，才能稳坐泰山，不致让别人产生"就这点能力"的想法，从而使大家不敢低估你的实力。

第五章

探望病人时的说话艺术

不要触及病人的痛苦

"月有阴晴圆缺，人有旦夕祸福"，谁都会有生病住院的时候，当亲友患病住院治疗，人们免不了要上医院去探视。然而，人们探视病人时的言语是否得当，将对患者的心理和情绪产生颇大影响。尤其是一些患者因为病魔缠身而产生抑郁、焦虑、怀疑、恐惧、被动、依赖及自怜等一系列消极情绪和心理波动时，倘若探视者的语言运用得好，将会使病人精神振作，进而积极配合治疗，有利于恢复健康。因此，它是抚慰患者心灵的一剂"良药"。若是探视者言语失当，将会对患者构成颇大的心理压力，影响治疗效果。

所以，在探望病人时，尤其是身患重病的人，就不要过多谈论病情，不要触到病人最难受的症状，以免病人心烦。例如，有位领导去探望久病的退休老职工时，关切地询问她："您饭量可好？"谁知一句问候话，却引来病人满面愁容。她忧心忡忡地说："唉！不要谈它了！"弄得这位领导十分尴尬，只讷讷地说几句安慰话后，不欢而别。原来，这位老职工病势沉重，而最苦恼的症状就是吃不下饭。他问到的正是病人日夜忧虑的问题，顿时勾起病人的烦恼，以致谈话气氛极不愉快。

如果对方本来就背着患病的精神包袱，你再过多地谈病情，势必会使包袱加重。当你看到病人脸色憔悴时，不能大吃一惊地问："您的脸色怎么这样难看？"而要说："这儿医疗条件好，您的病一定会很快好转的。"

1. 探望时较好的谈话方式

先简要问问病情，然后多谈一谈社会上生动有趣的新闻，以转移对方的注意力，减轻精神负担。久居病室，这种新消息正是他渴望知道的。如能尽量多谈点与对方有关的喜事、好消息，使他精神愉快，心宽体胖，更有利于早日康复。

2. 探望病人时的语言忌讳

前往医院探望病人时，有些话是千万不能说的。我们一定要注意这方面的语言忌讳，以免踏进雷区。

例如，对一个有癌症之嫌的病人，你当不会傻到一见面，就对他说：

"据说你患了癌症，是不是真的？"

虽然不至于如此，然而，却有很多人采取相近的说法。那就是：当获知了对方的病名以及病态之时，如此说：

"听说你心脏不好，真是难搞的疾病呢！"

或者："哟！你的热度好高，听说这是危险的信号哩！千万要小心啊！"等说辞。

只要你探望过病人，你就不难明白一个事实，那就是：病人四周的人，并不一定向他诉及实情。因为病人的感情是脆弱的，心志已不够坚强了。这时，如果你是处处为病人着想的话，那就不该把实情全部告诉他，你应该把病名及病情稍微改变一下"面目"，然后轻轻松松地告诉他，切勿把听自医生或别人的消息，原原本本地告诉他。

有时，病人是会勉强撑起来招呼你的。这时，你切勿"表错情"地说：

"哎！你看起来比我想象的更有精神么！"

这实在是最没有心肝的说法。

这么一想之后，前往探病时，只要对方不讲话，你还是不要多说话较好。

用暗示性语言让他精神振作

有些病人往往因自己的疾病好转缓慢而灰心。这时，探视者如果能抓住病人在治疗过程中出现的某些症状缓解的依据，适时予以积极的暗示，将会消除病人的悲观心理，使其鼓起希望的风帆，积极配合治疗。有一个患黄疸型肝炎的病人通过一段时间的住院治疗，总以为自己的病没有好转，产生了悲观情绪，丧失了治疗信心。这时，一个亲戚前来探视，遂暗示说："你的脸色比以前好多了，听医生说，你的黄疸指数已有所下降，这说明你的病情在好转！"这句暗示性语言，客观实在，使病人的精神倏然振作，于是，他乐观地接受治疗，加快了康复进程，不久便病愈出院了。

探望住院治疗的亲友时，应该多说些有利病人振奋精神、增强信心、促进疾病治疗和恢复健康的语言。倘若面对病情较重而丧失治疗信心的亲友，你说："哎呀，你病得不轻啊，看你瘦成这般模样了。"这无疑会使病人的情绪"雪上添霜"，结果不言而喻。只要你言语得当，定会使病人在愉悦中走上健康之路。

在探望病人时，我们使用得更多的是安慰、鼓励、劝说性的话，那么在说这些话时，也可以运用让他精神振作的暗示性语言。

1. 运用安慰性语言时，可以代表他人暗示病人

探视者对患病的亲友病痛的安慰，是沁人心脾的。安慰性语言的力量比任何时候都显得重要，但如果运用暗示性的安慰，效果会更明显。例如，有个初患胆囊疾病的患者，因为疾病发作时疼痛难忍，加之一时未得到确诊而心理恐慌，大喊大叫。这时，患者的一个同事闻讯前来探望，并安慰说："请你冷静一下，医生正准备给你做B超检查。你放心，这个部位不会有大病，我的一个亲戚和你有过相似病症，一查才知道不过是胆囊炎，容易治疗。"一席安慰话，似乎是一剂灵丹妙药，患者的情绪很快稳定了下来。

2. 运用鼓励性语言时，可用病人本身的优势进行暗示

当某些患者对自己疾病的治疗丧失信心时，若适时地给予真诚和符合客观事实的鼓励，就能在患者身上产生"起死回生"的作用。有一个年轻的建筑工人在高空作业时不慎摔伤，处于昏迷状态。患者在医院里苏醒后，觉得下肢不听使唤，遂怀疑自己将终身残疾，萌生了轻生念头。患者的一个友人发现这一苗头后及时鼓励说："你年轻力壮，生理机能强，新陈代谢旺盛，只要积极配合治疗，日后加强锻炼，肯定不会残废，这是医生说的，请你相信我！"短短几句鼓励话，使患者抛却了轻生念头，增强了治疗信心。以后的日子，患者不但积极配合治疗，而且坚强地投入到生理机能的恢复锻炼中，数月后即伤愈出院。后来他跟友人说："要不是你适时给予我鼓励，我是无论如何也不会对恢复健康抱有信心的。"

3. 运用劝说性语言时，借助实际情况进行暗示

一些患者在治疗过程中，往往会因为手术的疼痛或怀疑有危险而产生恐慌心理，进而拒绝治疗。面对患者的这一心理障碍，人们去医院探望时，应该积极做些说服工作。尤其是一些颇具现身说法的劝说性语言，说服力更强，效果最好。有一个年老的胃癌早期患者，因为害怕剖开腹腔而拒绝手术。其家属虽一再劝说，都不奏效。一个做过胃切除手术的老朋友前来探视，他通过自己的亲身经历劝慰道："你看我做了手术后恢复得多好。你还是早期，手术后更容易复原。所以，你不用害怕。"通过朋友的劝说，这个患者终于接受了手术。

"一次只流一粒沙"式的劝告

病人生病后，正常的学习、工作、生活等都被迫中断，自己不得不暂时与外界隔离，过上与病痛为伴的索然无味的生活，换了任何一个人，恐怕都会为此而感到烦躁、焦虑，特别是一些性子急的人，巴不得马上康复，把失去的时间补回来。对于这样的病人，讲个故事或打个比方，让其意识到"一心不得二用"的道理是非常必要的。只有明白了这个道理，病人才能够认识到自己的焦虑是非但无益、反而有害的，从而安心养病。下面就是这样一个例子：

某校的高中生蒙军，因班内学习竞争比较激烈，又面临期末考试，结果一下子把身体累垮了，住进了医院，体重锐减了十几斤。住院期间，他一方面病痛缠身，一方面又总惦着自己的学习，生怕因为耽误了功课而落到后面去，结果反而加重了病情。他的朋友许兵来探望他，知道了蒙军的这种情况，对他说：

"我希望你把你的生活想象成一个沙漏。你知道吗？在沙漏的上一半，有成千上万粒沙子。然而，永远也没有办法让两粒以上的沙子同时从一个窄细的漏管中流下去。我们每个人都像这个沙漏。每一天都有许多事情要做，如果我们一件一件地做，就像沙子一粒一粒地通过沙漏一样，那么我们就既能把事情做好，又能保证身体不受损害。相反，如果你像你这样一面养病，一面还想着去背课文、做习题，那你就既没法搞好成绩，又养不好病，只有坏处没有好处，是不是？"

蒙军听了许兵的话，终于慢慢地把心放平静了。他记住了许兵说的"一次只流过一粒沙子，一次只做一件事情"的忠告，很快恢复了健康。

许兵以沙漏作比方，向蒙军讲述了"一心不得二用"的道理，形象生动，颇给人启发。蒙军明白了这个道理，意识到只有现在安心养病，才能把落下的功课补回来，真正搞好学习，也就不再焦躁了。

适时说点谎

战国时期，魏文侯任命西门豹为邺城的地方长官。他一到任，便打听民间疾苦，得知当地的"三老""廷掾"和女巫勾结在一起，假借给河神娶媳妇的名义搜刮民财，坑害良家女子，扰民最甚。女巫等还在民间散布"如果不给河神娶媳妇，河神就会发大水"的谎话。

西门豹虽然知道这是些骗人的把戏，但是为了更有力地抨击当地的迷信势力，他并没有立刻揭穿它。

有一次西门豹参加了为河神娶媳妇的仪式，他来到河边，说："让我看看给河神预备的新媳妇长得怎么样？"人们便把那女子从帐内领出，带来西门豹面前。西门豹看了几眼，说："这个女子容貌不好，麻烦女巫告诉河神，改日再送一个长得好的女子来。"当即命令手下人将女子抱起来投入河中。

过了一会儿，西门豹又说："女巫怎么去了这么久还不回来？让她的女弟子去催催吧。"又把女巫的一个女弟子投入河中。过了一会儿，仍没有回音。

西门豹说："女巫、女弟子都是妇人，办事不行。麻烦'三老'跑一趟。"又把"三老"投入河中。西门豹恭恭敬敬站在河边，耐心等待了好久，他身边的"廷掾"等人惊慌起来。

西门豹回头看了看他们，说："'女巫''三老'都不回来，怎么办？麻烦'廷掾'等人下水催促一下吧！"这一下，那伙历来装神弄鬼的坏家伙吓坏了，一齐叩头如捣蒜地求饶。

西门豹说："好吧，咱们再等会儿。"又等了一会儿，西门豹说："'廷掾'起来吧。看样子河神把客人都留住了，你们就不用去催了，各自回家吧。"从此以后，邺城再没有人敢提为河神娶媳妇的事了。

善意的谎言有力地打击了当地迷信势力，起到了最终保护民众的作用。同样的道理，在探望病人时，善意的谎言，有时也可让人充满信心，战胜疾病。

对于身患绝症的病人，只能把病情如实告诉其家属，而对其本人，则应重病轻说。如果假话唤起了他对生活的热爱，增强了他与病魔斗争的意志，就有可能使其生命延续得更长久，甚至战胜死神。

善良的假话，其用心当然也是善良的，即为了减轻不幸者的精神负担，帮助其重振生活的勇气。即使此人以后明白了真相，也只会感激，不会埋怨。即使当时半信半疑，甚至明知是谎话，通情达理者仍会感到温暖、安慰。明知会加重对方的精神痛苦，但仍要实言相告，即使不算坏话，也该算是蠢话。去探望病人时，如说话不当，不但不能起到安慰病人的作用，反而会使对方更加烦恼，带来不好的影响。

与病人谈话的要点

亲朋好友住院时，如果你想前去探望，就应该首先掌握一下技巧：

1. 要了解情况，有针对性地同病人进行交谈

了解情况，是指对病人的病情、思想状况和实际情况有所了解，并要了解有关疾病的基本医药卫生知识。根据患者在住院期间的不同状况来进行各种安慰。

例如，有的慢性病患者由于病休时间较长，容易产生放弃思想。对此，要多给他讲一些"既来之，则安之"的道理，劝慰病人在医院安心治疗，不要有头无尾，功亏一篑。有的病人可能较多地考虑经济负担等实际问题，对此则应该劝他们着眼于健康，注意调养，并建议与单位联系争取适当补助。有的病人对自己所患疾病缺乏信心，遇到这种状况，就应该多介绍一些别人得了同类的病而经过治疗得到痊愈的事例，这样就可以减少患者及其家属的忧虑。

2. 交谈中尽量多谈一些使患者感到愉快、宽心的话题和事情

安慰病人的目的在于让病人精神宽松，早日恢复健康。因此，在安慰对方时，绝不能与其谈论有可能增加忧虑和不安的消息与话题。在病人谈论病情和感觉时，应当认真聆听，以便从中发现一些对病人有利的因素。随时接过话题，对病人进行安慰。

3. 在交谈过程中，还要特别注意语气语调的运用

病痛在身的人，十分需要他人的安慰，因而对探望者的语气语调特别敏感。所以，探望者要努力使自己在交谈时音量适当，语气委婉，感情真挚。要尽量使患者感到心情愉快和轻松。这样，有利于减少疾病给患者带来的心理压力，有助于恢复健康。

中央电视台著名主持人赵忠祥，有一次去某精神病医院采访一位女患者。编辑的采访提纲中原先拟好的问题是："你什么时候得的精神病？"赵忠祥感到这话过于刺激患者，就改用委婉亲切的问法："您在医院住多久了？""住院前觉得怎么不好呢？"几句和蔼可亲、婉转温和的问话，一下子缩短了交谈双方的距离，那位原是小学教师的患者感到来访者亲切可信，回答问题时也显得自然恳切。她说："最近，我快出院了，我非常想念我的学生们。我真想快一点治好病，能继续为教育事业贡献我的一份力量。"语言诚恳感人，谈得十分投机。赵忠祥马上接口讲："您很快就要出院了，真为您高兴。今天咱们这段谈话已经录了像，过几天在电视里播放，我想您的学生看到您的身体恢复了健康，也一定会很高兴的……"

4. 不要在交谈中以自我为中心

当你看望生病的朋友时，请牢牢记住，你是去提供帮助、表示关心的。因此要多多注意别人的感情，而不要以自我为中心。

不要借朋友的不幸，引述出你自己的类似经历。你可以说"我也碰到过这种事"，或者说"我能理解你现在的心情"。对待磨难各人有各人的处理方式，所以，不要把你自己的处世态度强加给或许并非与你一样感情外露的朋友。

5. 不要使用怜悯的话语

人都是有自尊的，尤其是生病以后，自尊心的敏感度更是胜过以往。你若是怜悯他，他很可能认为你是在嘲笑他，越觉得自己的病非同一般。所以我们要使用相反的方法。当我们看望患者时，可以说："多幸运呀，我也想生点小病，好好地休息几天。"让患者不由自主地觉得偶尔生一点小病，也是一种幸福了。

总之，探病是为了安慰病人，鼓励病人战胜困难，激发他们与病魔作斗争的勇气。因此，在与病人谈话时千万要做全盘细致周密的考虑，懂得什么样的话可说，什么样的话不可说。

第六章

应酬亲友时的说话艺术

亲友是领导关系的"软件"

人非天生，谁能无亲？人生在世，谁会无友？马克思曾经指出，人的本质，就其现实性来说，乃是各种社会关系的总和。这种社会关系，即包括了亲友关系。恰当地应酬亲戚朋友，处理好亲友关系是现代人成功的基础。而对于一个领导者来说，这一点就显得格外重要。因为随着领导者的不断升迁，他所面临求助的亲友也就越多、越复杂。领导者如果不能巧妙处理好的话，必然会影响到他的工作。所以，应酬亲友是领导者的必修课。

亲友关系实际上是亲戚、朋友的总称，它包括人们的亲戚关系和朋友关系。亲戚关系，是以血缘为纽带，联结而成的人际关系，血缘愈接近，亲戚关系愈密切；血缘愈远，亲戚关系就疏远。中国传统的"出五服""不出五服"，指的就是血缘关系的远近亲疏。亲戚关系，由于是以血缘为联系的，所以，以此为联结的各方就有一种自然的亲近感，久而久之，当然也就有了感情和友谊。但是，有时仅仅有血缘关系并不意味着就有了感情和友谊，在许多情况下，有些朋友甚至比某些亲戚还亲近和知心。

朋友关系是以友谊、友情为联结的。人们在社会上生活、学习、工作、劳动，在共同的活动中相互了解、相互帮助、相互学习，逐渐产生共同的理想、共同的志趣、共同的目标，于是也就产生了友谊和友情，成为朋友。朋友当然有远近之别，有的关系一般，有的则关系密切。像人们常说的"老友""密友""挚友"等，指的就是关系密切的朋友，俗称"好朋友"。

朋友关系主要是由于思想、情趣、性格相近才组合起来的。而且这其中情况也很复杂，有的用高尚理想和高雅情趣相联结，有的在困难时刻相救助，有的则是建立在一时的利害关系之上，所以朋友关系也有纯洁与庸俗、高尚与卑微之分。

亲友关系对于人们来说是非常重要的，对生活、工作都有很大的影响，领导也概莫能外。一般来说，领导的关系网络中主要不外有 4 种形式：一是与上级的关系，二是与下级的关系，三是与同事的关系，四是与群体的关系。其实，这只是领导关系的"显结构"或"硬结构"；除此而外还存在着并不引人注目但却对领导有重要影响的"潜结构"或"软结构"——亲友关系。这种关系内存于领导者的关系网络中，有时会对领导的言行发生重大影响。

首先，亲友关系是领导工作关系的一个重要侧面。领导不仅应妥善处理上下级关系、同事关系，而且还要妥善处理与亲友之间的关系。

由于亲友关系更多的是血缘和感情联系，而在市场经济日益发展的今天，企图依靠亲戚或朋友的声望和地位而捞取好处者也不乏其人。领导者往往由于碍于情面，而不能不有所考虑，甚至违反规定。对造成不良后果者可以采取各种惩罚措施，但这毕竟是"亡羊补牢"。如能在事先或萌芽状态就将其消除，则是人所共望之事，所谓"防重于治"的道理，也即在于此，而这是需要通过言语沟通来实现的。

其次，亲友关系是领导生活关系的重要部分。尽管领导在单位是负责人，但在本职工作外，仍然少不了常人的喜怒哀乐和七情六欲。他们在工作之余和社会交往活动中，会经常同亲友打交道；甚至有些时候，在工作中也会遇到亲友关系这个难题。有趣的是人的一切活动都是通过语言实现的。领导由于社会角色的变迁，必然影响到语言艺术的水平。能否适应这种变化并恰当地组织语言以赢得包括亲友在内的各种公众的支持，是衡量领导水平的一项重要标准。同时，从旁观者的角度看来，组织内外的各种人员也常常以领导对待亲友的语言测度其心理，评价其品质，并借以决定对领导的态度和关系走向。

应酬亲友时的说话忌讳

身为领导，在应酬亲友时，要注意以下 4 大禁忌：

1. 虚伪客套

领导与亲友的语言沟通中，适量的冗余话是必要的。但冗余话太多，以至废话连篇、虚伪客套，使人感到缺少诚意、华而不实，这样必然会影响双方的感情。

俗话说得好：文有文风，说有说风。其中说风是一个人立场、观点、作风、修养等在说话中的综合体现。说假话、大话、空话、套话等来自为人的虚伪不实。在人际关系中，亲友关系是自我开放区域比较大，相互之间的信任感比较强的部分，倘若对待亲友的语言都虚伪客套、拐弯抹角、毫无诚意，那么其为人也就让人不寒而栗了。

有人说："一两重的真诚，价值胜过一斤重的聪明。"在语言沟通中，唯有真诚的心力与情感，才能发出磁石般的影响，使亲友们理解自己，支持工作，不帮"倒忙"。

2. 偏亲向友

偏亲向友即是领导者在处理问题时，不秉公行事，而是偏袒，保护自己的亲信与朋友的一种行为。有些领导，思想路线不端正，政治品质也不佳，每到一地，总是要经营自己的一帮人马，培植"四梁八柱"，以便维护自己的绝对权威。因此利用职权，拉帮结伙，搞小圈子，偏亲向友，亲亲疏疏。这样做，不但不利于工作，搞坏了风气，而且带坏了一班人，最后自己也会搬起石头砸了自己的脚。

作为一个领导，一定要公平正派，任人唯贤，团结一切可以团结的力量去干事业。在行动上、语言上，切不可流露出偏亲向友的情绪。尤其是在涉及亲友的问题时，一定要遵守组织纪律，该回避的回避，该秉公处理的秉公处理。这才是对亲友的真正爱护，才能使群众口服心服，真诚拥护领导。

3. 居"官"自傲

作为一个领导者，切不可居"官"自傲，忘乎所以，目空一切，盛气凌人。对待群众、下属当然不能这样。领导的职务得到晋升，这是工作的需要，说明肩负的担子更重、责任更大，更需要有全心全意为人民服务的精神，兢兢业业地做好工作。有些人在亲友中间企图显露自己地位的显赫和权势的重要，言谈举止之中常常流露出洋洋自得、唯我高明，这是很不应该和无自知之明的表现，发展下去会弄得众叛亲离。领导者在亲友之中，应该不摆"官架子"，而应以亲友中一员的身份出现。"当着家人，不谈外话""见着朋友，莫打官腔"。只有态度谦和、亲切有礼，才会受到亲友们的尊重。

4. 放弃原则

坚持按原则办事是领导者工作的基本要求。有些领导在工作单位和一般同志相处尚可自重、自控，但到了亲友中间便放松要求，不顾原则，犯了自由主义的毛病。他们随意泄露组织和人事秘密，议论领导班子成员，评价他人是非，发泄对他人的不满。岂不知亲友关系和素质也是复杂的，几经传播，便弄得谣言四起，议论丛生，破坏了团结，涣散了纪律。所以，领导在任何时候都必须坚持原则，任何在思想上和语言上的无原则性和自由主义，都是领导方法上的一大忌，不能不引以为戒。

公事拒绝，私事补偿

即便你不是企业里的掌权人物，在生活中也多多少少有一些可供自己支配的资源。这样就难免会有人向你求这求那。对于自己力所能及的事，我们自然不应该将对方拒之千里，但是对于一些勉为其难，同时又无益自己、有损他人利益的要求，我们就理当不予满足。尤其当你的身份是作为企业中的掌权人物时，更不能拿公司的利益去作为开发自己人际资源的砝码。

但是往往要求你利用企业实权人物身份为其提供方便的人，都跟你关系较密切，而且日后你还有用得着对方的时候，这时如果简单回绝对方所求，很显然，对自己长远"利益"不利。

此时，就需要你找出一种既不破坏原则又能保持两人照常交往的拒绝方法，而"公事拒绝，私事补偿"就是这类方法中的一个。

二战后的日本啤酒市场，一直由麒麟啤酒公司独占50%市场份额。三得利公司最初生产威士忌，市场份额占第一。但是，他们在继续生产威士忌的同时，也进入啤酒生产领域，然而由于对整个日本啤酒市场来说，三得利公司毕竟是个新手，所以啤酒上市以后，并没有受到消费者的好评。

有一天，三得利公司的佐治敬三社长找到阪急集团的总裁小林米三先生，请求对方销售自己公司的三得利啤酒。当时阪急集团销售的威士忌酒是三得利提供的。所以，佐治敬三跟小林米三关系很近，平日里常有交往。而且小林米三的妹妹正是佐治敬三的嫂子。这么一种亲上加亲的关系，使佐治敬三提出的请求也有些自然而然。

可是，阪急集团的经营方针是跟一家企业只能发展一种业务。既然公司在威士忌酒的销售上已经选择了三得利，那么再销售对方生产的啤酒，显然有悖于公司的经营方针。因此，佐治敬三的要求受到小林米三的拒绝：

"我不能答应你的要求。虽然我们彼此交情不浅，可也不能违反公司经营方针。以后有机会再补偿你吧。"佐治敬三只好知难而退。

虽然小林米三强调自己拒绝的原因是出于不违背公司经营方针，但是，即便换成我们是佐治敬三，也很难对对方的这种解释感到舒服。然而，在这以后，佐治敬三不仅继续跟小林米三保持友好关系，而且他对小林米三的私人感情又近了一步。

这是为什么呢？

原因就是小林米三实践了自己的诺言——公事拒绝，私事补偿。

原来小林米三平素就酷爱饮啤酒，自从那次在公事上拒绝佐治之后，每天晚上，无论在哪家酒店喝酒，他是非三得利啤酒不喝。经过他的这种"补偿"，许多酒吧、俱乐部都开始逐渐销售起三得利啤酒。

佐治能不被小林这种既坚持原则又能为朋友着想的举措感动吗？

轻易承诺失威信

作为领导，不免有亲朋好友托自己办事，有时为了保全自己的面子，或为给对方一个台阶，往往对对方提出的一些要求，不加分析地全盘接受。但不少事情并不是你想办就能办到的，有时受各种条件、能力的限制，一些事是很可能办不成的。因此，当朋友提出托你办事的要求时，你首先得考虑，这事你是否有能力办成，如果办不成，你就得老老实实地说："我不行！"随便夸下海口或碍于情面都是于事无补的。

当然，拒绝别人的要求也的确是件不容易的事。在承诺与拒绝两者之间，承诺容易而拒绝困难，这是谁都有过的经验。

有人来托你办一件事，这人必是有计划而来，最低限度，他已准备好怎样说。你这方面，却一点儿准备都没有，所以，他可是稳占上风的。

他请托的事，可为或不可为，或者是介乎两者之间，你的答复是怎样呢？许多人都会采取拖的手法。"让我想想看，好吗？"这话常常会被运用。

但有些时候，许多人会作一种不自觉的承诺，所谓"不自觉的承诺"，就是"自己本来并未答允，但在别人看来，你已有了承诺"。这种现象，是由于每一个人都有怕"难为情"的心理，拒绝属于难为情之类，能够避免就更好。

但要记住，现在大多数人都喜欢"言出必行"的人，却很少有人会用宽宏的尺度去谅解你不能履行某一件事的原因。因此，拿破仑说："我从不轻易承诺，因为承诺会变成不能自拔的错误。"

那么，当我们在朋友面前，被迫得"非答应不可"，而实际上明知这事不该答应时又怎么办？

人际关系学家告诉我们：我们需要在聆听别人陈述和请求完毕之后，轻轻摇摇头，而态度并不强烈。

轻轻摇摇头，代表了否定，别人一看见你摇头，知道你已拒绝，跟着你可以从容说出拒绝的理由，使别人易于接受你不能"遵办"的苦衷，就不会对你记恨在心。

有许多事情常是这样的，看来应该做，但一做起来很麻烦，比如你有一位好友做了人寿保险经纪人，他来向你说了一大堆买人寿保险的好处，然后，他请你向他买保险。你也明知此举真有益处，但是，后来当你细心一想，如果照他的要求，你每月要付出的保险费，等于你收入的 1 / 3，而目前你的收入，也不过是仅可敷衍日常生活所需而已。而你一定明白这事很难办到，你就不妨"轻轻地摇头"，然后说出自己的理由。

有些人喜欢拖，或要人家跑几次来听他的最后答复，这都不是好的应酬之道，我们不时听见这样的怨言："他不答应，早该对我说呀！"

这样一来，你在别人眼里就成了一个言而无信的伪君子。

有时，出于难为情，对于别人提出的请求没法一口回绝。在这种情况下，许愿就要掌握分寸，应根据不同的具体情况采取不同的许愿方式和方法。这里有 3 种方法可资借鉴：

1. 留有余地

对把握性不大的事可采取弹性的许愿；如果你对情况把握不很大，就应把话说得灵活一点，使之有伸缩的余地。例如，使用"尽力而为""尽最大努力""尽可能"等有较大灵活性的字眼。这种许愿能给自己留下一定的回旋余地，但一般会给对方留下疑虑，取得对方的信任的效果要差一些。

2. 从时间上推托

对时间跨度较大的事情，可采取延缓性的许愿。有些事情，当时的情况认准了，可是由于时间长了，情况会发生变化。这时，你在许愿中可采用延缓时间的办法，即把实现许愿结果的时间说长一点，给自己留下为实现许愿创造条件的余地。比如，有人要求老板给自己加薪，老板就可以这样说："要是年终结算，厂里经济效益好，我可以给你晋升一级工资。"用"年终结算"一语表示实现许愿时间的延缓，显得既留有余地，又入情入理。

3. 提出必要的条件

对不是自己所能独立解决的问题，应采取隐含前提条件的许愿。这即是说，如果你所做的承诺，不能自己单独完成，还要谋求别人的帮助，那么你在许愿中可带一定的限制词语。

比如，你许诺帮助朋友办理家属落户的问题，这涉及公安部门和国家有关政策，你不妨这样说更恰当一点："如果以后公安部门办理农转非户口，而且你的条件又符合有关政策，我一定帮忙。"这里就用"公安部门办理"和"符合有关政策"对你许愿的内容做了必要的限制，既见自己的诚意，又话语灵活，具有分寸，还向对方暗示了自己的难处（也要求人）。真是一石三鸟！

为人办事，应当讲究言而有信，行而有果。因此，许愿不可随意为之，信口开河。明智者事先会充分地估计客观条件，尽可能不做那些没有把握的许愿。

需知，许了的愿，就应努力做到。千万不可因一时事急，乱开"空头支票"，愚弄对方。一旦自食其言，对方一定会特别恼火。

万一因情况有变而没实现自己的许愿，也应向对方如实说明原因，并诚恳地道歉，以求得对方的原谅和理解。

对于自己根本没有能力办到或不想办的事情，最好及时地回绝。拒绝并不是简单地说一句："那不行"，而是要讲究艺术：既拒绝了对方的不适当要求，又不致伤害对方的自尊，也不损害彼此的关系。

第四篇

怎么说别人才会听你的

语言是一种工具，通过它我们的意愿和思想就得到交流，它是我们灵魂的解释者。

——［法］蒙田

第一章

如何吸引听众的注意力

生活中每个人都面临交际方面的新挑战——如何才能让别人听取你接下来要传达的信息。

但是，要让别人在你讲话或演讲的时候集中注意力听，并且长时间保持倾听的状态是一项艰巨的任务，而这一章所有的内容都和这项任务有关，讲的是达成任务目标的一些基本原则。

使听众集中注意力为何如此困难？答案不是现成的，请你考虑是什么促使你侧耳倾听？

倾听就意味着你要放弃自己的个人兴趣——不能再沉浸在自己的世界中，而且必须暂且把一己私欲搁在一边。这一点很难做到，因为个人的兴趣爱好以及利益是人们注视的焦点，是人们行动起来的动力所在。所以，我们可以想象，当我们要求别人注意听时，一定会有问题产生。

因此，你应该了解这条基本准则——为了让别人听得进你讲话的内容，你应该念念不忘听众本能提出的问题："我为什么要听你说话？如果我听得很仔细，我能从你说话的内容中获得什么？"

通畅无阻地和他人进行信息交流，这就是你首先要做的事情。你的演讲必须能够激发听众的兴趣，让他们欲罢不能。尤其是在现在，在人类即将进入用视觉手段来传播即时信息的年代，要让别人坐定了听你高谈阔论确实很难，比以往任何时候都要困难！

什么内容能引起听众的注意

能够促使人们集中精力去听的基本激发因素共有 3 个。

有什么信息是我需要的？

说话的是什么人？

说话的方式是什么？

为了让你充分了解这 3 点因素的实际意义，先让我们把目光转到你自己身上：一般情况下，是什么驱使你去做一件事情的？

1. 有什么信息是我需要的

你在做事情的时候拥有什么样的基本动机？谁打来的电话你会回应？周末你是如何安排的？你想和谁一起共进午餐？

你所做的每一个决定都会在最大限度上满足自己的需求。"我确有此意吗？我能从中获益吗？这对我有好处吗？对我有帮助吗？它对我很重要或者它能让我感到快乐吗？我、我、我，没有一件事不是为了我！"

你可以在自己身上验证这一点：

读报纸的时候：你首先读哪些版面，为什么？是什么让你跳过了头条，是什么让你直接跳到最后一页？它不是"我想了解的内容"，"咦，这部分对我的工作很有帮助"或者"可以让我更漂亮""让我更健康"等。

周末：你如何安排你的周末？即便你去了一个你并不想去的地方，这种行为实际上也来源于你潜意识里做出的决定。

工作的时候：你会回谁的电话，是立刻就回还是过一段时间再回？你会阅读谁发来的电子邮件？你会把什么样的任务放在第一位，首先去完成它？这些都跟你的个人利益息息相关。

凡事都从个人利益出发是人类的天性，从古到今，我们主要的行为动机一直都是"什么对我最有利"这个想法。

所以，要想成为一名具有说服力的演讲者，你要迈出的第一步就是：要让别人对你的个人利益感兴趣，你必须首先对他们的个人利益产生兴趣。

（1）如何发现别人的个人利益。你要做的就是密切地关注。无论面对着你的是一个人还是一群人，只要开始说话，你就要把注意力完全放在潜在听众身上——并回答他们心中的疑问："我能从他的谈话中获得多少有用的信息？"

"啊哈，"我听到你在说，"水晶球啊水晶球，请你告诉我怎样才能发现他人的个人利益？"

其实这一点也不难，比你想象的简单多了。听众有他们的目标、需求和期待，要理解他们心中的这些想法，首先要知道我们之间有多少共同点。

（2）你已经知道的。我们每天的生活也许没有什么互通之处，但说到工作——不管你在公司中有多高的地位——只要你发现我们竟然拥有的工作目标是如此的相似，你肯定会感到惊讶的。下面就让我们细细数来。

无论是谁，每个人都希望：

感到自己是安全的。

感到自己在工作上很具实力，工作效率很高，并且每时每刻都在工作，有一种充实感。

学习一些新的技能让工作轻松又高效。

知道与他人和睦相处的秘诀。

如果你在说话时能将这些大家所共有的目标考虑在内，或者明确地告诉大家你传达的信息能够帮助他们达成某种目标，那么你的演讲或所提的要求便更容易被大家接受，并且更具说服力。

（3）了解和你的工作有关的听众。通过上面的论述，你已经知道人们在工作时会追求哪些个人利益。再看看你们在工作中具有哪些共同特点。

你们处在同一种工作氛围当中。

你熟悉解决问题的技巧和可能会碰到的问题。

你会一直和同一群人打交道，你对他们的习惯了如指掌。

你对公司的业务和你的部门所面临的新问题有清醒的认识。

想想看，为了激发和你在一起工作的人听你说话的兴趣，你有多少已知的、可以利用的信息？

你不需要水晶球，因为你已经拥有了许多这方面的信息。你现在要做的只是让利己原则贯穿你说话过程的始终，利己原则就是任何一个人会集中精力听别人说话的首要原因。

要让你的听众知道，一定要事先让他们知道，你说的话里有他们想要的、关注的、期望的内容，可能是一些信息，或者是一些建议，总之他们会有收获。这就是驱使他们听你说话的第一步，是听众对你的信息产生关注的动力。

你应该注意：很直接地跟他们说"这对你会有好处的"或者"你应该这么做"起不到任何效果。你可以反过来问自己，这种命令式的口吻对你有没有起过作用？健康饮食？坚持锻炼？认真学习？还是让你打一个让你十分不愉快的电话？

接下来是让人们倾听的第二个激发因素。

2. 说话的是什么人

当你开始留心听别人讲话时，你便把你的控制权移交给了别人。尽管这只是暂时的，而且你的内心还在和演讲者进行着激烈的争辩，但是，作为一名听众，你已基本失去了对自己的控制，已完全受制于人。

只把自己的注意力放在某个人的身上绝非你的意愿，所以说注意力的获得非常来之不易，不是说集中就能集中的。

因此，如果你是说话的那个人，你的听众有必要知道你是谁。你必须把自己当作一个活生生的人，而不仅仅是个传递信息的工具，要以一种正确的态度将自己和他们联系起来。人们总是希望说话的是他们喜欢、信任、尊敬、崇拜、赏识以及感觉很好的人，而且会把这样的人当作伙伴。

我们会出于本能地期待某些事情的发生，而我们对不同的人也会产生不同的感受，以下便是其中的一些感受。

（1）信任。

很长时间以来，我们总是对陌生人存有戒心，在和他们交往之前总会自觉不自觉地猜测他们的意图。

先说说敬礼。右手打开置于眼睛上方——你有没有考虑过这个姿势的由来，它有什么特殊的含义吗？

敬礼起源于古代，那时的士兵穿着厚重的盔甲，他们为了表明自己的身份是友军而非敌军，通常会空出右手拨开头盔上的面盔，把自己的脸露出来。而且，之所以用右手是因为一般情况下右手是人的优势手，右手中没有武器也就代表了他们是没有敌意的。即使到了现在，我们依然保持着这个传统。碰到陌生人，我们会不会和他握手（右手），同时进行目光的接触？而且我们会问自己："这个人是谁？到目前为止，我知道了什么？"

因此，不管我们是否露出面部、知道暗号、讲着行话、穿着得体，人们的第一印象总是和信任有关："我觉得你是怎样的一个人？我对你的信任已经到了坐下来听你把话说完的程度吗？"

但是，仅仅有信任还是不够的。

（2）欣赏。

你一定听过演讲吧，有没有注意过主持人是如何介绍演讲者的呢？他们总是不厌其烦，一遍又一遍地重复即将出场的演讲者的背景资料——头衔，受过什么教育，获得过多少荣誉，有怎样的工作经验，写过多少本书等等，为什么要告诉听众这些？通俗地说，就是吊足了听众的胃口："这次演讲肯定内容丰富，绝不会有空洞之感，所以请竖起你们的耳朵，演讲将会很精彩！"

演讲者最好能在演讲一开始就表现出其渊博的知识——不仅在你感兴趣的话题

上旁征博引、滔滔不绝，而且对整个演讲的主题都有极其深刻且广博的见解，唯有如此才能让你感到不虚此行。

这个说话的人可能是在作演讲，也可能是到你们的办公室里去推销产品，或者只是一次会议上的例行讲话，无论目的和形式是什么，演讲者都需要让你相信他讲出来的内容是真实可信的，至少要让你这么以为，这是最基本的要求。

不过这才是让别人成为你的听众的最低要求。真正的考验才刚刚开始，你要让他们成为心甘情愿的倾听者，这是你无法掌控的，因为每个人的判断标准都不尽相同。

（3）迷人、坦率、包容。

我们生来就需要和说话者建立某种联系。我们不停地寻找和我们意气相投的人，同时对和我们交谈的每个人的个人品质都有所期待。这是让人们侧耳倾听的强有力的动因。大多数人首先会去感觉而不是思考，我们喜欢、信任、相信和注意到一个人，完全是因为我们的感受和直觉做出这样的指示。

下意识里我们会问：

"你离开这儿回到家中，会变成怎样的一个人呢？"

面对的如果是强势人物："你是不是那种和我有着共同的生命感悟的人——有谁关心过我的问题？又有谁曾经经历过这些问题？他们曾被父母高声呵斥过吗？他们失败过，受到过惊吓吗？"

如果是地位相仿、年龄相似的人："你到底有多少过人之处？你是否有自信？你能够接受别人的观点吗？你还对什么感兴趣？"

在这些问题中，我们寻找的是可辨识的个人特征，我们希望不仅依据智力的高低来判断一个人，而且能有一个直观的人性尺度，用它来衡量我们喜欢的个性类型。

然而，很多时候个人的特质很难表现出来。

只要你还说话，便有一个固有的问题挥之不去，在正式场合作演讲的时候这个问题显得尤为突出——你会给听众留下一种难以接近的印象：

你高高在上，坐在讲台后或者站在我们前面。

你的听众坐在下面或者聚在你的身前。

你是主动的，而我们是被动的。

你是权威人士，只身一人；我们是无名小辈，一个群体。

你拿着麦克风，大家都能听见你说话；我们只能窃窃私语或默不作声。

无论你多么想和听众打成一片，无论你多么希望给他们留下深刻的印象，你的这些举动给人的信号就是距离感。

假设你就是那个说话的人，如果你给人的印象是冷漠、形式化、高傲、强势、目空一切，结果会怎样？你面前的这群人是你诉说的对象，你希望他们拿出时间和精力来听你演说，而你的这种表现会在他们中造成怎样的反响，你应该很清楚吧？无论是在员工会议上，还是一对一的交流中，或者面对着一群听众，不知你是否注意到了，你说教式的演讲和高高在上的优越感已经让你处于孤立无援的境地了。你觉得这种演讲风格能够激发听众听的兴趣吗？

决定我们是否会关注某个演讲者的另一个期待因素便是我们对他的感觉，我们是不是很喜欢这个人。

（4）个人风格。

一些人的某种品质一经展现，便能立刻抓住你的心，使得你总想能和他在一起多待一些时间。想想看，无论是在正式的演讲会上，还是在大家可以随意交流的鸡尾酒会上，什么样的品质一出现就会让你产生这种冲动呢？

两张列表中列出了一些典型的说话风格，你可以快速对比一下这两张表格。你看到这些词的时候产生了什么样的感觉？你想象到了什么？和哪种风格的人在一起你更容易投入？你会听谁说话，又会对谁置之不理？

列表 1

热情	诚实
友好	令人兴奋
风趣	知识渊博
说话有条理	想象力丰富
自信	极具鼓动性
大方	真实可信
不拘礼节	幽默

列表 2

夸夸其谈	言辞含糊
平铺直叙	故弄玄虚
自感高人一等	情绪紧张
拘谨、刻板	偏离正题
一本正经	单调得令人生厌
情绪激动	闭目塞听

由于个性的不同，在面对各种特点的演讲者时，你们偏爱或厌恶的程度也会各不相同。不过有一点我想大家的感受还是比较统一的，那就是列表 1 要比列表 2 更具吸引力，你是否有同感呢？

你是否想过这个问题，为什么你特别喜欢具有某些风格特质的演讲者，而对其他类型的却毫无感觉？

为了让你更多地表现出作为一名演讲者积极、迷人的一面（同时也为了帮助你改掉那些消极负面的习惯），让我们一起来针对这些特质稍作分析。在你看这部分内容的时候，想想你的身上具有哪些基本风格和演讲方式，并思考它们对你身上的其他特征有怎样的影响。

3. 吸引听众的演讲风格及其原因

要克服我们的拘谨，击退心中的邪念很困难。为什么列表 1 中出现的那些品质拥有如此巨大的效应，原因如下。

热情、友好、大方、诚实的演讲者使我们感觉自在、没有拘束。他们的这些品质会在无形中拉近我们和演讲者间的距离，让我们感到放松，并敢于直接、坦诚地表达自己的意见。和我们很多人谨慎的行事方式相比，拥有这些特点的人更容易被他人接受，在这类人面前，人们会觉得惬意和安心。

令人兴奋、说话风趣、想象力丰富的演讲者给我们带来了欢乐，我们永远猜不到他们接下来会有什么惊人之举，这让我们深深地陷入了期待和好奇的旋涡。

知识渊博、自信的演讲者让人镇定。很明显，演讲者为了这次演讲做足了功课，我们会带着信任去听他说的每一句话，我们相信只要去听了就一定会有收获。

说话有条理的演讲者极大地满足了人的大脑对秩序和逻辑的需要。当材料以容易理解和识记的形式组织起来的时候，更容易被大家接受。我们很想了解深埋于语言文字下面的内在结构和顺序，这种需要在今天的科技世界中愈发强烈。

真实可信的演讲者，他们的每一句话都代表了他们的真实意思。一位诚实的、用心去演讲的人是不会耍什么阴谋诡计的，更不可能怀揣不可告人的动机。

极具鼓动性的演讲者是天生的领导者，而他们的这种特质刚好迎合了人们追随领袖的内在愿望，也是对听众希望从他人的激情和创新中获得动力的最大满足。

不拘礼节的演讲者在非正式交流时更能凸现出他们的特色：没有演讲式的言辞，没有长篇大论，也没有命令式的口吻。他们说出来的话非常短小精悍、容易消化，听他们说话让我们感到十分轻松和惬意。

只在开场白中讲一个笑话，而在这之后却再也没有丝毫幽默感出现，这样的表演我们不能称之为幽默。幽默不是每个人都能做到的，你必须意识到这一点，而且最好永远不要尝试让自己变得幽默。如果你的幽默感是天生的，而且有自己的合理的幽默尺度，那么，请尽情施展你的幽默本能吧！

4. 无法吸引听众的演讲风格及其原因

列表 2 中的诸多品质有一个共同点，那就是：它们的出现都让我们感到非常不快。虽说没有一个人希望听众在听他说话时感到不快或者对他的演讲感到不屑，但是那些在说话时总是若有心事，或者试图用专业知识来掩饰自己的空洞的演讲者只会给人们留下不好的印象。你可能会发现自己在演讲时所陷入的状态和下面的描述有几分相似，那么了解它对演讲的影响可以帮助你认清它的真实面目，刺激你去有意识地改变现状，从而不再让听众对你的演讲感到失望。

拘谨、刻板、一本正经的演讲是指那种只根据既定的套路，而不看具体情况的僵硬的演讲方式。这种演讲者是不会与我们坦诚相见的，他们只是用固定的行为模式把自己包装起来，认为只有这样才能显示出他的尊严和庄重。

闭目塞听、不自然的行为会让人心烦。这个人是谁？我怎么才能从他的表达中推测出一些内容？

夸夸其谈让演讲者和听者之间的距离越拉越大，这产生了两个问题。第一，听者对演讲者产生反感；第二，你会仰慕一个在你面前自以为是地说自己应该受到大家尊敬的人吗？

话语单调的演讲者让本来就不够积极的听众变得更加麻木了。你还记得人们在听他人说话时的本能反应吗？既然我们不会主动地去倾听，那么演讲者就必须花点儿心思让我们的注意力保持专注。要记住，现在只靠我们自己便可以方便、快捷地获取任何信息，我们已经完全控制了这个过程，既然如此，我们为什么还要把时间浪费在一个唠唠叨叨、说话没有重点、毫无层次感、从头到尾都是一个腔调、没有轻重缓急、没有表情变化、没有强调语气的人身上呢，这样的一个人是不能帮助我们获取到有用的信息的！

说话时平铺直叙、死气沉沉会让我们精神错乱！你已经来到了我的生活当中，但是怎么看都不像是想要和我交流的样子，对我是否已经接收到你的信息也是一副无所谓的表情。那么，我为什么要容忍你对我的耳朵肆意妄为呢？既然你的心中都没有全心全意地帮助我们去理解你所要传达信息的急切愿望，你又拿什么来要求我们为你付出宝贵的时间和精力？

言辞含糊、故弄玄虚的说话方式会让听者产生焦虑感。我们不喜欢绞尽脑汁却理不清头绪的那种感觉，当说话的人不肯以清楚、简明的方式帮助我们理解的时候，我们便认为他玩弄了我们一直都在付出的专注，不出片刻，我们的注意力便会从演讲中转移出去。

谈话的内容偏离正题违背了让人们乐于倾听的第一准则——每位听众的个人利益！谁会去听一些跟自己一点儿也没关系的内容呢？

作演讲时自恃高人一等是一种极其不尊重听者的表现。如果你是那个在他人面前讲话的人，你知道很多我们不知道的东西，这个时候，你应当摆正自己的位置，心中想的应该是如何和我们一起分享知识，而不是对我们的"无知"大加斥责。

那些不够自信、紧张兮兮的演讲者真的让我们感到很不舒服！其实我们每个人都经历过这样的紧张，我们厌恶这种感觉，当别人身上出现紧张情绪的时候，我们会变得很敏感地觉察到紧张的存在。当然，我们不希望这样的事情再在自己的身上发生。

情绪激动的演讲者让我们的头脑处在高速运转的状态。演讲者对他演讲的主题总是充满了热情的，他的情绪在演讲开始时就已经挂了满挡。与此同时，我们这些白纸一样的听众，只能靠双脚紧紧跟着演讲者的思绪。你的热情是建立在我们和你同处于一个情绪和信息层次的假设基础之上的，但事实并不是你想象的那样，你需要一步一步地把我们领进那扇大门，你逐渐提出你的观点，并辅以一些真实的例子来支撑你的观点，慢慢地我们会和你协同步调，与你同愤慨共激情。要达到如此效果，一定要用我们的思维方式来表述，而不要原封不动把你的思想搬给我们。

以上仅仅是一些最基本的情形，虽然只是我们交流时表现出来的种种复杂的人格特征的简单写照，但是它们让你了解到了在面对不同的演讲风格时听众的反应。我们对演讲者的说话风格和态度的反应完全出自本能，是下意识的行为。此外，我们还会根据演讲者的用词、肢体语言和说话腔调来推断他对我们的意图和态度。

5. 听众以什么方式对你作出判断

我们首先靠直觉来判断说话的这个人，然后才经过大脑，用我们的理智来分析。所以说，听还是不听完全是由感觉来决定的。这些反应敏捷但是却感受不到的直觉，在我们开始学习用理智来思考问题前早已存在了，它是我们和这个世界打交道的第一道防线。

第一步，我们会停下手中的事情，去看、去听。

第二步，我们会思考、去评价。

以上便是我们在开始加工演讲者传递的信息前，要对说话的人作出判断的原因以及感受一个人的方式。

因此，在你抓住听众的兴趣点之后，切入正题之前，记得一定要"拨开掩住你脸孔的头盔"，让听众认识你，了解你的意图，以及你和他们交流的方式。

如果你不这样做，你的听众将替你完成这项任务，他们会在分类中寻找适合你的标签。为了确定讲话人的特征，决定是否值得去听这个人的发言，他们需要这些能够识别的信号，他们会从你和他们交流的方式中辨认出这些信号。

说话的方式是什么

1. 说话的技巧

现在，你已经以一个大方、真实的形象勾起了听众的兴趣，并和听众建立了联系。接下来，在传递信息的时候，你要用什么方法才能一直保持住听众的兴致和注意力呢？

在今天的这个世界，要让听众保持倾听的状态，你应当：

用词简洁、清晰。

首先提出你的观点，然后再对观点加以阐释。

演讲过程中要时刻保持现场气氛的活跃。

让听众有一种参与其中的感觉，而不仅仅是在被动地听你说话。

以一种富有新意、能引起听众兴趣的方式逼近主题，而不只是一个劲地高谈阔论。

在演讲伊始抓住听众的心，不然用不了多久，听众的注意力就会从你身上转移。

每段话讲完都要有停顿，并对前面的内容做一次总结，以保证听众已经了解了你的思想。

用客观事实和科学数据来证明你是可信的。

要让听众联想到自己的亲身经历。

要进行成功且专业的交流，关键就在于各种交流技术的应用。有些技术已经出现很久了，有些技术却很新颖，以下便是交流时经常会出现的一些非常基本的理念。

2. 视觉化

有关说话的新兴技术，第一个要讨论的就是让别人"看见"你说的话。原因如下：

人最直接、最有效的感觉便是视觉，如今的人们非常乐意通过视觉方式来获取信息。通过眼睛获得的信息中的85%～90%可以被我们记住，而通过听觉获得的信息却只有不到15%能被我们记住。这意味着如果你想让听众了解并且记住你传递的信息，你必须把你的观点展现在听众眼前，这还意味着你不仅要把列表、事实、数字和图表展现给他们（这是产生影响力，清晰而精确地传达信息绝对需要的内容），而且要把你的思想和观点视觉化。

你现在必须要充分利用好视觉的力量来帮助你挽留听众的兴趣，同时让他们更轻松地领会你想要表达的意思。

所以，你不仅要把你的思想用图像手段表现出来，而且要学会用视觉方式来思考和说话。这就意味着你在表达你的意思时，不再只依赖词汇、专业术语和行话，你已经找到了一种更加形象地方法来阐明事实，你可以使用词汇图像，让听众想象出你说的每句话，和你一起进入你的思想，并沉浸其中。这就是你应该遵循的说话方式，只有这样，听众才能将你说的每句话变成自己的思想，并积极参与到演讲中来，从而真正地理解你话语的含义。

在日常生活中，我们已经变得如此依赖于视觉手段，以下数据可以证明：

77%的人从电视和网络上获取几乎所有的新闻信息。新闻的形式主要是图像而非文字或语音。

大部分家庭都购买了至少一部电视机和一部录像机，而现在，很多家庭还同时拥有了先进的播放设备。

电脑？那上面没人对你唠唠叨叨吧？所有的信息都是图像化的。

X一代和Y一代获得他们的信息基本上都是通过电子设备。

视频游戏取代了积木成了现代人的玩具。

通过移动电话和个人数字助理（PDA）传送文字信息——也就是图像形式。

现在打电话都能在电话机上显示说话者的画面了。

购物呢？当然是网上购物了，没人和你说话。

现在的情况是，现代人需要用视觉方式来解释任何一种新的思想，不仅需要，他们还很期待用图像来展现他们从未亲身体验过的事物，即便只是想引起他们的兴趣，你也不得不这么做。

无论你是想教会某个人一种新的方法，还是想通过指出错误的行为方式所带来的后果来证明改变的必要性，或者是让某人认识到自己的工作中缺乏什么，视觉化是最为直接、最具说服力的途径。

我们如何去衡量和比较昨天和今天？如果我只是告诉你"昨天我们习惯这么做而今天却不这样了"，而不是向你展示和比较一些数据和具体行为，你的反应还会如此迅速，或者说你还会深信不疑吗？

注意语言交流和非语言交流

想象一下下面的这个场面。

在你工作的地方，你正沿着走廊走，这时，你发现朋友张春正迎面走来：

你（微笑着走上前去）："嗨，张春，好久不见了。最近过得还好吧？"

张春（后退了一小步，眼睛不往你这边看）："还行，还行。"

你："怎么了？你没事吧？"

张春（手中的文件掉在了地上，他神色慌张地蹲在地上把文件收拢起来，在他站起来的时候，目光从你的身上快速扫过，重心从这只脚移到了另一只脚）："哦，当然，我很好。一切都还不错。"

你："我看你有点心神不宁的样子。"

张春（后退一步，目光最终落在你的身上）："不，没那回事，我一切，哦……都还顺利（眼睛低垂了下去），还行……"

你相信张春的话吗？你认为张春说自己诸事顺利是真的吗？你认为到底发生了什么事情——被炒了鱿鱼？工作上出了问题？生活上碰到了麻烦？

是什么让你这么去想的？你掌握了什么线索才让你得出这些疑问的？

回到前面再把那段场景描述读一遍，但是这次不要看括号里的说明性的文字。

你是否发现言语本身并不能告诉你揭示真相所需要的全部信息？其实，真相来自于张春的非言语行为，而他的话却和事实背道而驰。如果你关掉声音，只看张春的表情和动作，你获得的信息便更加准确、清晰，不是吗？

而且，不知你是否意识到了，你只是通过想象这些词所构成的场景便得出了以上这些结论！这也是你在说话的时候可以采用的一种视觉手段。你应该善用词汇，要用那些让你的思想更加生动、栩栩如生的词汇，只有用上这些词汇你才能够让你的听众感同身受。

1. 多种信息传递

我们不应一味地接收交流的内容，我们还需要去评价它们，这种初级的心理需要人皆有之。我们每天都要接收到许多信息，我们不会一个不漏、全盘接受，我们会甄别："他说的这话是什么意思？""他值得我信任吗？""为什么她会这么说？"

把事物放在上下文中去理解，我们可以发现最丰富的内涵。我们获得的最可信的信息是非言语行为。为什么这样说？

非言语行为是没有经过加工和过滤的，而且是完全无意识的表现。我们甚至不知道我们正在传递这种语言！但是，它给观察者提供了许多信息，比如说，说话者的真实感受，而不仅仅是从你口中说出的对他们有益的话。

让我们再回到和张春的对话中，看看你从他的非言语行为中提取了多少有用的信息？你加工处理、理解这些信息的过程有多快？

身体语言：张春换了几次重心脚，他看起来脚下有点踉跄。他猛地一惊，手中的文件没有拿住散落在地上，随后又匆忙收拾文件。他看起来很难镇静下来，好像是把一件简单的任务搞砸了。

眼神接触：张春不敢正视你，为什么他把自己的视线移开？他看往别处是心有所思的表现。心里想的是什么呢？他在隐藏什么？

空间关系：你往前，他就后退，他是在回避你。他正试图和你以及你的问题保持一定距离。

说话节奏：张春的语速很快很凌乱，他试图尽快结束这次谈话。词与词之间有很大的停顿，这说明他有点分心，心里在想着其他事情。他的话语中夹杂着叹息，这是不是他内心世界的某种外在表露呢？他很失望？很伤心？

再让我们看看张春所说的话。

他说："还行……当然，我很好……一切都还不错，不，没那回事，我一切，哦……都还顺利，还行……"

2. 言辞和身体语言的比较

言辞在我们的交流中是非常基础的成分，而身体语言则是我们使用的更强有力的工具之一。当然，每一种形式的交流都有它自己的作用，不能片面地说哪种更好。不过，非言语行为能够给我们的信息处理方式和与演讲者交流的方式带来很大的震荡。

言辞要通过大脑的加工，而身体语言则是人们本能的反应。

言辞是一些特定的符号，需要我们在心里将它们转化成意义。而身体语言仅凭直觉就可以理解，是我们的本能反应，不需要经过大脑的思考。我们可以感受到身体语言的含义——而不用思考。

言辞会自行进行修正，身体语言则是未加修饰、完全自发的。

我们学会说话后不久就开始学习有选择地说话了。我们会过滤和编辑我们的用词，并把这种加工作为自我保护的手段，只有那些看起来合适、安全、不会太过暴露的内容才会被转化成言辞表达出来。言辞受到了大脑有意识地处理。反之，姿势、手势、停顿、叹气和语调都是无意识的行为，它们都是不自觉而为之，说话者根本就无法控制，也因此可以透露人的内心的真实的想法。身体语言与经过加工的言辞有很大的不同，相比之下，当你想知道事情的真相、人们内心的真实感受以及言辞的真实含义的时候，身体语言会为你的判断提供更加可靠的依据。

每个人的言辞都有自身的特点，而身体语言的规律则是放之四海而皆准的。

即使对于使用着同一种语言的人来说，言辞也是专有性很强的。而人的动作、姿势和手势则是共通的，来自世界任何一个角落的任何一个人都能既快又准地识别出它们的意义。假如说你身处异国，正在尝试让别人理解你的想法，比如你问哪里可以找到某样东西，你会摊开手掌、眉毛高挑；如果你想知道哪里可以就餐，你会用手在嘴边比画几下。当我们看到两个人正在干什么时，他们之间的"冲突"便一目了然。任何一个地方的人都能理解身体语言，这是因为我们拥有着相同的经历，我们的生活中有太多相似的地方、相似的事情发生了。没错，文化差异是广泛存在的，但是无论你来自哪里，一些本质的人类情感还是共通的。

言辞往往丰富但冗余，身体语言却简单而有力。

人们描述和讲述的最终途径必然是言辞，但是你可能会因为简短的话语无法表达出你感受之深切而不得不使用更多的句子，而身体语言却能够非常迅速地唤起我们的"情感"反应。你要花多长时间来确定你的父母已经对你怒火中烧了呢？用你的脑袋去思考——其实应该去尝试做一做有以下含义的表情动作：

"已经 3 点了！不好，我迟到了！"

"已经 3 点了？什么，怎么这么快？"

"已经 3 点了。终于结束了！"

想象一下，如果没有交谈，你必须做多少事情才能让人明白你的意思？

言辞和身体语言共同构成了一段对话。如果它们表达的含义是一致的，那么任何信息都会因此增强，从而显得更加突出；如果不一致，那它们便表明你正在说两件完全不一样的事。旁观者会忽略掉你的言谈，而把你的身体语言作为不可辩驳的事实来看待。

举个例子，你嘴上说的是"这个季度我们的预期是非常积极的"，然而你却不肯正视听众，咳嗽几下又清了清嗓子，慌乱地翻了翻文件，这一切都向听众传达了一个信息："你正在设法隐瞒接下来将会出现麻烦这一实情。"

斟酌你的言辞

既然言辞在任何形式的交流中都是关键成分，就让我们把目光集中在言辞上，看看有哪些方式可以帮助听众了解你的思想，而又有哪些方式会阻碍他们的理解过程。

由于言辞在意思的表达上是非常精确的，所以在表述时要非常小心，一定要力求精准。当人们懂某种语言的时候，就希望这种语言的言辞表述要尽可能的精确和清晰，不同的人理解同一段话，他们最后不约而同地产生一致的结论是最理想的情形。要让听众能够轻松地加工这些文字，这就是我们所依赖的，我们不希望在说话的时候吞吞吐吐，如果最终还是出现这种我们力图避免的情况，我们便会感到自己非常无能——准确地说，是非常局促不安。

因此，你表达信息时的用词习惯可能会让你成为一名大受欢迎的演讲者，人们会细细品味你说的每一句话，如沐春风。当然，你的用词习惯同样可能会在几分钟之内让听众失去兴趣，因为你的话晦涩难懂，使人困惑、迷茫。

1. 当听众无法理解你的话时

（1）听众便不再听你说话。

在听演讲的过程中，听众可能会突然碰到一个词或者一句话无法理解。这时，他们便会急刹车，他们的注意力在瞬间便瓦解了，同时还失去了由演讲者一手建立起来的思维动势。他们开始在心里一直琢磨着刚才那个"难题"，把他们的语言仓库翻个底朝天，不断寻求可能的正确解释：

"看起来好像是……"

"从上下文看，它可能是指'x'（也许是指'y'）。"

"真想知道它是什么意思，希望能够快些知道。"

当听众在想这些的时候，他们便不再处理来自你的其他数据了。毫无疑问，他们因此错过了不少内容，最糟的情况是这些内容可能恰恰是你整个演讲的精华所在。

（2）听众发现了自己的无知。

使用一个听众心中的字典中不存在的词更深一层的结果便是使他们发现了一些他们不知道而你却知道的东西。"我的脑子里只有一个声音在响，我理解不了，也许我永远也无法理解。"在你试图讲解或劝说别人的时候，如果你使用了一些他们不熟悉的词语，这只会进一步加深你和听众之间的隔阂。

（3）听众了解到了你对他们的态度。

如果你动不动就使用一些听众无法理解的词汇，他们会在下意识里认为你并不知道或者并不在乎他们是否能够理解你演讲内容的要点。你根本就不把他们的兴趣当回事，你只关心你自己感兴趣的事情。你的态度玷污了你的演讲，让他们不再对你抱有任何的兴趣，你和听众背道而驰。

2. 什么样的话我们能够理解

使用你能够想到的含义最简单、表意最清楚的表达方式。

要多说意思明确的话，尽量不要使用有歧义的词语和内行人才听得懂的行话。如果你发现自己用了一个晦涩的词语，请立刻对此加以解释，并且要对自己使用了这么专业、难懂的词表示歉意。

（1）少一点意味着多一点。在这些信息能够以光速进行传播的年代，你应该在你的那些啰唆的语言上大切一刀，只保留那些能够表达你的意思的精华部分。行文说话要直奔主题，然后再进行解释，否则听众很快就会对你的演讲产生厌烦情绪。

（2）要弄清楚听众已经知道了什么。除此之外，在你开始正式演讲之前还要清楚听众还需要了解什么预备知识。首先把相关的背景知识告诉他们，可以让他们对你的主题有个初步的认识，然后有的放矢地调整你的语言风格，从而能够一直抓住听众的耳朵。

（3）不要指望人们会问问题。即使人们不懂也不太会有人公然提问的。对身处在群体中的大部分人来说，提问会让人感到尴尬，会让别人认为这个人太爱表现自我了。所以，你应该提前做好编辑工作。

为了让别人听你说话，你还有最后一个障碍要克服。接下来让我们一起来分析这最后一个障碍。

第二章

近距离接触：只有两个人的会面

下面介绍一些新的个人技巧，这些技巧主要是在实施计划的时候发挥作用。

一次典型的一对一的会面包含了4个部分：

（1）开场白。

（2）呈上实质性的内容。

（3）处理难题、争端以及负反馈。

（4）总结陈词。

了解这4个部分有助于思维的组织，同时，它还能为你建立一个结构，让你在会面中随时知道自己所处的位置，会面发展的趋势，会面应该的发展方向以及继续自我表达的合适时机。

如果你能完全按照这套计划与人交谈或行动，即使你的心里是七上八下、惴惴不安，你的行为过程也会具备某种结构。

我们有很多方法可以保证第1部分和第2部分顺利进行，而且能让你的言论极具说服力。第4部分——有很多人在此连续犯错，我们也有一些策略可以改变这种状况。第3部分——处理难题、争端以及负反馈——其重要程度和其他3个部分不可同日而语。我们每次路过这里总要颠上几颠，在此，我们需要掌握如何平稳地度过这个阶段。当然，我会给你一些特别的建议来应对这种困难的情况。

下面，你将学习到：

当出现愤怒、敌意、厌倦和分神时，你该如何应对？

如何有效地进行评判，应该如何接受别人对你的评判？

如何以平等或低人一等的姿态和人共同分享权力和力量？

如何面对加薪、晋升和让人痛苦不堪的会面等诸多情形？

让我们从最初的那个阶段开始吧！你在这段时间里的表现其实就是别人对你的

第一印象，整个会面就此开始了。

开场白

任何一次会面的开场白阶段的表现都事关重大！

人们总会在被你的演讲打动之前就决定对你和你的整场演讲的感觉。

而在一对一的会面中，这一点所造成的影响变得尤为明显，因为听你说话的只有那么一位听众。你的演讲的规模和力度应该随着由空间大小和两个人之间的物理距离所造成的舒适度的变化而按比例变化。

在一对一的交流中，由于空间非常局促，所以演讲的这两项指标应该随之变小。

这个时期也是形成第一印象的关键阶段。人们在会面开始的第一时间里注意到的都是些什么内容呢？人们不仅对各自面临的问题感兴趣，他们还对坐在面前的那个人充满了好奇，迫切地想要彼此相互了解。

因此，开场白不仅仅是互相自我介绍的时间，它还一举奠定了整个会面的氛围和基调。

1. 会面开始前

（1）选取你的交流方式。

有了刚刚掌握的前期思考图的帮助，你自然能够对你的"听众"做出一定程度的判断。你可以对他人的目标、需要和期望进行分析，然后根据分析的结果来组织你的方法和材料。

下一步就是决定应该如何处理好自己的状态：你的交流方式、态度以及你临场时的风度。在会面中你打算给对方留下怎样的印象？

你要根据实际情况和交谈的内容来选取最适合的方式参与会面。当你以这种方式与人交流时，最起码不要让自己感到别扭，这样你才能自始至终保持一种交流方式。

冷静	能干	霸道
坦率	有耐心	求知欲强
友好	热忱	多疑
好奇心强	善变	热情
温柔	乐于助人	通情达理

会面开始后，一旦你已经塑造好自己的形象，就得把这个形象维持到最后。

129

在会面中不允许你拥有两副截然不同的脸孔，因为建立别人对你的信任是你的主要目标之一。

（2）平衡你们之间的力量对比。

①如果你是来访者。

如果让你以一个"推销员"或请愿者的身份参与会面，你可能会没有安全感，因为你能够行使的权力无法和坐在办公室里静候你上门的那些人相提并论。为了能够更好地进行交流，你需要在双方的力量对抗中感受到某种平衡。

老板、客户或顾客自然拥有至高无上的权力——向你说"不"的权力。但是，人们只有在发现自己也同样拥有一些权力的时候才能发挥出交流的最大功效。

因此，当你来到会面地点的时候，你要告诉自己："我要有所作为。"不要总想着如何料理后事，事情还没发生你就已经设定好结局了。其实，你完全有能力改变事情的结果，你也必须去改变。

接下来罗列的便是你拥有的诸多权力，你要对自己的权力有足够的判断力。你在某些事情上更具有发言权，至少在这一部分上你要比对方更胜一筹。

你的权力来自于：

对自己的想法的坚持。

为你提交的材料或推销的产品准备充分的理由。

让你的想法逐渐完善。

解释你的想法或产品有效和有益的原因。

你知道自己总能找到问题的解决方法。

这几点可以让你在会面时充满自信和力量，并且更具竞争力。

作为交流中较为弱势的一方，你应该不时地提醒自己，会面之前你一切正常，不管结果如何，你一定会安然无恙的。不要把自己的幸福感完全建立在会面的结果之上！

②如果你是下属。

在这种情况下，你能够运用多少权力不仅取决于会面的主题内容和环境氛围，更和坐在你对面的那个人有着很大的关系。

有些经理级人物在面对他们的员工时有种要控制整个局势的欲望。这时，你要更多地去了解你的上级，全面地考证他们的主要动机和工作方式。只有首先承认上级的权力，你才会得到属于你自己的那份权力。

只要满足了对方的需要，你便可以通过提问或者附加一些条件来分享这种权力。指出哪些地方仍有提升和改善的空间，还要把你具体的做法展示出来，但是要注意，一定要见机行事，不能表现得太过强硬。

③如果你是决策者。

首先要判断你能够与他人分享的权力有多少，有哪些。你的下属和上门推销商品的人有多么敬畏你的权力，你一定是心知肚明，当会面是由你发起或者只有经你同意才得以成行的时候，你在这次会面中的地位是无法撼动的。你大权在握，但你身处的位置又要求你共享你的权力。

共享权力，不是说你将永远地失去它们——你只不过将它暂时出让给了别人，因为你想通过这种方式来提升会面的效果，使会面可以产生更多的成果。

考虑下面几种情况：

对于一个外人，比如说上门推销商品的推销员，你应该创造一种宽松的环境，这种环境有助于你放眼于整体。你应该很认真地听，不要急于下结论，要参与到会面中去，表现出浓厚的兴趣和关注。

对于内部人员，比如说你的一名员工，你要为对方创造最大的思考空间来接收、理解你的信息以及阐明自己的观点，这样才能保证这次交流是双方真实意见的交换。如果你想澄清某件事或者查明真相，你就必须让你的下属明白，他们也有属于自己的一些权力。比如说：

"苏珊，我们接下来要谈的问题可能会有很大的争议，我希望你在谈你的想法的时候不要有什么顾虑，你的真实感受对我来说有很大的价值。把我们的问题提出来，是为了让这次会面富有成效，解决掉所有有待解决的问题，就让我们开始吧。你可以就这些问题自由地发表自己的看法，有什么疑问，就只管打断我。如果你完全不认同我的观点，你也可以和我讨论。我知道这看起来有点奇怪，但这真的很重要，所以我希望你能以这种方式给我带来帮助。"

你要发誓你说的这些话完全出于你的本意，而且你不会采取任何形式的报复行为。如果苏珊毫无保留地说出自己的想法，而你却呆若木鸡，根本就没听进半个字，或者对她的看法大加反驳，我敢说，这是她第一次这么做，也是最后一次。

④在对方要求加薪或升职时。

在这种情况下，要找到一个恰当的立场来运用自己手中的权力确实不易。不管怎样，你手中确实握有实权——赞同或反对，都在于你的一句话。认识到这一点，至少可以让你在听他们的请求时有个放松的心情。而且，说不定你还可以从他们那儿听到一些极为深刻的见解呢。

（3）迎合他人的需要。

无论对方是谁，同事、委托人或潜在客户，你都应该仔细地去听，然后在他们的话语中发现他们的需要或疑惑，并据此形成你的开场白。切不可操之过急，你应该很巧妙地将你的地盘交割给你的顾客或者客户。要记住，付出才有回报。在接下来的时间里，你有足够多的机会满足各自的需要。只要把你的目标谨记在心，然后以各种方式将它和别人的目标捆绑在一起即可。

好了，会面前的准备就是这些，接下来就正式进入到会面中去。

2. 开场的技巧

（1）问候。

①如果你是来访者。

a. 微笑。

一张五官都挤作一团、冷峻严肃的脸看起来总是拒人于千里之外，让人感到神经紧张甚至是愤怒—— 一句话，让人浑身不舒服。因此，无论你的心中有多少解不开的心结，放松你的脸，用微笑来问候对方。

b. 握手。

握手是一个欢迎的手势。如果你在会面当中只是一个参与者，而且你的级别明显低于对方，那你就要等对方先伸手。

c. 称呼。

首先要考虑会面的基调和公司的文化，然后才能在这个问题上做出合适的选择。怎么称呼比较合适？你对这个人有多了解？这次会面讨论的话题是什么？会面双方的年龄和层级差异也会对最终的选择产生影响。

一般来说，人们大多不喜欢被人直呼其名，他们认为这么做有点冒昧和放肆。在你说出"××"或者"××，请坐"之前，用正式的头衔来称呼别人是最稳妥的方式，没有头衔的用"小姐""先生"代替，因为这样做可以避免很多不必要的麻烦。

②如果你是东道主。

从会面的第一刻开始，你就要把自己当作是主人，你对他人的问候就像是主人在欢迎客人登门拜访一样。这么做会让人觉得很老套？事实并非如此。你要意识到，在这个环境里，你是如鱼得水，而来访者却好像一条上了岸的鱼，一切都是那么陌生，也许这种感觉可能会持续很长时间。

我们在会面时多少会感到一些焦虑和紧张，特别当会面是经过精心安排的时候。但是，如果你是主持这次会面的人，那么你完全可以让来访者的心情在短时间内平静下来。所以，除非你想故意震慑一下对方，要不然，你的开场问候的第一步就应该是"你的外套可以挂在这里"或者"想来点咖啡吗"这种典型的说法，这可以让来访者混乱的心情得以平静。

人们从这些客套话中感受到了关怀，他们心中的紧张和不安也随之烟消云散，最终使对话得以展开。

（2）闲聊。

无论你们是否熟识，在进入正题前总有个整理心情并互相适应的过程，在这段稍有点尴尬的时间里，你们可以闲聊一会儿。

闲聊可以帮助你们互相熟悉各自的性格、心绪、精力、发音和语言表达的特点。

如果你们对彼此都很了解，闲聊可以把你们带入正题；当你们并不了解对方时，闲聊则成了你们两个人之间的第一道联系。

闲聊可以在两人之间建立一种宽松的、不以最终结果为导向的人际关系。

闲聊可以使双方获得许多个人资料，在接下来的正式交谈中，这些信息都可以作为陈述内容的一环，提到和使用它们。

闲聊可以让别人了解你、接受你。

最重要的是，闲聊可以让话题十分自然地过渡到会面的主题上，这要比寒暄几句立刻转入正题的效果好得多。

会面还没开始，不过很明显，主持会面的人还沉浸在先前正在处理的事务上。因此，你的任务就是看看有什么好的方法可以让他把精力转移到今天的会面中来。为了做到这一点，你需要一点时间来让对方减速、停下来然后再重新发动。做法如下：

你现在待的地方一定是某人的私人空间，看看周围，你能从四周获得什么信息。一个人的办公室基本上可以反映出这个人的个人状态，因为人们总喜欢把最珍贵或最有意义的物品展示出来，以表达他们的怀念和尊敬之情。注意观察，你就会发现：

个人的兴趣爱好。

家庭照片、某一类书、古董古玩。

各种奖项以及毕业证书。

一些可以表明他的政治倾向和渊源的亲笔签名或其他纪念品。

有争议的对象（比如他是全国步枪射击运动协会的会员）。

注意到这些，然后跟他讨论与这些相关的内容。当有人问及自己的兴趣及爱好之物或者对办公室的风景或摆设有钦慕之意时，人们总会很开心。

（3）闲聊的种类。

如果你是来访者，闲聊可以从以下几个方面入手。

①拉近关系。

"哦，你也是个滑雪爱好者。你通常都在哪里滑雪啊？噢，那个地方很不错。你有没有试过……"

联络成功！你成功地打开了话匣子，而且发现了你们的共同点，并且还让对方有了了解你的机会。

②私人话题（和你熟悉的人）。

"嗯，一家人变化可真大啊！（大部分人都会在办公桌上摆放一张照片。）这是你的毕业照吗？"

联络成功！你可以花点时间听他讲述过去的时光，或者有关他家庭的故事。每个人在这个方面总有说不尽的话题。

你也可以说："告诉你，我下个月就要当爸爸啦！给点建议吧，久经沙场的老兵。"这让你在转回自己的话题之前又开辟了第三条战线。

③私人话题（和你不熟的人）。

"在这间办公室里工作太舒服了。景色多宜人啊！从这儿往窗外望去真是心旷神怡！这让你对这个世界有了许多不同的看法吧。"

从另一个层次进行联络，成功！他每天都得被冷冰冰的商业会面牵着鼻子走，今天，还是在会面时，突然有人谈到了在业务之外的内容！他的心中禁不住一阵感慨。

④提出问题（或恭维）。

你可以提出问题："这张照片里的是你和×××吗？哇，你们是怎么认识的？"或者"你一定很喜欢红色吧，我也是！"或者问一些其他问题，有关你在房间里能够看到的其他物品——木偶、头盔、古籍或古时的地图。所有这些都可以挑起话头，这些闲聊并不是在浪费时间，它们有自己的作用，对接下来的正式交流来说它至少可以当作是一次热身。而且这些物品能让房间的主人有话可说，通过这个机会你就能了解到他的性格、态度和精力水平。

⑤业务话题。

如果你对上面的这些太过私人的话题没什么兴趣，你也可以谈论一般意义上的商业话题，也可以是时事、新闻等等。通过闲聊展现你的风格，选择那些你关心的、能反映你的观点的话题，但是一定要遵从闲聊的基本原则，这样就万无一失了。

注意：不要在这上面耗费太多的时间！这充其量也就是一道开胃菜，所以要时刻关注对方对闲聊的反应，时机成熟就可以继续下一步了，主要信号就是对方产生了厌烦情绪。

如果你是主人，闲聊可以从以下几个方面入手。

⑥东道主。

是否和来访者闲聊取决于你这次会面的目标以及你希望这次会面往哪个方向发展。一般来说，由于会面开始时多少会有点紧张，主动开始交谈或者进行一些人际交往可以使双方的情绪放松下来。闲聊还让你有机会评价判断要和你打交道的那个人——这是会面正式开始前的重要准备。

⑦和你不认识的人闲聊。

交谈的内容可以从天气状况到新闻报道，比如，"我刚刚在报纸上看到了××新闻，你有没有听说啊？"内容可以不断延伸，直到你说出："你要不要来点咖啡？"

你要让来访者有话可接，帮助他参与到对话中来，至少能三言两语地附和几句。很多人都不善于主动发言，他们需要在别人的带动下才能畅所欲言。你接待来访者时的状态其实已经为正式会面定下了基本的格调，和他闲聊可以帮助他放松心情，使他能在更短的时间内把精力集中到会面议题上来，而不需要强硬的手段强制他集中精力。

⑧和你认识的人闲聊。

即使是这种情况，让对方的心态保持轻松也很重要。在一举跃进会面议题之前，任何以个人的名义进行的交流都是重要的，对结果都是有利的——它为会面准备了一个舒适的环境。

（4）在哪里就座。

这个问题非常重要，但又非常难处理，稍有不慎便会带来麻烦，因为它涉及了这个房间内的权力制衡。

如果你是来访者，不要立刻入座！首先快速环顾四周，判断有哪些选择，是不是不止一处可以就座，站定了或者踱上几步，表面上装作是在看风景，并表达一下你的羡慕之意，实则在暗中决定你想坐的位置。以下这些内容值得你细细考虑一番。

①坐在办公桌的正前方。

这里是所有位置中最弱势的一个。这间办公室的主人完全占据了上风。他桌子上的所有物品都在说："这是我的势力范围——这是我的电脑、我的日记本、我拒绝别人的地方。这就是我的家，而你则是个外人，一个请愿者，你是来求我的。"而且这张桌子则成为两人之间看得见、摸得着的巨大障碍。

②坐在办公桌的侧面。

坐在最接近办公室主人的那个桌角边是比较好的选择。因为主人坐在桌子后面，让你们可以更加平等地看待对方，在你们中间只隔着桌子的一角。主人必须转过身来对着你，这样你们之间的障碍便被削弱了。这时你也不用极为尴尬地越过桌子来演示和讲解，更不用倒着看你的文档材料了。

③坐在中立角上（比如说一张圆桌）。

这是所有座位的选择中最理想的一种。如果办公室里还有另外一块区域中有座位——一条长沙发，或者一张桌子两把椅子，或者角落里的一张圆形的工作台和几把椅子，这就是你想要的那种座位布置。在这里，远离了办公桌上的工作台历和它骨子里的权力，你可以受到平等的对待了。

（5）如何婉转地提出换座位的要求。

如果你不想隔着一张桌子交流，那你得有个合理的理由来换座位，比如说："我有一些东西要让你看，这样隔着一张桌子实在不方便，我看靠近一点坐比较好，不如我们坐这吧？"这样的理由很充分，既不强硬又不弱势。特别是在主人一方已经示意你坐在办公桌前时，这么说最有可能得到对方的同意。

看过了上面的内容，你就可以根据具体的需要来决定来访者的座位了，主要基于会面的主题以及你所希望的会面氛围——是冷淡、疏远、强势、消极还是完全相反——以及你希望获得怎样的结果。

（6）身体语言。

从前面可以得知，身体语言可以揭露你真实的内心世界。它能够让你感受到其他人的态度——主人或者是来访者。你要特别留意以下这些姿势和动作。

①对方的坐姿。

在座位上，身体前倾——紧张或注意力高度集中。

倚躺在椅背上——过分放松。有时，这只是人们正在试着让自己看似放松的尝试而已。但这不是绝对的，还需要其他一些线索来证实。

不停地改变姿势——正在寻找一个舒服的姿势来适应；过多的移动则意味着不适应，心情难以平静。注意：如果这种情况发生在会面"中途"，则说明他极有可能已经变得很不耐烦了！

②手部动作。

双手紧握：很有可能是紧张引起的，但要注意双手紧握的程度。你有没有看到手在一开一合？这是紧张的另外一种表现。

双手摊开：表明这个人现在感觉很安然、舒适，正在倾听，而且控制着局势。

无意识地拨弄物体：对某事不确定；只有触摸实体才能让他感到舒适和安心。它还意味着有的人精力十分充沛。最好径直讲完你的内容或让他们参与到你的主题中来。

攥紧椅子的扶手：寻找支撑和支持——可能是紧张的另一种信号。

③眼神接触。

目光的交流也许是反映人的心境和态度的各种信息来源中意义最为丰富的一种，在这种小范围的会面中其作用尤为凸现。

凝望：沉着冷静、有安全感或者内心充满了力量。

不停地扫视四周：他不敢正视你的眼睛，说明他相当紧张，担心会面出现问题。

目光从你的头顶上越过或者低头：一个人在自说自话，已经将另外一个人抛在脑后了。这可能意味着傲慢和自我为中心，表明了对来访者、会面主题或者某个已经成形的想法的不屑和漠不关心。

④烦躁、敌意、厌烦。

在会面过程中要时刻注意能够表明情绪波动和注意力转移的一些信号。

呼吸节奏加快、身体某些部位的活动加剧、手指发出有节奏的声响：感到很恼怒、不耐烦。

身体位置的大幅度变化、叹气、大声地呼吸：恼火、"快点结束这段吧"、"我已经受够了"。

大动作——抬头望天花板、把手放到桌面上：强烈的不赞同，甚至于充满敌意。这时你应当立刻停下来找出问题所在！

呈现实质性的内容

1. 如何开始

在开始前有 3 点重要的信息一定要说明清楚。

（1）时间。

为了引起别人的注意，你要明确地知道这次会面将要持续多长时间。尽管你已经指定了一个时间，但是有很多事情是你无法预料到的。在紧要关头你还有一招可使，你可以说："我很清楚事情的来龙去脉，只是不知道你还有没有半个小时来听我讲完？"

如果你不打算这样做，那么你就得在计划好的 15 分钟时间里完成你的说辞和演示，然后期待接下来双方会进行一些讨论或共同解决一些问题。这样又过了 4 分钟，对方打断你说，很抱歉，再过几分钟他就得离开了。你说的话他还会听进去多少？零。这时候很适合推销或讨论问题吗？很明显，答案是否定的。

不过，如果你在开始时便知道给你的时间已经缩水了，那么你就得当机立断，修订你的计划："那好吧，既然如此，那就让我们长话短说。"然后重新安排你的讲话内容。

即使眼下没什么事情发生，你还可能面临另外一种情况，就是另外那个人告诉你他想把会面的时间控制在多长时间以内。他直接告诉你是最好的了，你可以立刻重新分配时间，以保证你的每一点想法都能在有限的时间内被提到，并且在最后还能留下一点讨论的时间。

（2）目标。

那些总有要事缠身的人总是很想知道双方的目的地是在哪儿，以及会面的主题和应该关注的部分是什么——你要做的就是直奔主题。但是记住，在你的目标与别人的利益之间必须有明显的相关性。

（3）议程。

用简单、清晰的语言来表述你的议程内容，让听众知道讨论的环节和重点。只给出精华部分，无须赘述。

（4）激发听者的兴趣。

要激起他们听你说话的兴趣，你必须投其所好，满足他们的利益。在你介绍一个想法、一种产品或者一系列问题时，你需要知道别人主要关心什么内容。

省钱？

获得更多的利润？

工作效率更高？

提高产品质量？

公共关系？

产品认知度？

在员工中或市场上获得新的影响力？

开发新产品或新方法？

职业生涯的发展？

企业的成长？

创新？

所有这些都产生了一个核心动机，不管对方是否同意你的观点，至少会促使他们听完你的发言。你的发言中只要包含其中任何一个就足以抓住听众的注意力。

2. 先问后说

在你主动地提供所有的解决方案或者产品之前先询问他人，问他们需要什么、期待什么、反对什么或者在哪方面有问题。这时，你的角色则变成了一名毫无威胁的、积极的合作者。

为了能让对方在一开始就全身心投入，为了保证你说的每个想法都符合对方的意思，不要刚坐下就想着要做一笔大买卖！先顺顺胸中的那口气，会有机会的。欲速则不达！而且你单方面、不顾及对方的推销方法则会增加推销的阻力，也无法让你的推销显得独特。

正确的做法是通过提问来吸引听众的注意力：

先提出你的基本观点，然后停顿一下，问："这个想法听起来如何？"或者："这里有没有你曾经考虑过的问题？"

提问："在经历过××事情后你有怎样的感触？"或者："你认为你在××事情上碰到的最大问题是什么？"从他们的回答中你可以了解到来自他们内心的需要，一些你觉得你能够予以满足的需要。

这种套路要比常用的推销方法更为有效。而且，对方的回答通常都直接反映了顾客的兴趣所在，你可以立刻知道应该改变和调整哪个环节的方法。

（1）展开对话。

提出一个问题："你有没有注意到这种趋势的相关消息，或者在市场上出现的某些变化？"你也可以先引用一段统计资料和你从别人那儿得来的观点，然后再问："你在日常工作中有没有见过这种情况呢？"

倾听对方的回答，然后再将你的想法或产品纳入讨论的范围，并向对方证明你所呈现的内容代表的是这个市场的最新思维。这表明你不仅在某个特定的主题上有很深的了解，而且你对整个领域的专业知识有广泛的接触。

现在你已经完全将自己和对方紧密地结合在一起了，你对他的了解也更进了一步。你已经准备好对他做更深入的介绍和解释了。

接下来的一些观点是关于如何让你的解说或陈述的内容清晰明了，更为引人注目。紧接着我们将了解到一些具有正面效果的行为反应方式。

（2）条理清晰、结构严密。

你不能只顾自己说个不停。

在你用语言来表达你的想法的时候，我们这些听者需要一种高度结构化、视觉化的方式来感知你的思维已经到了哪儿，即将往哪里去。在一开始你就已经向我们指出了你的议程，而现在，你就应该一个阶段一个阶段地提醒我们你已经说到了哪个部分了。此外，在每部分结束后还应该进行一些讨论。

大段大段的谈话无法做到这一点，但是提纲挈领式的演讲却可以。你可以运用标题和弹出标题。如果你在演讲介绍时不是以富有逻辑、有序的样式来呈现材料的话，要让听众保持注意力集中是绝对不可能的事情。

（3）以概述统领全篇。

你的产品或观点是怎样的，它能发挥什么样的作用？在进入下一个环节深入了解它们的细节之前，我们都需要对这些基本思想有个总领全局的了解。

你应当以时间先后的逻辑顺序来思考，对于听众渴望获得的信息，应按照需要的迫切程度进行排序。你是怎么安排各部分的先后顺序的？在进入下一部分之前，我们首先需要知道、理解、认同哪些信息？

（4）以弹出标题的形式呈现事实。

将你要呈现的数据用只言片语表达出来，列成一张表，并标上序号。这种简洁明了的形式可以让人们真正去聆听、去关注，还能帮助他们去想象和记忆这些事实和解释。

（5）"呈现"你的想法。

在演讲过程中加入视觉信息不仅能够吸引听众的注意力，还能增加表述的清晰度。我们很难在头脑中形成从未看到过的事物的形象，而且，为了估计这之后的行动（你提议进行的改变）以及益处，我们必须以一种客观的态度看清楚这之前的行为（现在的状况）。

你不仅可以预先准备好视觉演示和图像材料，还能运用一些小手段在演讲过程中即兴制作视觉材料。

比如说：如果你试图向别人介绍一种运送某种货物的新方法，不要只用口头描述这一种方式。

在一张黄色的便笺条上绘制一幅图表。这很容易就可以做到，但它还是有局限性，因为它是二维的，看起来平淡无奇。最好能够使用桌面上的任何物体，如水杯、回形针、钢笔。在移动它们之前先要征得物品所有者的同意。一件物品就代表了计划的一个方面，移动它们就演示了事情的前前后后。

这就利用了三维和动态的优势——而且更具有创造性。不仅如此，你的听众也可以移动这些物体来发表和提出他们的看法和问题。在演示完成之后你还可以继续移动它们提出不同的可能性，不断地进行调整。

这种方法不仅简单明确，而且非常生动活泼。最重要的是，它让其他人也参与了进来——这就保证了听众对你的话题的兴趣和投入。总而言之，这是一条十分新颖的讲故事和让别人理解你的意图的途径。

你也可以提供：

制成品或系统操作的图片资料。

产品的演示。

对比在使用你的产品前后的差异的演示。

具体的例子是帮助人们去理解从未见过或用过的事物的关键。

（6）建立信任。

呈现你推销的物品时，面临的主要问题就是对方的怀疑。他们当然会认为你会吹得天花乱坠，但是当你呈现来自没有利害关系一方的客观证据时，他们又会有怎样的感受呢？

"我并不指望你会相信我说的话，但是你一定要看看《××日报》上关于这个新趋势的论述。"或者"××公司的CEO在××××商学院做演讲时所说的有关这个新趋势的内容，他的这段话让在场的每个人都颇为震惊。"或者"×××就这个别具一格的想法进行了一项调查，结果是……"

由可信来源提供的证据远远比从你口中讲出的话更让人印象深刻。展示和叙说你在其他方面的成功经历，并引用那些对你的产品表示满意的顾客的话。

（7）可以随身携带的材料。

你要尽可能避免多说话，不要展示太多的细枝末节，你只需制作一个里面装有产品简介和相关业绩记录的美观的便携袋即可。在袋子里装上产品的获奖证书、一些有关产品的剪报，还有一些特殊的细节，比如说启动资金和运作资金、支援系统以及产品的照片等等。人们习惯在你介绍完之后才开始思考和讨论，而且，他们需要一些能拿在手上的材料来帮助他们思考。

3. 成功的交流：对话

在今天这个靠自己搜集信息、讲究主动的社会里，听众的参与成了交流的重中之重。自说自话、一个人滔滔不绝是非常不切实际的举动，在如此近距离的一对一的会面中尤其如此。并且在交流的时候，你还要知道你的信息最终有没有传递出去。所以，当你想知道你的交流是否出现异常以及你还需要补充其他什么内容时，反馈就显得十分有必要。

（1）展开对话。

你在介绍观点时应该在第一时间跟对方说："我先谈谈我的一些想法，然后再听听你对此的看法。"

两个人之间的对话和意见的交换不会这么简单就发生，这需要你用自己的力量去实现——特别是在每个人都在等着别人首先问话的时候，一定要主动。

如果你正在推销或介绍某个新的观点，但是却没有事先对事情的进展进行预测，那么你很有可能会在达成目的之前跌个大跟头。因为你在应该右转弯的时候却往左打方向盘了，或者你压根儿就不知道接下来居然要转弯。要避免这种情况的发生，你需要的是听众的投入和双方的互动。另外，你还要找准自己的节奏，注意自己说的时间是不是太长了。如果是，暂停叙述，转而问对方一些问题，这时一定要专心地去听对方的回答。

（2）倾听。

你知道吗，我们都有一个很可笑的习惯。我们是想倾听，但是我们又痛恨沉默——也被称作"静默"。开始的时候我们还会仔细地去听，一旦我们认为自己已经掌握了对方的意思和意图，我们就会在对方发言还没有结束的时候形成自己的回答。我们听了一半、漏了一半，错过了消化吸收、全面考虑对方所说内容的机会。

我们满怀热忱，希望用自己的语言迅速地形成最终的回答，但结果却总是回答不到点子上。不仅如此，我们还错过了不少可以帮助我们形成观点的线索。

所以，为了促使自己听完对方的发言，你可以试试下面的这些方法：

其他人说话时你可以前倾身体，和对方进行一些眼神交流。

核实一下，确保你理解了对方的话。

把对方回答的结尾部分或者陈述中的关键词作为你发言的开场白。

可以说"你刚才说的那些内容"——让你的回答和对方的发言建立联系。这么说对别人也是一种恭维——证明你听得很仔细。

可以说"听了你的想法，很有趣。我要花点时间思考一下，然后再给你明确的回答"。

注意一下他们在听你说话时的表现。他们也和你一样全神贯注地在听吗？他们看起来是不同意你的观点，还是你说的话让他们感到困惑？如果有问题，立刻把它解决了。

（3）考虑他人的想法。

给予每个观点以足够的信任——我们往往因为不是自己的观点而拒绝接受。"他没在听吗？""她就关心这些内容？"因为你在自己的主题上花了很多时间去思考，所以有些问题在你看来很简单，但对别人来说，这些问题却很费解。

因此你应当先保留自己的意见。你真正的目标在于迅速解决他人提出的那些问题，如果对方对你的解释还是一头雾水，可能是因为你的解释还不够浅显易懂，这其实是个警报，提醒你把这部分内容再强调一遍。

（4）对疑问进行评论。

"我知道了，这个问题对你来说非常重要。你能告诉我，真的很感谢。就让我们先把注意力放在这个问题上。"

你要非常清楚地意识到对方的疑问背后所隐含的主题和方向。你针对疑问所作出的评论不仅要让讨论顺利地进行下去，还要鼓励对方对你的演讲做出更加直率的反应。对方为了参与到交流中，必定也准备了一些计划，而你则应从对话里发现这些隐藏的计划，这些信息在接下来的对话中将大有作为。

（5）让对话继续下去。

在你按计划结束一部分的介绍时，暂停一下，观察对方的反应。在呈现完一个项目后，你要及时地解决已经暴露的问题，不要等到最后的问答阶段才着手解决，因为一点儿小问题就会让交流的过程出现偏差。而要想在过程中陆续解决掉所有的问题，你必须和对方保持一种对话的状态。如果你打算一口气把话说完，那我建议你可以不用参加这次会面了。如果你在交谈时无法让所有人都参与进来，你的听众将会失去对你的兴趣。

（6）知道什么时候该结束。

要知道什么时候你的意思已经表达充分了。介绍，展示，探讨，解答一些疑问，解决出现的问题。然后，进入下一个阶段。

处理难题、争端以及负反馈

无论你在交流上有多么好的天赋，只要你在交流，肯定会出现问题。一般来说，我们会碰到的问题有消极、敌意、非难、厌烦、疏忽和推销阻力。注意，一对一的会面不仅只跟推销有关。以下这些是会面发起者常常会面临的问题。

1. 如何批评

批评操作起来难度很大，有时却又必须要做。我们大家都应该记住下面这句话：

批评的目的是弥补过失。这意味着批评其实是为了建设，而不是毁灭，它带来的应当是积极的，而非消极的结果。

为什么批评如此的困难，为什么没人愿意批评别人？"我不想伤害别人的感情。"这是最正当的理由。

当你告诉人们，你并不满意他们的工作情况，这不可避免地会伤害到他们的感情和自尊。但是为了纠正错误、解决问题，你又不得不告诉他们。

（1）我们最常做错的事情。

我们常常会以斥责开始我们的批评："你看看你干的好事！你心里都在想些什么？"

斥责和针对别人的评判解决不了任何问题，只会产生负面的结果。斥责击碎了我们的自信，甚至会削弱我们纠正错误的能力。

只有痛斥别人的人才会从斥责中得到满足。痛斥并不能让对方吸取教训，只会激怒对方。

我们的心情已经很沉重了，无力去辩解，感到自己的无能，根本就不用在我们的耳边一遍又一遍地提起。在这上面死缠烂打只会使我们更加倾向于保护自己不受伤害，如此一来，抵触情绪一发不可收拾。

痛斥往往会麻痹人们的神经："改正错误有什么意思？我本来就是个笨蛋，这种事情到我手中肯定要出问题！"

最值得注意的是，对人不对事的做法让问题的解决偏离了正轨。没完没了的批评和痛斥会让人产生下列想法：

我的自尊在你的斥责声中几近崩塌，在你眼中我就是个一无是处的傻瓜，我拿什么来面对接下来的对话？我还会有相信自己能够解决问题、做得更好的自信吗？

（2）创造性的批评。

人们总希望别人能非常肯定地告诉自己，他们完全有能力把问题解决。所以，你既要把责任明确，但又不能对出现问题的当事人做过多的谴责，这确实需要一点意志力和对当事人的体谅。

如果你不得已去批评某个人的工作或行为，那么这里有些方法可以让你以一种很有建设性的方式做到这点，最终得到你想要的结果。

①在你批评别人之前。

想象你就是下面某个场景中受到训斥的那个人。

你是个 10 岁的小孩。你的爸爸走过来生气地说："你说你把垃圾倒了，就是这么倒的？"

你今年 8 岁。老师严肃地问："你就是这么做家庭作业的？"

一名交警看着你的眼睛说："告诉我你刚才的车速有多少？"

这是你第一次参加应聘。面试时人事主管冷冷地说："从你的简历上我找不到任何可以说服我录用你的理由。"

你的老板身体前倾，越过桌子对你说："你来告诉我，我该怎么收拾这个烂摊子？"

花几分钟时间，体会这种受人责备的感觉，这会让你以一种全新的态度来对待批评。

②就事论事。

我们常常被自以为是的心态迷惑，失去自制力，无所顾忌地抨击当事人，却把问题搁在一边："这就是你的工作成果？只有对工作漠不关心、粗心大意的人才会把事情搞成这样！"

你可以试试这么说："你的工作确实存在一些问题。怎么回事？问题出现的时候难道就没有注意到吗？"

你这么说便把焦点转移到了问题上——如何才能避免错误再次发生。

③采取不追究责任原则。

只要把做错的地方讲出来，以务实的态度来讨论问题还是有可能的。像侦探那样，回到出错的那一刻，找出错误发生的原因，然后改正它——如此便可以保证下次不会再犯同样的错误了。

④在指责他人之前。

在指责他人之前应先弄清真相。当人们因为某事受到指责，但这件事并不完全是他们的过错，这时，他们一般都会极力地保护自己。接着，他们只是一心想维护自己的利益，寻求公正的对待，至于谈话的其他内容则一概充耳不闻，更不用说去解决问题了。所以，一开始的提问要尽可能轻松、随意，不要带有责问的语气，这样才能深入事实的真相。一旦了解了事情的来龙去脉，你就可以着手解决问题了，你还可以针对具体的人和事发表你的评论。

a. 肯定他人积极的一面。

在谈别人的过错之前先说说他们做对了什么。

"你的那篇文章写得不错，短小精悍、简明扼要、言之有物，文笔也不错。现在让我们一起来看看你的文章还有没有可以进一步改进的地方。"切不可如此直截了当地说："你的这篇文章不行，有问题，需要修改。"

如果你能在批评之前先肯定对方好的一面，人们更有可能卸下心头的防备，虚心接纳你的意见。他们从你表扬的话中至少可以听出这两层意思：你并不是怒不可遏，而他们也不是一无是处。而且，你还给了他们纠正错误的动力。

b. 说得具体一点。

"温迪，你的那个报告交得还算准时，但是整个报告让人感到很乏味、没有说服力。改短一点，在里面增加些趣味性。"这样的做法有什么问题？

这样的批评让温迪如何是好？什么叫"趣味性"？怎么才能让报告更具"说服

力"？要改多"短"？

对她来说，她会觉得自己所写的每句话都同等重要，你让她去掉哪一部分？此外，"还算准时"怎么听都不像是称赞的话。

批评意见如果太过笼统、不具体，几乎等于没说，没有什么帮助。它不能使人明白应该如何改正错误，只会让当事人觉得情况很糟，认为自己无法胜任这份工作。除非你能在批评的时候对错误进行具体详细的分析，否则错误很难得到纠正。

为了帮助他人解决问题，你应该明确你反对什么，以及你处理问题的方法。详细指出需要改进的地方：哪些句子没有说服力，哪些部分应该删去，你有什么好的建议和选择提供给她。你的建议可以使温迪精力充沛、思路清晰，让她带着很强的目的性去完成她的任务。

在你反对对方时一定要给出你的反对理由，这么做是为了保全对方的脸面。比如说："温迪，总体来说还行，就是有点长了，要让听众始终都全神贯注恐怕有点困难。也许，你看这里，你可以把相关背景这一部分删掉，开门见山。然后再加上几封顾客来信，这样既可以避免人们转移注意力，又可以增加说服力。你觉得呢？"

当然，这种方法要求你在温迪来之前就要花些时间，在你不满意的地方标上记号，并做些修正。

c.向其他人寻求解决方案。

试试这么说："王守明，看来这样子是不行了，你觉得怎么才能解决这个问题呢？有办法吗？"

你可能觉得你知道解决方法了，但是，如果你真的想解决问题，你就应该让其他人也参与进来。他们会加倍努力地去完成这件事情，从最了解整个问题的人那里你也许会发现更有效的解决方法。

2. 如果你是受到批评的人

没有人喜欢被批评，也没有人喜欢被人发现自己某些方面的不足，我也一样。但它却无视人们的感受，总是发生在你我身上，特别在你工作的地方，你的产品总要受到他人的评判。如何应对批评，如何在这个过程中重拾自信，我有一些方法与你分享。

（1）倾听别人的意见。

不要急着找避难所将自己保护起来，如果你想为自己辩解，你所面临的只不过是谁对谁错的争斗，如果你是为对方工作，那你必输无疑。所以，你要学会沉默，先听别人说完，让批评者一吐为快。在听的时候你要注意两件事情：

别人说了什么？说话的方式和语气是什么样的？

你要从批评的话语里察觉到对方对这件事情严重性的看法，根据具体情况做出恰当的反应。

（2）不要一味地反驳和辩解。

"这是有原因的"或者"不是你说的那样的"会将你置于一个非常弱势的位置上，通常还会让你成为敌对的一方。弱势是因为你来这儿不是给老板挑刺的；敌对则是因为你说他批评你是不对的。

有一点你要认清，如果你受到了批评，肯定不会是空穴来风，一定有什么事情出了问题。所以要严肃地对待批评，而你现在的责任就是找出到底错在哪里，如何才能弥补过错。这样你就不会再试图辩解了，而是把它当成一个任务去完成。

（3）弄清楚解决问题的方法。

对于负反馈，我们的反应确实很快，我们通常会采取置之不理的策略，因为那些话听起来让人十分痛苦。但是弄清楚问题的所在以及上司生气的原因是非常重要的，所以你不得不留意上司说的每一句话。

（4）要求检查进度。

你一定要知道他们不喜欢你的解决方案的哪一部分，还要知道如何才能解决问题，如何提问，如何保证万无一失。

"我打算这么做，你认为如何？这样可以解决吗？我会按照你的要求重做一次。我想在这次完成之后，再到你这里核实一下我的做法是否符合你的要求，可以吗？"

你的这些话表明了你想解决问题的坚定决心。如果在你可能继续犯错之前去检查确认你现在的做法就是上司所希望的那样的话，那么即使做错了，你也不会再受到指责，所以你这么说是在保护你自己。

（5）感谢别人。

接下来要谈的这个做法所产生的效果非同一般。在你离开的时候不要一副一蹶不振的神情，你应该说："谢谢你这么坦诚地对我。刚开始我感到很沮丧，谁都不愿被别人说办事没效率。但是，你给了我弥补过错的机会，其实我很想把事情做好，你的批评让我进一步了解了你对这个任务的具体要求。下一次再做同样的事情时我就知道了。"以一种非常积极的态度结束谈话不仅表明了你的坚强和虚心，而且还让你的上司的心情大为舒畅。毕竟，没有人真的愿意去批评或被批评。

3. 应对愤怒和敌意

最难对付、也最令人生畏的负反馈恐怕非敌意和愤怒莫属了。

我们都体验过自己以及别人的愤怒和敌意，既然体验过那就应该知道，这两种情绪都不怎么讨人喜欢。你的经验可以帮助你了解人们产生这两种情绪的原因，知道了原因你才能更好地对付它们。在工作中，人们发怒多数是因为：

感到自己能力不足，或者受人误解或被出卖。

工作效率低。

自己的想法和言论得不到关注和认可。

自我保护。

感到气愤、嫉妒、害怕或受到威胁。

你在某个岗位上兢兢业业，或对某个想法倾注了自己的全部感情，但却没有人理解，甚至还常常遭到他人的冷言冷语。

以下是我总结出来的具有建设性的解决方法。

（1）我们最常犯错的地方。

对付愤怒和敌意最重要的一步便是：

一旦发现就立刻挑明：它就在那儿！

但是我们通常不会这么做。我们总想把它忽略掉，希望它会自动消失。这是因为，如果怒火是指向我们的，我们会感到十分不安和焦虑，这个时候，第一道防线就展开了，我们会假装对方的情绪根本就不存在，这么做的原因就是我们不知道该如何面对或平息对方的怒火。

在商业场合，拥有更多权力的一方赋予自己随时随地表达愤怒和敌意的权力，而他的下属却一无所有。但是，你就应该静静地坐在那里忍受这一切的发生？最好能找到一种方法消除对方的愤怒，这样你就可以回到一种相对平等的关系上来，从而对最终的结果产生有利的影响。

（2）对付敌意的技巧和方法。

当你面对着消极、充满敌意或者态度蛮横的人时，要想战胜人的本性，保持内心的冷静和理智真的是件很难的事。但是，如果你打算扭转局面，你就必须保持冷静和理智。

①深呼吸。

人非圣贤，孰能无过。我只希望你抓住其中一点或两点，尽量做到：

从对敌意反应的震惊中恢复，重新保持镇定。

意识到发生了什么。

你是不是很想举起拳头揍他一顿？你要彻底控制住这种本能的反应。

"这是我的错！我刚刚做错了什么事情？"这种反应你也要遏制。

非常想知道发生了什么事情让对方充满了敌意。

事实上，你现在所处的位置对做这些事情来说非常有利。因为你一切正常，是其他人的情绪失去了控制。你依旧保持着冷静的头脑，一心一意地向对方出售你的观点。所以，深吸一口气，把你的语速降下来，并开始思索。

②看到什么就把它们说出来。

人们试图消除敌意时犯下的最不该犯的错误就是假装什么都没发生。如果你还是很开心地继续做自己的事情，可能会给人留下两种印象——要么是你还没有控制它的能力，要么是你太迟钝、太愚蠢，根本就没有注意到对方的情绪变化。最重要的是，如果没有及时发现、及时处理人们的愤怒，他们的怒火不但不会消去，反而会越烧越旺！

③承认愤怒的存在。

在商业场合发怒很容易就会让你名誉扫地、颜面尽失，因为你是当着很多人的面表达你的情绪的，你的行为完全暴露在众人的目光之下，而且明眼人一看就知道你的情绪已经失控了，很难再有所掩饰。

这其实并不是我们中的任何一个人希望发生的，当我们处在一个非常职业化的场合中时尤其如此，所以我们希望有人能伸出援手，拉我们一把。这时你能做的最恰当的事情就是辨清愤怒并承认它们的存在。但是请注意，你只需把你看到的事实客观地陈述出来，不要凭主观推断，就像这样：

"我发现你对此的反应特别激烈"，或者"这段材料似乎唤醒了你的真实感受"，或者"刚才我们讨论的部分内容好像让你很不愉快"，或者"你似乎对另外一个观点情有独钟"。客观地指出这一切——不发表看法、不添油加醋、不妄下断言——只是将你亲眼见到的情况陈述出来，有一说一、有二说二。在继续之前，你需要完全集中你的注意力。

在你承认他们的愤怒之后会发生什么？

真实的情况是这样的：对方慢慢地冷静下来，并向你解释原因。正因为你问了，所以他们才有台阶可下。在他们的火气慢慢消退的时候，你会听到像这样的一些话：

"是的！你难道就没意识到……"或者"你仔细观察一下市场，你觉得这么做可行吗？"或者"我们两年前就已经这么尝试过了，结果非常糟糕！"

人们在怒火中烧、情绪失控的时候，最需要的就是一条可以脱身的退路。这是因为他们已经意识到无法控制自己了，但是他们为了冷静下来、心平气和地交谈，又必须把自己心里的话表达出来。

④揭露问题。

你已经为对方打开了一扇门，接下来你就等着真正的问题现身吧。等对方发泄完情绪后，你就可以开始仔细地思考在他的异常反应下隐藏了怎样的想法？真正的问题或障碍出现在什么地方？

你给了对方一条从敌意的情绪中脱身的途径，并帮助他们挽回了面子。让他们说，你来听，看看究竟发生了什么。是什么让他们如此愤怒？他们谈到的第一件事情是什么？询问一下有关这件事情的相关情况，然后让他们继续。从这些交谈内容中你可以了解到你所展示的信息是如何威胁到或激怒他们的。

⑤对你的帮助。

如果对方怀有敌意，他们是不会用心听你说话的！你的陈述、你的推销以及你的辩解都如同石沉大海。因此，你继续装作若无其事一般又有什么用呢？还不是在浪费时间。

在抓住了隐藏在表象背后的事实之后，你就可以立即动手解决负反馈产生的基础了。除掉了最根本的因素，问题也就迎刃而解了，或者，你在事实的引导下了解到还应该满足对方哪些需要才能产生积极的结果。从现在起，你可以在一个更加积极的环境中消灭阻碍你们交流的各种障碍，而对方也能以一种更为包容的心态听取你的意见和想法了。

4. 发现真相

人类的行为反应通常都是可以预测的。比如说，面对面交流的时候要想从别人口中了解到真相总是很具有挑战性。想一想当你说下面的这句话时别人会有什么反应："听着，我想知道实情，请告诉我。"

如果你是掌权者，任何一个地位不及你的人都会像这样过滤你的问题：

他为什么想知道这件事情？

他知道了实情后打算做什么？他还会告诉其他人吗？

我应该透露多少内容？他需要知道多少事实？

我说了对我会有影响吗？会伤害到别人吗？

如果你正试图向客户推销你的产品，客户往往不做正面的答复。一般来说，人们不喜欢拒绝别人，如果是当面交谈，那就更不愿这么做了。他们会非常茫然地一笑，然后跟你慢慢地耗时间，让你的如意算盘落空。过后，他们可能会隔一段时间打电话拒绝你，也可能通过电子邮件来让你死心。

尽管有些人能够非常直接地给你"是"或"不是"的回答，但是听到"这很有趣"或"哦，我以前从来没考虑过这个问题"这样的话其实并不能给你想要的答案。

那么，如何才能让人们和你坦诚相见呢？

（1）如果你是掌权者。

如果你想要解决问题，或者改进效率低下的体制，那你就得明白每个人都想保护自己不受伤害，都不愿搬弄是非。所以，我们必须采取一些手段才能在不让人感到受到威胁的情况下有效地获取到事实的真相。

①预测对方的反应。

在你开始搜集信息之前，应该先澄清事实，并以下面这种方式让对方大吃一惊："我想从你这了解有关这件事的实际情况。所以，在你来之前，我就一直在想，如果有人让我谈这件事我会有怎样的感受。当时我就觉得我的回答肯定是非常小心谨慎的，你也应该是这种感觉吧。"在开始时突然冒出这么几句话表明你非常善解人意，可以让对话在更为轻松的气氛中展开。在对方接收到你传达的信息之后，你就能够消除他们心中的害怕、抵抗和对"搬弄是非"的担忧。

②告诉对方你想知道的内容和原因。

你的目的关系到对方是否愿意诚实地回答你的问题。只要你列举的理由对组织或对在座的各位有帮助、有价值，或者可以为同僚们带来利益，你的这些理由就已经让他们具备了说实话的动机。如果你的问题牵扯到同事，"忠诚"也是你需要考虑的内容之一。员工之间一般都很团结，所以并不需要使用手段。

"在带领团队进行这个项目的时候碰到了一个问题。我不可能时刻都关注着你们每天的工作，所以当项目的进展受阻时，我需要你们帮助我一起解决问题。有了你们的帮助，工作才会更轻松，我的压力也会减轻。"

这是一个让人信服的理由，有着明确且客观的目的，最终的结果对组织也很有利，因此它能够促使大多数人参与到这场讨论中来。而且，连项目负责人都向他们求助，让他们觉得自己非常强大。

③告诉对方他们的答案有何用途。

听众很想知道你搜集这些信息是为了干什么。告诉他们你的想法，并且保证不将他们的回答透露给第三人——你说到了就必须要做到，如果觉得无法保证，那就不要轻易许下这个诺言。要得到别人的信任不是件容易的事，而失去它将是致命的。

④通过引导帮助你获取信息。

"关于这个问题，你应该有不少东西可以告诉我吧。你一直都在忙这个项目，就让我们从这儿开始吧。"

你可能会要求对方把知道的内容全都透露给你。但是，相比之下，有目的地引导对方进行系统的讨论所获得的信息更为可靠。你不觉得让对方在迷惑和犹豫中挣扎非常危险吗？当你从一个方向突破时，可以一直深究下去，直到你查出更为详尽的信息，或者，你也可以转移方向，另寻突破口。

⑤如果你没能获得你想要的……

就这么和对方说："你刚才说的那些东西对我帮助很大，但这点我还是不太清楚。也许我们可以从另外一个地方开始谈起。"

告诉对方讨论中碰到的难题以及没有弄清楚的地方，保证对话大门的开启和内容的真实性。请注意，不要用盘问对方的语气去交流，这么做很可能会失去对方的信任，导致你无法获得更多的信息。只需说明你需要哪些信息即可。

⑥表达你的感激之情。

要知道，你要求的事情对他们来说真的很难。他们和你分享了他们自己的观点，对此他们心中多少有点惴惴不安。你应当再三地感谢他们帮助你走出困境："其实我也知道要求你这么做让你很为难，而你却这么坦率，让我很感激。你的坦率对我帮助很大。答应我，这件事只有你知、我知，可以吗？你的好点子可真是帮我解决了一直困扰我的大问题了。"

（2）如果你是一名局外人。

经过了周密地计划、精心地准备，现在，你要把你想说的话和盘托出了。你应该怎么做？对方在想些什么？要做成买卖，我应当从哪里突破？

①停下来问。

"到目前为止你对此有何看法？"这么问，你可以从他们那儿得到"满意"的回答，他们认为这就是你想要听到的答复，含糊不清、一带而过："哦，我觉得这很有趣。"或者"嗯，值得考虑。"

你从这些回答中得到了什么信息？他们喜欢这个想法吗？还是讨厌？认为太荒谬？太昂贵？太困难？谁知道呢？你没有得到任何有用的信息，因为你的问题本身就太含糊了，而且你也没有给他们足够充分的理由来回答你的问题。

换种方式提问："刚才一直都是我一个人在说，说一些我深信不疑的事情，我先暂停一下，看看你对此有何看法。请告诉我，这个点子（产品、服务）有没有触及到你们面临的核心问题呢？如果没有，你认为哪些内容对你是有帮助的，又有哪些是毫无用处的呢？"

②观察对方的身体语言。

在对方回答你时你看到了什么？身体语言是否配合着说话的内容？如果坐在你对面的客户在说"不错，挺有意思"的时候视线却看向别处，或者到处张望，你最好能够进一步追问下去。对你的观点真正感兴趣的人会挑起眉毛、斜着脑袋看着你。如果他们的眉头紧锁，这又意味着什么呢？

③追根究底。

"在你的工作中有没有碰到过和这篇报道类似的情况呢？"问话一定要具体，具有针对性，这样的提问要一直持续到发现怎样的方法对你的客户是无效的为止。你还应在对话过程中观察哪些话题是无关的，哪些是有益的，哪些还没被对方理解，哪些符合对方的需要。

④解释，然后确认。

发现对方无法弄清你的意思的时候，你要立刻调整你的材料来满足他们的需要，消除他们的疑惑。由于你对材料的掌握已经炉火纯青了，所以变换一下叙述方式或者把先前的立场推倒重来也并不是什么难事，真正的困难是你要接受事情无法像你所希望的那样发展的事实。你要把这个问题撇在一边，专心地为你的潜在客户答疑解惑。

你必须要小心，不要把你对别人的恼怒表现出来——声音里不要带着怒气，要放慢你的语速。想一想："我该如何将这个问题解释清楚，怎样才更贴切？"把你的挫折转化成向目标迈进的动力。从始至终你要不停地问："这是你想要表达的意思吧？"

⑤表示感谢。

一定要对人们的坦诚表示感谢，即使对方的坦诚让你受到了伤害。对于他们来说，与你坦诚相见需要付出很大的精力，甚至是勇气。所以，既然你要求别人说真话，那么当你听到真话的时候一定要留意，还要知道去表达你的感激，即使你并不喜欢对方的言论也应该这么去做。这时，你可以换一种推销方式，以一种愉快的心态继续推销你的产品。

即使情况不是很妙，你也可以通过把话题引到你熟悉的内容上来维持互相之间的关系。也许你可以改天再来，到那时，你就可以把准备好的更能满足客户需要的产品或点子拿出来展示了。告诉你的客户你讨论的内容是多么有益，而你现在对他们的需要又有了更进一步的了解。另外，别忘记微笑！

对会面进行总结

高效地对一场会面进行总结看似简单，实则不然，这才是真正的薄弱环节，也是最容易处理不当的环节。讨论的结果、行动的方案和最终的解决方案常常无法得到确认，人们带着模糊的，甚至是错误的观点结束会面。

也许是因为会面快要结束了，人们在心理上放松了不少。也有可能是你并不想准确地知道这次会面有什么成果，或者你们都不知道双方下一步应该怎么走。

无论哪一种情况，都需要补救。

以下便是结束会议的 4 个步骤：

（1）重述要点，澄清事实：刚刚讨论了什么内容。

（2）解决悬而未决的问题。

（3）决定下一步行动。

（4）后续：以书面方式确认。

1.重述要点，澄清事实

"让我们重新回顾一下我们的谈话内容，总结一下，确保我们的观点没有出入。"这听起来没什么复杂的，但是很多人都记不住要走这一步。

它的重要性不言而喻！尽管说的是同一件事情，但是我们不可能听到同样的内容。我们只会关注我们想知道的部分，而不想知道的那一部分我们会充耳不闻。不要以为你说了出来，你的想法就能成功地在别人的头脑里着陆。双方来到这个会面场所，心里都打着自己的算盘，他们有各自的议程安排、现实需要和自我保护的保护层。双方关注着不同的事情，都以为自己说的话做的事才是正确的版本。

这也就是为什么总结陈词阶段如此重要的原因。

（1）如果你是会面召集人。

有条不紊地进行总结陈词。从最初的议题开始，从头到尾回顾议程表，核对你们讨论过的每一项。

你们双方都做出了怎样的决定？

有哪些问题意见不一致？

问题解决了吗？怎么解决的？

（2）如果对方是会面召集人。

如果对方忘了这一步，那么你就要主动进行总结，这么做的目的是为了澄清并更好地理解你们会面的成果。

2.解决悬而未决的问题

（1）如果你是会面召集人。

现在是你一锤定音的好机会。你们两方面都有可能在会面结束时留下一些悬而未决的问题。重述要点的最大好处就是发现还有哪些问题没有完成。

①完成未完成的事。

你们现在都能静下心来，把精力放在同一个问题上，因为问题大都在会面过程中得到了妥善的解决。还有，因为你们已经解决了大部分问题，所以现在达成一些妥协也不是什么难事——表示你们希望整个项目都能向前发展。

②如果会面进行得不顺利。

把注意力放在你们已经达成共识的议题上！尽可能挽回一些不利局面，至少要顺利解决一些问题，不要因为最重要的问题没能得到解决而感到苦恼。这时，你就要表现出一些灵活性，把关注点转移到未来的可能性上面。结束会面时应该让双方都有一种感觉，你们是能够合作做生意的，而不要在失败的气氛中离开。

（2）如果对方是会面召集人。

在总结陈词的这个阶段，你一定要争取发言，不要只是点头称是。有些时候，这一步是发出制胜一击的绝佳时机。当大部分问题都已经解决，只剩下一小部分还得不到确认时，把这一小部分再次提出来。这时已经和第一次谈论有了一段时间间隔了，如果当时是因为争论太过激烈的原因而没有达成共识的话，那么现在，大家都冷静下来了，重新考虑这个问题也变成了可能。

这里还有另一种重新展开讨论的方式："你看，这部分还是让我很困惑。也许我们可以从这个方面来讨论它。"或者"我还是不能完全明白，从现在开始我们的目的是什么？"然后，尝试以一种决定性的方式来解决问题，不要在一个问题上纠缠不清。如果问题陷入僵局，那就让它去吧。留得青山在，不怕没柴烧。

任何事情都不要以"也许"作为回答。它不是个答案，而是个陷阱！

正如卡洛尔·海亚特在《女性的新推销游戏》一书中所描述的那样："'也许'是在推诿，在敷衍。除非你将它定义成确定的'是'或者'否'，否则，它就是一个没有任何意义的回答，这样的回答会让你一事无成……对待'也许'的最佳方式就是在你可以不说它的时候不要说它。"

现如今，"也许"有时只是人们在等待即将到来的结果或赞同时找的借口。在这种情况下，你必须为何时做出决定制订一份时间表。

海亚特建议：

"也许我们可以在几个月的时间里完成这件事情……这给我们双方都提供了时间仔细考虑我的提议。让我们约定到时再会面一次，那个时候再下结论。"

你瞧，这就意味着游戏还没结束，合作还将继续。但是你一定要意识到在"也许"这个地狱边缘徘徊的危险性，只要你明白了，就一定会把"也许"变成"是"的。

如果你在推销，海亚特建议要有针对性，说得更具体："你在考虑还有什么其他选择吗？你觉得还有谁能够满足你的需要？"或者："也许我能帮助你做出决定。"让你们重新心平气和地进行讨论。

无论是什么事情，都要采取积极主动的措施帮助犹豫不决的人。永远不要接受"也许"这种回答，但是你要清楚地知道什么时候应该在某个问题上放手。达成整体协议的重要性几何，哪些问题可以等待另外的机会，又有哪一部分问题现在就可以解决，这些疑问都需要你经过权衡后才能做出决定。

3. 决定下一步行动

同样，这个阶段也应有条不紊地进行。解决的问题：现在，什么事情该由谁去做；在这之后，该由谁去做什么事情。你们每个人现在应该做什么？时间怎样安排？这些内容在你们讨论的时候就应当记录下来。记笔记可以让你们的决定更直观，不要相信纯口头的结论。整个过程应该像这样：

你：

"我做 X，你来做 Y，如何？"

"我会在周四前完成它。"

"你把那些还没完全定下来的项目送到我这儿来。"

"我们要在 4 号之前让大家都了解这个决议，对吗？"

其他人：

"在我们进入下一步之前还需要获得 ××× 的认可。你认为何时去办这件事比较好？"

你：

"我尽量在这个周末前搞定它。"

其他人：

"我的时间只允许我在周五早晨打电话给你，那么到时我们就应该知道是否可以继续下一步行动了？"

请注意，我在让对方指定日期和时间时是怎么做的，说得有多具体？有这几句话也就可以了，要不然，你们双方都在想当然地认为，而并不确定下一步该怎么走。

你们双方一定要经过共同协商，达成一致的意见，同意由谁来做什么、何时去做。（这个过程对同事和客户都同等适用。）

4. 以书面方式确认

如果你是会面召集人，或者你在会面中的表现所占比重更大，那么，接下来的一步就是回到自己的座位上坐下来，尽快将新出炉的决定、结论写下来并用电子邮件发给对方：

在会议上你们达成共识的内容。

你们都赞同的下一步的行动内容。

具体任务的分配情况。

日期和时间：长期的日程表和短期的行动指南。

你们什么时候交流各自的进度。

要求对方一定要回复，这样你才能知道别人是否和你的想法一致。完成以上这一系列步骤可以帮你在毫无必要的信件、电话和会面上节省很多时间。

5. 高调地结束会面

无论你在会面中是何角色，离开时的几句话和会面结束时的气氛都非常重要。

（1）如果你不是会面召集人。

在你走向门口的时候要留给会面召集人一个积极的形象。无论会面结果如何，你都要绷紧神经，精神抖擞地离开房间。你的形象会影响对方对这次会面的看法。

①没有达到你来此的目的。

"比尔，你的意思我非常清楚。X 和 Y 并不是你现在想要或需要的。但是我听说你对 Z 也很感兴趣，在不久的将来，它可能真是不错的工具。既然我也对你的业务有了一些了解，我觉得，6 个月之内，我可以带着更符合你要求的构想来找你。我会和你保持联系的。"

或者这么说：

"你能给我会面的机会，我非常感激。能够认识你，真是三生有幸。我特别欣赏你做生意的风格以及你的坦诚。我觉得我们可以在其他方面进行合作。而且，你让我有了很多新的思考。如果有什么产品特别适合你，我一定会联系你的。"

你给自己留足了回旋的余地，再有了新的想法时你又可以卷土重来。

②没能获得加薪或晋升。

哦，真令人痛心。你就打算这么离开？如果不，你应该重新收拾一下自我和尊严，最重要的是，证明自己仍然是这个公司中的重要一员。怎么才能做到？很明显，这要根据你自己的作风和你所面临的具体情况而定。但基本的原则就是，你不能因此而绝望！对你来说，这并不是你的终极目标，也绝不是你生命的终结。

好好想想被拒绝的原因。你的老板还有其他很多事情要处理——预算、层级关系、安排时间、业务情况以及他的上司！你要让老板知道，你听进了他的话，而且理解他的决定。

"我知道了，现在谈加薪时间上并不合适。6个月之后再谈这事是不是更好一些呢？另一方面，你觉得要在你手下获得晋升，我还有哪些不足，还应该做些其他什么事情吗？"

或者：

"你现在不但知道我的工作业绩完全符合加薪的条件，而且知道我需要加薪的具体原因。但是，你的要求我也听得很清楚，要想提高薪金水平我还有其他一些事要做。另外，谢谢你的时间和提供的信息。还有，不是我想说这么没创意的话，但是苦于一直没有机会表达，所以有了今天这个机会，我要告诉你我非常喜欢在这里工作。我对我在这个公司里的未来和我的角色充满了信心。"接着，脸上带着微笑、迈着轻快的步伐离开房间……

③以批评为主要内容的会面。

你刚刚被上司训了一顿？那就更有理由以高调结束这次会面了！你要尽快平复心境，从心底激发起迎接新的一天的热情，并乐观地面对接下来会发生的一切——需要完成哪件事和如何改正。说你从中学到了什么，有哪些错误需要纠正。充满自信地离开办公室，你要让对方明白，你是值得信任的。

"走之前我有几句话想说。首先，感谢你给了我这次会面的机会。你给我好好地上了一课，还给了我弥补过失的机会，这说明了你对我还是有信心的。我不会让你失望的。请允许我在接下来的一个星期里随时向你报告我的进展，看看问题是否如你期望的那样被顺利排除。"

想想这种结束方式让老板对整个会面过程的感觉有了多大的改观？

走出大门时千万不要垂头丧气，一定要抬起你的头，带着尊严离开对方能够看得见的空间，留下积极的回响。

④项目毫无进展。

"你好，王燕，我已经都听说了，我们所做的一切努力都失败了。但是没关系，我们还有许多出色的点子，要想改变现状，我感觉我们可以尝试许多事情。让我们开始吧。"

一定要积极、乐观。积极寻找一些有帮助的、确实可行的方案，或者为你们尽全力再拼一次找一个充分的理由，并在工作展开后不停地强调这个理由。

（2）如果你是会面召集人。

由会面召集人来"高调"结束会面的真实意图是"送客"。你应该让对方感到愉快、不虚此行，让对方觉得自己充满了力量、激情和竞争力。当然，如果你不想对方再登门造访的话，也就没有必要这么去做了。

①一次毫无建树的会面。

此时是和解、缓和气氛的时候了。送对方到门口，在临别前，在对方的背上轻拍几下，你可以为这几下拍打赋予一定的感情，也可以是为了拍而拍。

"张冲，如果有其他人能做这份工作，你也一定能。我期待下一次会面，到时一定要让我看看你是如何完成这项工作的。另外，如果有问题，你随时可以来找我。"

结束时应该说一说这次会面中积极的一面。让你的最后几句话有催人奋进的效果。做到这点似乎有些难度，但至少要让对方的心情愉快一些。如果一切都秩序井然，那就值得褒扬。你要记住：你是唯一一个可以让对方保全颜面的人。如果你能做到这一点，那将大有裨益。

②一次富有成效的会面。

让对方知道你有多么感激对方在解决问题中发挥的作用，还有双方共同努力解决的问题对于你来说是多么重要。这时，你还可以谈谈你对未来的期望，或者接下来还有哪些行动。

"我看我们今天的收获颇丰啊。你听取了我的意见，我吸收了你的观点，效果一流！我很期待和你再次会面。我知道，只要我们在一起，事情总会有所不同。"

在工作场所展现你的诚恳与坦率，做一个平易近人、热心助人的人，你一定可以成功的。

第三章

让别人"看见"你的想法

为什么要视觉化

如今的听众是越来越没有耐性。他们的信息都是用视觉手段传达的，而非用嘴巴和耳朵，所以你确实需要引进视觉方式来增加你的想法的吸引力。你可以用以下这3种方式将你的想法视觉化。

（1）演示的同时讲述，这样会很明确，使人容易记忆。

（2）演示，然后再讲述，抓住人们的兴趣，这种方式提供了背景信息。

（3）演示，不讲述。因为视觉信息本身就已经够了。

大多数人都习惯口头语言交流，但是，你要学会抛弃从出生就开始使用的口头交流工具和交流理念，转而使用另外一套工具。

大脑左半球——冷静，以数据为导向，擅长处理文字信息，所有的观点都被转换成语言；大脑右半球——充满想象力，擅长形象思维，以视觉方式形成观点。我们要弃用左半球，启用右半球，用看的，而不是用说的。

如今，外部世界是如何和你交谈的呢？无论是政治宣传活动、电脑的自动弹出窗口、购物网站或电子邮件，所有的信息都是用视觉方式传达的。

只需想一想你在公共汽车站、地铁、机场、杂志和电视上看到的那些广告，有多少广告使用的是文字，又有多少广告使用了图片、色彩和平面设计呢？你不仅注意到它们了，而且还在很短的时间里就理解了所传达出的信息，甚至还对这些广告能够如此巧妙地传达意境赞叹不已。

事实上，现在的社会被各种错综复杂的视觉信息所包围，我们都已经习惯了去看信息，而不只是去听。

视觉信息如何影响听众

　　为了将你的视觉信息化，你需要了解视觉信息是如何影响人们的认知以及如何在说服听众、传达信息方面提供帮助的。

　　将你的信息视觉化有以下一些优点：

　　精确。将你的数据和观点用视觉手段显示出来，有助于听众准确地接受你传达的信息或主题，而不是凭主观想象出自己的版本。从精确性上考虑，数字、列表、事实和数据必须要显示出来。

　　由于经过了编辑，更加简洁、明了。将信息视觉化要求在讲述前要对内容进行编辑——从你的思想中提炼出最精华的部分。将你的想法安放在一张表格上或者显示屏的显示范围之内，这样既缩短了你说话的时间，还能让听众直击你的想法的核心部分。

　　提供了参与的机会。独白变成了对话，因为只听一个人说会让大家变得很被动。视觉呈现方式解放了听众，也解放了演讲者，听众不再依赖演讲者来获取信息了。他们变得更为积极主动，并且能够互相影响彼此。

　　吸引注意力。视觉信息可以用图像、色彩和多变的设计抓住人们的眼球。它们在一种静态的环境中制造了变化、添加了运动。转向电脑、在黑板上写字、走向投影屏幕、切换幻灯、指出你的观点等等，所有的运动都增加了人们的兴趣。

　　可靠性。眼见为实。你可以用统计数据、引用、书信和演示来证明你说的话都是真实的，这些为证明你的话提供了客观的证据，打消了人们的怀疑。

　　强化作用。让听众自己去看可以鼓励和支持独立思考的能力。重复视觉信息可以让听众立刻回想起你想表达的意思，并帮助他们去记忆。通过重复可以强化学习效果，同时它还能帮助那些开始时并没有完全理解的人追上其他人的理解程度。

　　更易于记忆。视觉信息更容易被记住，而一串串句子就没那么容易了。人们很难精确再现某人说过的话，除非这句话朗朗上口，或者是一些谚语。但是，人们一定能记住所看到的内容。

　　添加一些情绪和冲击力。视觉图像能够以一种完全不同于语言的方式，深深地影响我们的情绪。谁会忘记世贸大楼被飞机撞毁的情景？抑或是海啸平息后的惨状？我们会本能地做出反应，不需要别人的解释和说明，这就是视觉方式进行交流的真正力量和潜能。

简化复杂的事实和想法。当你用图表来表示原因和结果、各个观点间的关系时，所有的想法全部都变得如此的清晰。图表让你能够在任何一点上中断演讲，你可以在这个时候补充说明、回答问题，但绝不会失去任何一位听众。在图表上，你的想法的每一个部分都是可见的，图表显示了你的整体思路。

产生反差和比较。要教会或让别人相信某件事情，这是最快的一种方式。你要让别人相信你的点子要比他们现在用的好很多，用长篇大论说服的效果不会很好，而同时将两者的信息列出来，问题便迎刃而解。并排展示两种观点、两种思想或事实，一言不发便能说服你的听众。

你提出要对工作上的某些部分做出调整改变，如果你能将公司的现状和竞争对手进行比较，你便可以在最短的时间里获得对方的认同。

举个例子：你所在的公司建立了一个网站，但是并没有产生预期的效果，而你的竞争对手却是一帆风顺。为了说明哪些地方需要改进，你展示了双方的网站，作出了分析，并通过这张表说明了哪些部分需要改进。

××公司的网站	我们公司的网站
1.5秒钟之内就能吸引住顾客； 2.精华搜索； 3.有许多市场资源的链接。	1.在主页上没有明显的标识； 2.在搜索引擎中排在第6位； 3.只有网站内部链接。

人们通过自己的观察就可以发现这两者间的区别，分辨出它们的优劣，从而能够立刻得出自己的结论。然后，你可以说出你为了改变这种局面而准备的具体计划，用图表来组织你的计划。

现在让我们来试试不用对比图表，只用一张嘴是如何来讲道理的：

"大家都知道，××公司已经领先我们一步了。他们的网站用户界面很友好，顾客进入他们的网站后，很清楚接下来该做什么。当人们搜索网页时，输入许多不同的关键词都可以搜到××公司。从他们的网站还可以链接到其他的市场资源。"

希望他们能够记住你刚刚说的话。接下来你开始说明你们公司的状况：

"而我们的公司网站，在主页上好像找不到一行清楚的指示信息。并且搜索网页时出现的总是××公司的名字，而不是我们的。还有，我们看起来没能得到将网站链接到其他市场的机会。这就意味着他们在销售上已经远远地把我们抛在后面了。我们应该有所动作了。"

你认为哪种呈现方式更为迅速、有效、有冲击力却不会带来太大的压力？视觉方式很直观、一目了然，其含义不言自明。而严谨的语言表达方式只能靠你的词汇和鼓吹来说服别人。如果你将图表拿到对方面前，图表中的反差和比较就已经有足够的说服力了。

现在你应该相信"视觉化的演说"方式的神奇效果了吧。接下来我们将学习将信息视觉化的具体方法。

将信息视觉化

1. 看和听

哪些种类的信息需要用视觉方式来表现？

哪些用语言表现就足够了？

哪些需要运用这两种方式来表现？

答案是什么？这要看信息的主题内容、你的目标和你追求的具体效果。

（1）哪一类主题需要视觉支持。

我们大脑的左半球——系统性强，擅长数据采集和列表编制，以事实为导向——需要视觉的支持。它需要具体的图像以及明白无误、没有歧义的信息，这样才能在研究、强化和说明的时候保持信息在时间上的一致。

需要视觉支持的对象包括：

数字、事实、举例、引证、列表、趋势——如果不是亲眼所见很难记住这些信息。

只有你知道的独家数据和图像。

大家都知道的数据，但是从未在这种场合下进行展示或者从未以这种解说方式进行展示。

需要从客观数据或其他来源中获取证据和支持以保证其可靠性的信息。

年代信息，比如说时间线，这类信息会慢慢地增加和聚积。

一些在你的谈话中不时会提到的、需要记忆的材料。

反差和比较。

（2）哪一类主题只需要口述。

如果演讲内容中没有出现容易被弄错的数字信息，仅用口头叙述就已经足够了。为了传达信息，给听众一些只能在他们心中形成的画面，你的语言、姿势和语调上的微妙变化才是表达的最佳方式。如果你要求的结果不仅仅是人们获得了事实和数据，而是让人们产生个人化、情绪化的反应，那么你必须运用语言来制造视像。

以下是只需要口述的内容和情形：

叙事性和戏剧性的材料。

和某个人有关的信息，比如说你的故事或者其他人的经历。

展现自我，让别人了解工作中的你；申请一份工作；要求加薪或者竞选公职。

激发斗志，激发他人的灵感和兴趣，获得别人对你的忠心。

激发人们的想象力。

通过一般的经验而不是事实来说服他人。

和听众进行交流，你要把自己当成一个信息的来源呈现给听众——一个有个性、有血有肉、有思想的人。如果要让听众接受你，你必须真诚地与听众交谈。你传达的信息依然是视觉化的，而且只有你才能提供这些画面。

（3）哪一类主题两者都需要。

有时你还需要将语言的和图像的材料结合起来使用。

你可能会需要用呈现大量资料的方法来表示逻辑关系和事实，或者说明你提出的新系统、新产品或新观点。

但是，要达成你最终的目的——完成交易、成功推销、承诺尝试新事物——你必须改变方式，将其升华到更个性化、情绪化的思维层面上。

现在是撤掉图表的时候了。

关闭演示软件，或者索性关闭电脑。

向前走几步，靠近你的听众，然后在桌子的一旁坐下。

或者，坐在椅子上，身体向前倾，并环顾房间里的每一个人，和他们做一些眼神交流。

接着，就开始畅所欲言吧，这是一种人与人之间的交流，充满了专注、热情和亲切。

2. 在信息上打上你的个人印记

成功的交流意味着让别人注意到你的存在，展示你独特的工作方式和得出结论的方法。

你应该以一名创作者的形象出现在别人的面前，而不仅仅是一个信息的提供者。无论如何你都需要找到一种方法，不光让别人了解你所传达的信息，还要了解你这个人，也就是说，你要让人们记住的是一个人，而不只是一段话。

（1）公司内部。

告诉他们，为了制订这份计划，你都经历了哪些情形：研究、疑惑、磕磕绊绊直到走上正轨。

坦率地跟其他人说，你知道这项任务需要耗费他们多少时间和精力才能完成。

回到你要展示的信息上，证明你对他们的重视：你在这份报告中提供了哪些支持措施以帮助他们理解新的想法。

如果你是领导，告诉他们你为什么坚持要实施这份计划。

结束时要向他们投以信任的目光，让他们明白计划实施的成功与否最终还得靠他们的表现。

（2）局外人推销产品或服务。

告诉对方你非常清楚某项工作的困难程度。

向对方解释你将以什么方法为他们带来支持和帮助。

举例说明，比如说你在其他公司是如何获得成功的。

结束谈话时告诉对方，虽然你随身带来的材料可以帮助你回答许多问题，但是你现在可以现场解答对方提出的任何问题。

只有通过拉近双方的"距离"才能让对方记住你：放松你的身体，形成一种自然的交谈姿势，看着对方的眼睛，让你的声音变得低沉、柔和。坦诚、直率地面对面交谈，没有幻灯片，没有任何看得见的材料。

3. 可以随身携带的材料

尽管在你展示的时候大家激情四溢，但是你每说一遍，只能有一部分的信息被别人所接受。在人们能够理解所有的信息之前，总需要时间去反复地思考。

因此，一定要留一份材料给他们。在你走后，他们就能够通过翻阅材料来理解你谈话的内容了。这份材料还为对方游说上级提供了支持。

制作若干份材料带在身边是非常有必要的，它可以在你无法到现场为产品推销的时候图文并茂地介绍你的想法和创意。

在介绍你的基本构思时，一定要告诉对方待会儿有材料要留给他们。这些材料是对你的谈话内容的支持和补充，增加了许多细节，还提供了许多参考文献作为后续的证据。

这么做可以让你的听众感到安心，他们可以放松下来，把更多的精力集中在你现场的展示上，因为他们知道自己并不需要记住每个细节。你的材料一定要图文并茂，而且必须经过精心的编辑。

切记，千万不要在你发言的时候分发材料，这么做会让你失去大量的听众，因为他们会提前阅读你发的材料，便不会太在意你的存在了。出于这个原因，材料要等到发言结束准备离开时再发。

材料中可以包含的内容：

你为这次会面准备的产品、服务、构想的简单概述。

你在会面中的发言或演示内容的副本，目的是为了强化。

你希望他们记住的基本要点。

支持你谈话内容的证据。

在你演讲的过程中没有引入的其他有效信息：背景材料、文章、前几次报告。

一些表明你或其他人的工作成果的证明和例子。

引用公司内部或外部的人所说的话。

如果这是一次公司内部会议，你还可以把执行总裁或高级行政主管的备忘录收录其中。

来自顾客的信件和积极反馈。

关于你本人的附加信息。如果你是在推销自己，或者你面对的是一个没有人认识你的新团体，这部分信息还是很有用的。一份精致的简历效果就很不错：简短的自我介绍、个人经历、过去获得的成就和奖励，以及客户名单等。

当然，材料里最好不要包含任何无关的信息，要不然，厚厚的一大沓，没有几个人有耐心看完！这只是一份供你挑选的菜单，你可以从中挑选你需要的！

你的谈话内容中最难理解的部分是什么？哪些资料既是你拥有的，同时又是他们需要的，而且是最能支持你的立场的？记住这两点，也就不难制作你的材料了。

如何设计可视化信息

1. 前期准备

为了更好地将内容可视化，第一步，你必须将你的主题内容编辑浓缩成最基本、最核心的几个要点，只有完成了这一步，你才能选择将哪一部分视觉化，以何种方式将它们呈现出来。问你自己几个问题：

我想传达的 3 个基本事实是什么？

听众需要哪些信息才能作出决定？

还有什么信息可以让我的发言更具说服力、更有权威性？

只有在这种深入地自我反省和思考之后，你才会知道哪一种视觉形式最能表现你要表达的内容。

2. 形式可以很简单

不要以为你必须把你所呈现的内容弄得很复杂、很正式。越大并不总是意味着越好，而更贵也不总是代表更多。

你的听众中都有哪些人？

他们已经看腻了什么样的内容？

要想更具原创性，让内容更丰富，你还应该做些什么？

在很多情况下，最佳的视觉风格就是简单和随意——你站在人们面前，嘴里滔滔不绝，而你的手，随心所欲地在黑板上涂画着。你首先要考虑的是你传达的信息有多复杂，你需要传授的知识有多少，你希望给人们留下的印象是怎样的。不要总想着怎样才能一鸣惊人。

3. 选择媒介

我们已经接触了许多形式的媒介，对它们已经形成了条件反射一样的反应，而在今后，我们还将接触更多的媒介。你希望为听众创造什么样的视觉效果？对他们来说，你究竟是怎样的一个人，而你选定的媒介如何才能表现出你的特点来？

你希望给人留下何种印象？

有人情味、随意洒脱、即兴发言？不假思索地绘出一幅图，这就可以达到你的要求。

专业、有水准、最高级别？这个时候，你需要的是事先准备过的图形，一气呵成、美观、设计精巧，同时还需非常精细复杂。

你在寻求什么？

人们的情绪反应？图片和小电影可以为你做到这点。

抓住人们的注意力，让听众人吃一惊？在现场做演示，或者邀请现场的嘉宾现身说法，或者和听众一起做一些互动式、体验式的活动。

选择适合你的媒介要考虑以下因素：

考虑所有的视觉手段。

你对哪种手段最为满意？

你擅长运用这种手段独立制作、独立设计吗？水平有多高？

如果需要帮助，需要什么程度的帮助？

制作出你想要的效果需要耗费多少时间？

你有多少时间？

4. 基本的设计原理

（1）好的设计可以扭转局势。

我们应该重视图像的质量和设计，它们的确具有很高的实际价值。现在的听众在图像、画面上都非常挑剔。因此，仅仅用幻灯片软件，白纸上面写黑字或者"砰"地弹出一张图表这些过于简单的形式在今天已经没有了当年的震撼作用。你要学习一些真正意义上的设计理念，从而可以按照你所希望的那样起到解释、美化和震撼的效果。

（2）除了文字，更要有图像和图标。

图像的存在不只是为了简单地重复你说过的话。只要有可能，就尽可能用图像或图标来表明你的观点，它们要比打印出来的文字有趣得多，更能吸引人们的注意力。它们更容易记忆，也更适宜重复，同时往你的想法中加入了情绪和力度。给你的材料增加插图，但不要只是满足于用文字或图像重述你的观点。

（3）控制住你的信息量。

在咨询工作中碰到许多类型的错误，最严重的一种就是一次呈现包含了过多内容。如果你将所有的内容公布，人们会以比你发言速度高 20 倍的速度看完所有的内容。

结果呢，你失去了对听众以及信息的控制，这些信息本该由你来传递的。当你还在解释屏幕的左上角的内容时，有些听众已经把你呈现出来的内容全都浏览过了，他们会对你想要表达的意思做出自己的判断，完全不会去注意你对材料的解释。

正确的方法：分次弹出标题；控制每次呈现的信息量；将内容制作成动画，这样每次就只能显示一条信息；只有在你发言结束时，观众才可以看见所有的信息。

显示标题 1，然后开始围绕这个标题演讲。

点击鼠标弹出标题 2，演讲。

如此往复，直到所有的标题都出现在屏幕上。

你的听众获取到的信息只能是你针对每个标题所谈的内容，而不会是所有的标题同时出现时他们自己的推论。

（4）引人注目的设计。

首先呈现的一定是你的主题，接着听众希望看到你的内容提纲，从而了解你的演讲内容的结构。

不要浪费标题。标题之间要环环相扣，标题不仅要涵盖主题，还要对特定的观点或图表进行提示。

要对重要的观点进行概括，并独立呈现，最大限度上触动听众的神经。

要让你的信息本身包含许多不言自明的成分，充分开发听众的独立性。

（5）新颖的设计。

PowerPoint 软件已经给用户提供了许多现成的格式，这就导致几乎每个人都在使用相同的格式。所以，你要设计一些原创性的格式，创造出属于你的自有风格。人们希望看到变化，不仅是为了新鲜感，更是因为程序式重复的格式太没有创意，无法激起他们的兴趣，严重时还会使人们对你的主题内容产生误解。所以，你应该以 PowerPoint 软件提供的格式为基础，进行原创性地改造。

演讲中每个主题的格式和颜色搭配也不应该相同，因为这不符合逻辑。你演讲的每个方面涉及到的都是不同的问题，而不同的主题可以引起听众不同水平的反应。你从一个主题转入下一个主题时，在你使用的格式的核心框架内改变幻灯片的背景和颜色，这可以在视觉上提醒听众你已经变换了话题，又能够重新提起他们对演讲内容的兴趣。给不同的主题加上不同的颜色就好像翻开书本新的一页，总能重新引起人们对你的关注。

5. 让听众目不转睛

也许你拥有制作水平很高的视觉材料，但是，如果你不知道如何将它们呈现给听众才能获得最好的效果，那就是浪费。

你要把这些视觉材料变成是你演讲的延伸，它们的作用就是帮助你解释和强调你的观点。无论你使用哪种媒介，一定要掌握好它，只有这样用起来才会舒适、自如。

（1）视觉击败听觉。

我们的行为完全由自己来控制，但是听什么却由不得我们来决定。如果你有材料要让听众看，他们的角色会立刻发生转变，变得更积极，他们不再依赖你说的话，这时一定要记住：不要让视觉材料霸占了你的舞台和听众的注意力。你将它们创造出来是为了帮助你，而不是和你竞争的。

（2）制造神秘感。

吊足他们的胃口。在画面出现之前先告诉听众你接下来要谈论的话题，以及谈论它的理由："下面这张图表，当你看到这上面显示出来的趋势时一定会感到十分意外。"一旦你揭开了这层面纱，所有的神秘便灰飞烟灭了，你也就失去了这次制造神秘感的机会。而当他们知道了画面的内容，他们所有的注意力都集中在刚刚呈现的材料上，就没人会听你发言了！所以，为了激起他们的兴趣，在你打开这幅画面之前一定要告诉他们，为什么要关注下面这个观点，接下来的内容可以帮助大家解决怎样的疑问。

（3）让画面开始说话。

视觉化的信息是非常具有说服力的，它们用无声的语言向人们传达着各种信息，所以，让你的画面做好它们的本职工作吧。先对它进行说明，这样你的听众就知道他们应该关注哪些信息，为什么关注。现在，停止说话，同时呈现画面，静静地等听众看完画面上的内容。接下来，你便可以在这幅新鲜感十足的画面的基础上继续发表你的看法。让你的画面去抢滩人们的思维。

（4）词汇表。

如果你的发言包含有听众非常陌生的科技、金融、契约、管理术语，请制作一份词汇表作为参考资料。在黑板上画一张表格，当某个术语或陌生词汇第一次在演讲中出现时，将它的定义或解释用简短有趣的话表达出来，并写在表格中。

你也可以事先把词汇表准备好，谈到一个，显示一个，这就给了听众更大的自由，他们可以根据自己的情况选择看或不看。他们可以一直听你发言，而你则不需要一直为他们解释。

（5）增强视觉效果。

如果你将要传达的是一则惊人的消息或者是一个戏剧化的事例，运用你的嗓音，告诉听众有事要发生了。在你呈现滚动标题的同时改变说话的节奏和语速，让听众意识到将要有意想不到的事情发生，或者答案即将揭晓了。你的说话方式和呈现信息时的速度变化都能够让听众形成对接下来发生的事情的预测。

（6）引导听众。

你要和不断显现的标题形成互动。通过标题来引导听众，指挥他们的目光和思维，告诉他们看哪儿、想什么、比较什么。让听众把注意力转到屏幕上，看你正在展示的部分，用鼠标指着值得注意的特别之处，让听众的眼睛跟着你的话语走。你在讲台上再也不会隐身了，而且在挨个儿跳出的标题的带动下，你变得更加积极、投入了。

（7）告诉他们应该做什么。

牵住听众的视线："请特别留意第4个标题，这是这个领域里最新的研究成果。""观察蓝色的部分，这是去年的数据，仔细将它和今年的数据进行比较。"

你拥有对听众的控制力，这种力量之强大令你自己也惊诧不已。你掌控着整个局面，这么说一点儿都不夸张，因为你占据着麦克风或者讲台，台下的人都要按照你的指令去做。试试看，真的是这样！

（8）不要让听众把精力都放在印刷品上。

发言过程中不要分发任何材料，否则你将会失去听众！

他们的阅读速度比你的说话速度快得多。

他们很快就会超过你，而且到处都是纸张翻动的声音。所有人都在寻找自己感兴趣的内容，而你也许还在第一页上转悠。

你丧失了作为一个主要的信息提供者和启发者应有的地位和权力。

既然你已经与听众培养了和谐融洽的关系，为什么还要让出你的中心舞台，让每个人自己获取信息呢？他们真正需要的并不是这种形式，他们需要和你一起看着屏幕听你说，从你那儿获取信息。而分发的印刷材料是为稍后准备的，在你离开之后，或者在你结束讲解之后，但绝不是在演讲过程中。你可以向他们说明，在结束时给他们提供印有你之前展示的所有信息的印刷资料。

人们也许希望用这些印刷品来记笔记，这种情况也是存在的。不过，你不是对你的听众有很强的支配能力吗——这种情况不在话下。你可以试着提供一些用来记笔记的便笺纸、铅笔和钢笔。你的标题前的序号必须清晰可见，而且要提醒他们注意顺序，只有这样他们才能在拿到印刷材料时将他们的笔记和相应的材料对应起来。如果你不得不屈服于这些印刷品，你可以故意做出一些别出心裁的事情，再多说点题外话，这样就能让他们偶尔瞟上你一眼。

6. 色彩的运用

色彩无处不在。但是，色彩并不只是一种随意的装饰元素，也不只是为了好看，它承载着属于它自己的信息，能够引起我们的反应。因此，颜色能够影响和改变我们从硬信息中所获取的内容。它无疑是一种宝贵、强大的视觉表达方式。

不过很多商业人士并未认识到色彩的重要性，他们在制作视觉元素的时候从未将色彩作为一种可利用的元素添加到设计之中。人们在冰冷的事实信息前的反应和看的方式会由于色彩的出现而变得五彩斑斓。色彩让我们感受到了：热烈和激情、气氛、强烈的反差和对比、兴趣、多样性、喜悦、兴奋、积极或消极的反应……

（1）黑白画面的效果。

白色背景上密密麻麻的黑字剥夺了文字信息影响我们情绪的能力。但是，习惯决定了公司和个人都会继续使用白底上面印黑字的模式，而不会去尝试彩色的背景和文字。

既然白纸黑字已经变得如此的普遍，那么白和黑便没有任何含义，也就无法传递任何信息。

虽然在服装和室内装饰中，黑与白非常具有戏剧化的效果，但是当文字出现在背景中时，它们就像是在说："这是事实。""这儿有一列数字。""这是主题。"而这是好是坏，其内容能让人警醒还是令人吃惊的，它的主题是严肃的、戏剧性的还是意料不到的，都是未知数。除非你的设计别具一格，否则白纸黑字就等于在宣布材料的内容已经"过时"了。想一想你最后一次看黑白电影是什么时候？黑白电视呢？

（2）色彩是如何影响我们的。

在通过理智做出决定之前，所有的决定都是根据本能和情绪作出的，这就是色彩有用武之地的原因。

色彩确立了基本的氛围。你的听众或多或少能感受到或有所警觉。研究表明，用鲜艳的、经常更换的水粉画装饰的幼儿园中的孩子更加机灵，而生活在没有或只有一点颜色变化的昏暗房间里的孩子明显不够活泼。由此可见，色彩和我们的天性以及情绪反应有着与生俱来的内在联系。

色彩能够让人们在天性和自己的生活经历基础上产生丰富的联想和想象，从而影响到我们的情绪。画面中的色彩对你的听众有着独一无二的影响和意义。

我们每个人都有自己喜欢的颜色：我们对颜色的好恶会在选择汽车、室内装饰和服饰的颜色时表现出来。另外，由于文化的适应，我们对个别色彩和色彩搭配的反应是可以预测的，而且有统一的趋势。接下来我只对一些基本概念做简要的介绍，以此来说明视觉材料中颜色是如何引起人们对信息的情绪反应的。

三原色分别是红、蓝、黄。按照色彩原理，红色、蓝色、黄色和绿色能够激起我们最为强烈，也是最直接、最真实地反应。

红色和蓝色是肯定的颜色，最显眼，也最吸引人。

红色是充满激情的颜色，它让人兴奋、引人注目。它象征能量、温暖、生命、奢华和狂热，极其情绪化，是非常强烈的色彩。此外，我们还要意识到它的文化内涵：在有的国家，红色还意味着警告和危险（中止信号、消防车、医院中的警示标志）。它还让我们联想到血。数字是红色的，代表的是损失和债务。由于红色是一种"警告"色，而且视觉冲击力很强，所以应该谨慎使用，可以作为强调色少量使用，不可以作为背景色。

蓝色是平静的，无穷无尽。想一想天空和海洋。它还是一种非常冷静、理性的颜色，象征平和与宁静，能够稳定人的情绪。它能够让人联想到幽远、智慧、信任和奉献。深蓝色象征着坚忍不拔、忠心耿耿。如果写字用的是蓝色墨水，那么字里行间融入了更多的信息。

蓝色引起了与红色完全相反的反应。因为蓝色可以放松人的神经系统，所以人们能够更加冷静地思考。更暗的色调会让人觉得寒冷和沉闷。想一想你的材料：冷静的蓝色是你的最佳选择吗？你还需要其他什么颜色才能让你的演讲更轻快、更具有煽动性，从而让听众产生更加情绪化的反应？

绿色是大自然中最旺盛的颜色。你的身边到处都是树木、青草、春天。它还有许多象征意义：生命、青春、复苏、希望、活力。绿色比蓝色更能调动人们的感情，它代表了健康、成长和积极的态度。

绿色是最让眼睛感到舒适、放松的颜色，它可以使文字看起来更轻松。绿色也是一种具有镇静作用、让人倍感舒适的颜色，所以就有了供演员或主持人在上台表演或录制节目前休息的"绿房间"。

基本要点：心理学家报告称，人们对产品或服务的接受或拒绝，60%可以用人们对色彩的印象来解释。而且，请记住，既然我们的商业活动可能会遍及全球各地，那么不仅在此时此地要意识到这点，在其他文化中，这一点也应该引起我们足够的重视。你展示的画面，包括颜色和设计，都要和它们所针对的文化相协调，这样才能真正帮助人们理解你的信息。

第四章

问答的艺术

你为什么要把自己架到公开的"拷问台"上？这么做真的有用吗？对谁有用？对你有用！事实上，请听众提问可以：

补充说明你在演讲中遗漏或没有说清楚的问题。

消除疑问、解决问题、纠正错误的观念。

让你的主题和你面前的这个特定群体的联系更加紧密。

要想在问答环节游刃有余，第一步要做的就是做好充分的准备。

为问答做准备

1. 努力了解听众

重新翻出你在准备演讲时所做的听众信息的调查。它将帮助你预测这些听众将会提出什么样的问题：他们最感兴趣的或最关心的问题。

他们的工作水平以及和你这个主题相关的工作经验如何？他们期望从你那儿得到什么？他们需要什么？这个群体中会不会存在截然不同的几种人，他们可能会从不同的层面对你演讲的不同方面进行提问吗？

（1）寻找什么？期待什么。

要清楚地知道你接下来要告诉他们什么内容，或者你要求他们做些什么事情：

你的演讲可能给他们带来什么样的问题和焦虑？

你的演讲会对他们的现状产生威胁吗？会制造更多的工作负担吗？

它会让人们重新思考一个已被大家普遍接受的理念吗？

代价？额外的培训？缩小规模？

在听众中是否存在由来已久的反对声音？

预测这些情形可以让你考虑得更周全，尽量避免让你措手不及的情况出现，同时还有助于你坚持自己的立场。

（2）哪些人会提问。

一些确实有困惑的人。

一些想知道你的演讲和他们的工作之间具体有什么关联的人。

一些争强好胜，对你的回答毫无兴趣，却非常热衷于出风头的人。

一些看到任何新事物都要批评、挑毛病的人。

一些对你的主题有自己的看法的人。

洞察人们提问的动机可以让你在处理问题的时候更顺手，将问题归类可以帮助你权衡问题的重要性，从而决定是否给予更多的重视和倾注更多的时间。

（3）了解反对你的人。

要对意见分歧做好准备。就像你对自己的观点和看法充满了激情一样，其他人也坚信他们自己的看法是正确的。

你要把这部分人看成是受到了误导或者接受了错误信息的人，而不要简单地把他们当做眼中钉、绊脚石和敌人。为了改变他们的思想，你要以客观的态度来对待他们的意见。认真倾听他们所持不同观点的本质，你要对付的是这个，而不是他们本人。

（4）了解你的感受。

为了培养自己在毫无准备的情况下妥善处理各种提问的能力，你需要加深了解在你心里产生的一些感受。就让我们来看看我在实践中发现的接受他人提问时的常见反应。

①众矢之的和自我防御。

"我已经准备好接受你们的提问了。"一旦你宣布提问环节正式开始，任何人都可以向你发问了，你可能会产生成为众矢之的的感觉，这是一种潜伏着危险的感觉，因为你把提问者都当成了你的敌对者、对手，而不是一些想了解更多的信息才向你提问的人。

你可以以这种方式来看待他们的提问：

该说的都已经说过了，而这只是附送给他们的一个小礼物。

因为他们提出了要求，那我就该将更多的信息分享给他们。

很明显，他们已经对我的演讲产生了浓厚的兴趣，现在，他们想知道更多的内容了。

②失控的感觉。

在此之前，你能够完全控制住你演讲的主题，但是现在，问答的过程是由提问者来决定的。主题、节奏、风格现在都变成了他们的，已经不属于你了。聚光灯也从你的身上移到了提问者的身上，也许会有另一束光照在你的身上，但是这束光却非常刺眼，并不能讨好你的听众。

无力和被动防御，这些感觉会逐渐侵蚀你的思维能力，同时还会导致你在回答问题时还要去寻求别人的认同。

你可以换种角度来看这个问题：

你也有向对方提问，反戈一击的能力。

还是那句话，你知道你知道的。你仍然完全控制着你说话的内容、数量和方式。

你可以转移、引导、转嫁、分析、质疑任何提问。

所以说，还是驱散你已经失去了对听众的控制这样的感觉吧，它们根本就是你自己想象出来的，你只是在欺骗自己！

③紧张的感觉。

你担心：

你是否还能像事前设想的那样清楚、明白、巧妙地回答听众的提问。

他们是否会问一些你不知道答案、无法立刻回答的问题。

你是否能处理好这些问题？

你会不会说一些本不想说或不应该说的话。

你的自尊可能会受到伤害。

你的反应速度：提问之后紧接着就要回答。你会有足够的时间来思考问题，并组织好一段井然有序的话来回答问题吗？

你应该以这种方式来看待这个问题：

任何一个问题都不存在一个完美的或者现成的答案。你可以根据情况随机应变。这是你准备的材料，并且是你亲自做的演讲，如果你不知道答案，你还可以告诉人们从哪里可以找到答案。无论什么事情降临到你身上，你都可以轻松掌控。

④热血沸腾的感觉。

也不是所有的感觉都是消极的。如果你是一个喜欢聚光灯的斗士、角逐者或表演者，这一环节会让你感到兴奋不已。"看看我是如何处理这些问题的。"但是也不要因为太在意你的表现或输赢结局，以至于你忽略了问题本身和对问题的思考！问答环节就是为了进一步启发听众，以及排除争论。

换一种方式来看这个问题：

你根本不用去竞争或战斗，你早已是胜利者了。你一直都占据着最有利的位置，以你独特的视角把自己想说的内容传达给听众了，没有人来干扰你。你现在的任务就是帮助那些落后的人跟上大队伍。

基本要求：应该让演讲的这一部分变得更加有趣！你可以用一种亲密友好的方式和听众打趣、闲聊。其实他们都有求于你，才向你提问，你回答什么，怎么回答都由你说了算。所以，如果他们想知道更多内容，你心里应该感到美滋滋的才对。你一定可以很出色的！

2. 回答的技术

演讲结束，接下来进入这个非常紧张的时刻。由主持人或者你自己宣布："接下来是我们的问答时间。有什么问题吗？"说完这句话之后，也许是死一般的沉寂。什么动静都没有！没有一个人举手，你的心顿时凉了半截。

"没有人在听吗？"你心里直打鼓，"还是他们没有听懂？要么就是内容太简单，他们全都掌握了，已经没有什么好说的了。一点儿疑问都不存在？他们已经听得不耐烦了？我现在该怎么办？"

你只能有气无力地强撑微笑，和大家说声再见，然后夹着尾巴灰溜溜地离开。

很不幸的事情——让你颜面尽失，但是这种情况一定时有发生。为了帮助你脱离这种尴尬的处境，让问题源源不断地被提出来，我们有必要先了解一下为什么会发生这种情况，之后再告诉你该怎么做。

3. 为什么没有人提问

你应该知道，没有人提问并不是因为他们没有听演讲，也不是他们对这些事情不感兴趣，而是因为：他们真的很不喜欢问问题！了解了这点，你就能克服开始时的"死一般的沉寂"，就能够驾驭这种不利的局面。没人提问时到底发生了什么，以下就是听众心里所想的。

（1）觉得尴尬。

提问就是公然向大家宣布有些内容我不知道，这点我供认不讳。这会让人感到很尴尬，而我问的那个人却什么都知道！这难道不让你感到不平衡吗？所以大部分人选择沉默，不把自己知识上或理解上的不足表现出来，用这种方式来保护自己。结果就是没人提出问题。

当你属于一个群体或者是听众中的一员时，这种情况被放大到了极点。你的赌注下得太大了，所有人都会知道你不知道或者还没有理解某件事情。

（2）不知道如何提问。

在没有写稿子的情况下，很多人都无法在发言时清楚地表达自己的意思——这一点，他们心知肚明。他们很难在短时间内组织好自己的想法，并用恰当的语言将自己的想法表达出来，要是再要求他们简明扼要、突出重点，那就是难上加难了。

所以，他们会担心站起来提问时的表现没有水准，担心自己为了寻找最佳的表达方式而结结巴巴、前言不搭后语。如果演讲者突然说:"你能重复一遍你的问题吗? 我不敢保证我正确理解了你的意思。"双重危机! 你也许会让自己卷入不必要的批评,甚至是众人的嘲笑之中。

(3)希望参照别人。

人们还担心他们提出问题的方式。他们会因此丢面子吗? 问题有没有水准? 其他人是否已经知道了答案? 别人会有更好的问题吗? 他们都想先确认其他人提的问题的大意,然后再提出自己的问题? 大多数人都很谨慎,谁都不愿意做第一个吃螃蟹的人。

以上便是在听众脑袋里发生的事情。他们只是想保护自我,并不是你的演讲真的让他们感到厌烦了。

那么,应该如何处理这种复杂的情况呢?

4. 帮助听众提问

经过收集各种演讲资料,现在可以提供一小段固定的台词以备使用。由于对这种情况已有充分估计,而且对此也非常理解。所以,当沉默降临时,演讲者可以直言不讳地告诉听众他们的心里在想些什么。

"你们知道现在发生了什么吗? 这是一件非常典型的事情,几乎发生在每一个听众身上。(这么说让他们感觉好多了:他们不是绝无仅有的,他们并不愚蠢,也不特别。)

"你们中有些人确实有问题要问。但你们正在思考这个问题该不该问,'也许其他人已经知道答案'或者'这个问题实在是没水准或者没有想法,我要等其他人问过了再说。等我观察过他们提的问题的特点之后,再提出我的问题'。"此话一出,下面的听众纷纷点头、微笑表示赞同。

于是可以接着说:"所以,你们就等啊等,直到听到别人的问题,你们才发现自己的问题其实还不错。接下来我们就会看到一大片手举了起来。但是,就我看来,只要跟我的演讲主题有关的问题都是好问题,那么谁最有勇气,第一个提问呢?"说完之后,不一会儿就有人举手了。

问题的关键就是你要正视现在的状况,而不是一脸茫然地微笑,站在那儿等听众来提问。也不要纠缠不休或哄骗。能笑着面对这种情况显示了你的力量,而你了解人们的心态以及试图将他们从麻木的状态中拯救出来的事实也会逐渐被他们接受。

这么做了,除了让你有机会继续表达自己的看法,还让你避免了在沉默中孤独地走下讲台的尴尬。

(1)开始问答环节的其他方式。

"你们聚精会神地听我讲了这么长时间,我就一直没停下来过,所以现在该我冷静一下，调整一下节奏了。现在轮到你们了，提出问题然后由我来解答。虽然我自己觉得我已经把我能告诉你们的全都告诉你们了，但是肯定还是遗漏了一些内容，或者有些观点没有表述清楚。大家有什么问题吗？"

这一段话能动员听众是因为语气听起来非常诚恳，显示了你对他们所提问题的兴趣。

还有另外一种方式：

"我知道今天讨论的大部分内容都很复杂（技术性很强、从未见过）。既然这次演讲的目的只是让大家熟悉一下这种想法，可以肯定，有很多关系、道理还不是很明了。所以，我欢迎大家说出自己心中的疑问。"

这是在对大家说："即使你问我非常基础、浅显的问题我也很乐意解答。如此复杂的内容只听一次无法理解是很正常的，你没必要因此觉得自己很愚钝。"

（2）亲自主持问答时间。

这么做还是需要一些技巧的。在你结束演讲后，通常都会有一位主持人起身替你向听众提问，我觉得这么做并不能起到鼓励或刺激大家踊跃提问的目的。而你和听众之间碰撞出的火花恰好是应该由你担任这一角色的充分理由。

你可以向主持人提议，你希望在演讲结束后直接由你接手问答环节，这样你就有机会实现上面提到的那种小小的转折、过渡。

但是，既然这是主持人的职责，那就先由他宣布问答环节开始。有人提问最好，如果没有人举手，这时你就可以插上那一段可以终结沉默的话。

主持人在接下来的时间里可以帮你挑选提问的人，也许直接说出对方的姓名，这样你们就可以互相配合，共同完成问答环节。

坦白地说，如果有可能，我更喜欢自己包办一切。当然，如果主持人是你的老板，你就需要让出一些权力了。但是，只要你能控制，就让问答环节直接从你的演讲中延伸出来吧。

关于"问答时间"

接下来是一连串让你的问答时间变得有趣、快乐、有益的诀窍，同时也是让你在这个环节大放异彩的绝招。

1. 放松、随意
把问答时间变成一次两个人之间的闲聊。你要表现得热情、礼貌、坦率、直言不讳，还要像是一次谈话，不要把它变得跟讲座一样。从本质上来说，你是在和一个人交谈，所以你应该像是端着一杯咖啡和对方坐在一起促膝而谈。这是一种更为亲密的交流，只不过周围有很多旁观者。所以，你应该把自己当成他们中的一员，让自己的话听起来更亲密。

2. 仔细听听众提出的问题

倾听技巧的第一个原则就是在对方谈话时聚精会神、全神贯注地聆听。当与某个人谈话时，要认真倾听，把一切干扰都置之度外。

在倾听中，双眼要直视对方。

为了清楚地听到对方的谈话，聚精会神、集中注意力是必要的，因为我们的精力不集中的话，我们就会心不在焉。

很多时候，人们的注意力会受到他们自身的一些小偏见或小成见的干扰。

例如，某个人在谈话中可能会使用亵渎的言语或者是某些你所不喜欢的表达方式；也或者，对方浓重的口音会令你非常恼怒。由于受到诸如此类的不重要的因素的影响，人们往往忽略了对方谈话中所蕴含的真知灼见和熠熠闪光的思想火花。

我想我们每个人都看到过一群喜欢开玩笑的人聚集到一起互相交流故事。还没等第一个人讲完他的笑话，另一个人已经截住了他。没有谁在认真倾听他人的笑话，因为他们都在忙于准备下一个笑话。在我们正常的谈话过程中，有时候也会出现这种现象，因为他在不安地等待开口的机会，他事实上根本没有注意我们在说什么。

通常如果在谈话过程中出现停顿的话，人们会感到紧张不安。

他们会认为自己有必要赶紧打破僵局，找到一个话题。事实上，如果他们保持安静的话，说不定另外一个人就能理清思路或者是提供补充信息。

就像老师和学生之间的关系一样。尽管老师通常是站在全班同学面前并且绝大部分时间都是他在讲话，而一位优秀的老师同时还知道怎么样专心致志地倾听学生的谈话。

说起来容易做起来难。我们的确很不擅长倾听，这是因为我们担心在听的过程中现场会变得死气沉沉，而且只要他们还在说，我们就无法为接下来的回答做准备。

由于这些想法的存在，你可能在提问开始的时候会有一点儿紧张和焦虑，希望自己能够立刻作出复答，让整个回答过程非常轻松，没有一点儿犹豫。

这里出现的难题就是真诚地倾听对方提出的问题。如果你只听了前半部分，就断定对方可能要表达的意思，然后根据自己的推断回答对方，那么，大多数情况下，你并没有真正回答对方提出的问题！正确的做法应该是这样的：

（1）听完对方的提问。

在你回答之前要彻底领会对方问题的核心思想。

问问自己这个问题所指的是什么，这样可以让你更好地理解问题。一定要弄清楚提问的人究竟希望知道什么？

（2）注意问题提出的方式。

充满敌意？不安？回答的时候要把这些也考虑在内。

这些技术可以让你的回答更到位，更能切中要害。

3. 澄清问题

不要固执地认为问题一提出来你就必须立刻回答。如果你还不能肯定对方的意思，那就询问对方，直到理解为止。

人们在提问时很难做到清楚、简明扼要、一语中的。他们会同时问两三个问题，吞吞吐吐、前后矛盾。对于这样的提问，你可能只回答了一个问题的前半部分或后半部分，也有可能完全没有回答到点子上。你可以像这样来对付这种类型的提问：

"哇，这个问题里面的内容可真不少！我要确认一下我是不是已经完全理解你的问题了。我想你是在问……"把对方的问题用你的语言重新复述一遍，然后询问对方是不是这么回事。

另一种方法：

"为了能够让我更准确地回答你提出的问题，你是否能把问题概括一下，保证我没有理解上的失误。你的意思是 X 还是 Y？"

要小心，即便这个问题不怎么样，提问的水平一般，也不要让你的澄清听起来像指责，就像这样："哦，你的问题到底是什么？"你应该把所有的责任都承担在自己身上。

4. 夸赞提问的人

没有什么比听到这句话的感觉更好的了："这个问题提得好！"这句话并非什么陈词滥调，甘当出头鸟的行为或者自己的看法得到认可是一件很开心的事。这句话还表明你很享受这种让你的观点得到进一步解释的机会。

"很高兴你能问这个问题。关于……我现在又可以多补充一些内容了。"这么说同样可以鼓励其他人参与到这场游戏中来。

5. 尊重每一个人

听众和听众之间的共同点比他们和你之间的共同点要多。他们会下意识地联合在一起，你是如何对待他们当中的任何一个人的，他们一定会注意到。即使听众所提的问题很愚蠢、很啰唆、很奇怪，你也一定要有耐心。要把这样的问题看成和其他问题一样好，以同样的热情去解答。

6. 避免辩论

问答环节有时会脱离正轨，变成两个人对一个细节问题的争论。问题是：你怎么才能结束争论，但是又不能让人觉得你是落荒而逃或者你的做法很鲁莽？以下是几种可行的应对方式：

"这是个很值得探讨的问题，但我发现要说的内容实在是太多了，所以等演讲结束后我们继续谈，好吗？"

"我很愿意和你继续探讨这个话题，但是其他人还有许多问题要问，也给他们一些提问的机会吧。结束之后请来找我，好吗？"

"这真的是一个复杂的技术性问题。还是让我寄一篇与此相关的资料给你吧，结束之后请把你的电子邮件地址告诉我，就这样，可以吗？"

要有人情味，说话的方式要友好，一定要为死缠烂打的提问者保全面子。这可以让你看起来更有思想，不仅有学问而且很感性。你的听众其实心里明白，这个提问者是个十足的讨厌鬼。

7. 坦白承认

除此之外，没有一种方法是真正奏效的。不要想东拉西扯、胡编乱造，企图蒙混过关，也不要吞吞吐吐，说了半天没有一句有用的话。承认自己的问题要比你虚张声势，试图掩盖事实显得大度得多。如果你不愿承认，听众就会认为你不可靠。其实，不知道也没关系！但是，你应该怎么跟听众说呢？你可以这么说：

"我真的很希望我能滔滔不绝地谈论这个问题，但是我无法做到。坦白地说，我也不想胡乱说一些东西欺骗大家。我需要回去查阅一些资料，你能把你的联系方式告诉我吗？如果找到了答案，我会把它寄给你的。"

"我还真的不知道，但是我能告诉你可以在哪里找到它。"

"请发电子邮件给我，在我的电脑里有这方面的资料。"

你觉得这些话说出来是什么样的感觉？

说明你愚蠢还是让大家觉得你准备得不充分？当然不会有这种感觉，你知道应该怎么做，而且你非常乐意帮助他们解答问题，在听众面前你表现得十分坦诚。

8. 如何回避问题

有时候，你会发现有些问题难以立刻作出答复。这时，上面的策略成了你回避问题的托词。此外，你还可以使用下面的方法：

"我估计有些人提的问题我无法立刻回答。"这么说大家就容易接受了。

"这个问题，我现在真的不能随随便便地给你一个答案。我们会继续关注这个问题的。"

"对不起，我不会对此做任何评论！你认为我会让我们的竞争对手知道真正的答案吗？不过还是要谢谢你的提问。"

9. 不得不回答的问题

有些时候，你不仅无法回避问题，而且还需要非常坦诚地回答问题，消除别人的疑惑。你要尽可能得体地回答问题。如果你不回答，他们便不会再相信你说的任何事情。所以，你要提前思考会出现哪些问题，并为它们做好准备。但是，如果有人出其不意，你也不用去辩解，只要直截了当地实话实说就可以帮助你挽回面子："这就是事实。也许你们很难接受，但确实是这样。"然后继续。

10. 争取时间

有些人思维敏捷、口齿伶俐，但是，对大部分人来说，当问题十分棘手、可能引起麻烦或很难回答时，我们确实需要一点儿时间来思考。你是有这些时间的，因为你是这里的主宰！你就这么说：

"要恰当地回答这个问题需要一点儿思考的时间。请允许我花几秒钟时间仔细考虑一下。"

如果你告诉听众你在干什么，他们一定会接受你的请求的。脸涨得通红、仰着头寻找灵感、默默地站着——这些都表明你不知道说什么了。如果你告诉他们为什么需要时间，他们会很乐意等这么长时间的，他们理解你的难处，因为他们也经历过同样的时刻。所以，你应该坦诚地向他们解释，这招几乎屡试不爽。

（1）评价问题。

"很有意思！以前从未思考过这个问题。"或者"我想你刚好碰到了我的伤口了。听起来你还有一连串问题要问啊！"

（2）拆解问题。

问提问者他要表达的确切意思，这也可以为你争取到一点时间，还能帮助你集中理解问题的中心思想，有利于你想出令人满意的回答。"你的问题由两部分组成。我应该先回答哪一部分？"或者"你是指X还是Y？"你甚至可以要求："能重复一下你的问题？"这些方法都可以为你争取到一丝喘息的时间。

（3）评价提问的方式。

"你肯定一直都在听！"或者："我听得出来，你持有另外一种观点。"

所有这些铺垫语都能让你的大脑有机会重新归纳出一段回答的话来，它们还能在你回答前帮助你恢复控制感。而且这些话会让听众觉得你并不是在敷衍，而是在积极地做出回应。

11. 换种方式看问题

有时，一个问题中会包含一些你不太愿意解释透彻或详细叙述的部分。你可以先回答一部分，然后从另外一个角度来回答其余的部分。

（1）从更广阔的视角看问题。

"事实上，这个问题已经影响到了整个产业，而绝不局限于我刚刚谈论到的那些方面。"拓宽视角可以让听众了解到在其他地方也受到了同样问题的困扰，问题一旦变得普遍，人们对问题的看法也就会改变，情绪也没有那么强烈了。

（2）集中解决问题中的某一部分。

集中解释一个很小的事例，回答更侧重于具体的细节。"你看，这么多内容一下子也讲不完，而且它何去何从还很难说。我现在只能和你说说我们到目前为止已经完成的工作和已经发现的情况。"

（3）抓住机会。

"谢谢你让我来澄清这一点。"或者"曾经有人问过这个问题。"或者"也许你曾经看过这方面的资料。不过还是让我来告诉你真实的情况。"接着你就可以发表自己的看法了，而不用顺着别人的意思走。

只讨论你愿意提到的那些观点，这样可以主动将谈话引导到另外一个层面上去，但又不会让人觉得你是在回避。

（4）在具体情形下讨论问题。

人们常常基于错误的前提或不充分的数据来提出问题，这些问题都是断章取义。"要回答这个问题，我首先得和你说一说它的背景（或者补充信息），看看它属于哪种情况（是否如你所说）。"消除人们思想上的缺陷，让人们看清楚这个问题，并从你的角度来解答这个问题。

你可以按照你的方式或者以正确的方式去理解、解答问题，从而留给听众一个热情、知识丰富、极具启发性的形象。

12. 打断对方的提问

有些提问者占用了太长的时间，有些则盯住一些细枝末节不放，还有些则重复你已经回答过的问题，碰到这些人，就直接用这种方法。这么做是很冷酷，但是，你是这儿的主宰，不要迁就这种现象。让你这么做的目的并不是让你变成一个粗鲁的人，也不想让人觉得你是在逃避。所以，在你打断别人时一定要小心地向对方表示歉意：

"我真的感到十分抱歉，但是……""这真的很难……""请原谅我打断你……"

可以用以下这些方法来打断提问：

（1）有限的时间。

"我很抱歉，还有很多人摩拳擦掌地要提问题。所以，你可以简要地说明一下你的问题吗？"

像这样把问题归咎于一些客观的外部因素可以保住所有人的面子。或者你可以说："哦，时间有限，虽然我很愿意在这上面多花一点儿时间，但是我要让每个人都有平等的提问机会。所以，请你概括地说出你的问题，好吗？"

（2）概括问题。

你可以这么说："我想我已经听出来你是在问 × 吧。谢谢你的提问，那就让我简单地说一说这个问题。"于是，你接管了接下来的时间，进行解答。

"我懂了，你的问题好像都是关于×××的。我说得对吗？"这迫使提问的人精简自己的语言，重新组织问题。

（3）不要让提问偏离主题。

"哦，你的问题很好，可是跟我的主题好像没什么关系。"或者"很抱歉打断你，你可以把你的问题集中在今天演讲的主题上吗？我想，这会对我们大家更有帮助。"

（4）请求大家的合作。

"我需要大家的配合。因为我应当公平、民主地对待每一个人，让大家都有提问的机会，所以当我要求你结束谈话的时候，还请原谅我的鲁莽行为。在此，先谢谢大家的提问了。"

当有人提了一个非常拗口的问题时，你可以对大家说："这么说吧，各位，我知道在座的许多人都有问题要问，对此我有强烈的感受。所以我恳请大家在提问的时候尽可能用最简洁的语言来描述问题，这样我就可以多回答几个问题了，也算是帮了大家一个忙吧，再次谢谢大家。"

13. 让听众站在你这边

如果事情进展得不顺利，恰好又有人拿问题来刁难你或者提一些不怀好意的问题时，有一招虽然狡猾但很有成效。这一招就是将你善良、脆弱、直率的一面展示出来。

（1）不要假装什么都没发生。

解决问题最差劲的方式就是逃避问题。即使是一脸苦笑地看着台下的听众，说一句"无可奉告"也是一步好棋。但是，如果每个人都站在你的对立面，你就需要向他们证明你已经意识到现在的状况，但是你的意志一直没有被击垮，你还能继续战斗。

（2）实事求是。

在一次举步维艰的对话之后，对刚刚发生的事情发表一下自己的看法。幽默是最好的对策："吁——你们还不知道刚刚打的是拳击比赛吧？"或者"屋子里有医生吗？"或者"我还真是英勇无畏。来吧，让我瞧瞧下一个问题会把我整成什么样子！"

（3）一锤定音。

在提问继续进行之前，必须由你来说出最后一句话。

轻描淡写是让你脱身的唯一途径！这不仅表明你依然毫发无损，而且显示出了你的强大和宽广的视野（绝不像提问的这个人）。比如说："看起来，我的主题让大家非常振奋啊！"或者"好了，在我们继续之前，你们还记得我一开始的观点吗？"然后重述你要表达的意思。

第五篇

学会说 "不"

交际场上的高手，最懂得拒绝的艺术。

——［美］富兰克林

第一章

你能说"不"

很多人认为他们说"不"时就是对某个人说"不"或者拒绝他本人。但说"不"的行为实际上只针对问题、过程、举止、行动、责任或者原则，而不是某个人。

说出内心的"不"

在成为外部客观行为之前，说"不"是一种内在主观经验。首先你思考如何说"不"，你说服自己为什么以及是否应该说"不"。当有大声说出"不"的机会时，你希望自己说"不"。想说"不"的意图和欲望不断增强，直到你想一吐为快。

有些人告诉我他们体内的声音用以下方式说"不"："不，我将不让你伤害我。不，我不能再忍受了。不，事情不一定如此。"问题在于，即使你的内心决定说"不"，你也不总是能大声说出"不"并且让别人听到。

为什么是这样呢？由于种种原因，你内部的"不"（说"不"的主观愿望）与外部的"不"（大声说出"不"的客观行为）总是不能协调一致。例如，当你不想给别人留下差的印象时，你会说"是"——尽管你想说"不"。当你想要某人喜欢你时，你也会说"是"——尽管你想说"不"。小孩在想要说"不"时说"是"，这样他们就能交到朋友。当你疲倦并且没有足够的精力说"不"时，你会说"是"。如此种种，不胜枚举。

决定说"不"既是内部经验又是外部经验。在很多情况下，你都有时间停下来仔细思考一下说"不"是否是最好的回答。令人感到欣慰的是，在很多场合，你都有时间仔细思考如何说"不"，你的直觉使你做出这样的回答，并且你知道"不"是最合适、最安全的回答。关键在于，如果你觉得而且知道说"不"是合适的，那么就请你说出"不"。当你感到危险时，请说"不"。倾听自己，相信自己。不要劝说自己说"是"。你并非一定总是和蔼友善，当你受到威胁时，就是你说"不"的紧迫时刻。

如果你想说"不"，但感到不能或者不愿说"不"，那么就要问自己为什么。是因为你害怕说"不"会留下不好的印象？是因为你不想因为说"不"而感到郁闷？是因为你不确信说"不"的结果？还是因为他人使你感到烦闷？请专注于协调你内心的想法和你将大声说出的话。

请思考下列关于说"不"的标志、事例和话语。

"谢绝推销。"这是一位邻居贴在门上的标志。贴这些标志的人想告诉人们，他们对什么人说"不"。你对于你将听到的和你将拒之门外的东西有多清楚？

在读大学时，王春霞在一家杂货店兼职做熟食柜台的服务员。一个繁忙的午餐时间，柜台的另一边有位顾客一边踱步一边自言自语，声音大到足以让其他顾客听到他的咒骂声。他好像在和全世界的人生气似的，并且告诉每个人他不开心。王春霞的同事必须去厨房的冰箱拿他要买的东西。当他离开柜台时，他的愤怒行为开始针对王春霞另外的同事。这时其他顾客开始感到惊恐不安，并且从他身旁走开。看到了这一切，王春霞心里想："这样不行，我要说说。"尽管王春霞也知道"顾客总是对的"。因此，王春霞直接瞪着那位顾客，清楚、坚定、相当高声地说："先生，她已经去拿你要的东西了。她正尽力满足你的需要并且马上拿来你需要的东西。"王春霞没有大声说出："不，先生，你的行为不可忍受。"但王春霞大声说出的那些话足以对他表明他的行为不可忍受。他顿时安静下来，从拿走他买的东西到离开熟食区，一句话也没有说。

一位一直排队等待的顾客亲眼看见了刚才的一幕。当轮到王春霞为她服务时，她说："谢谢你对他说了那些话。我不知道他会怎么做，并且我不知道说什么。"

王春霞认为：第一，顾客不一定总是对的，但也不应该直接对顾客说"不"或者彼此对抗。第二，作为服务人员，必须为自己所服务的人设定一个标准。第三，一般来说，看到卑鄙气人的行径人们就胆小怕事，不敢说一句话；因此，如果有人大声制止时，人们就高兴地欢呼或者说谢谢。

这件事说明，我们能通过有效、清楚、客气的方式说"不"从而保护我们自己（在熟食店柜台后面的我和同事）、他人（其他的顾客）、老板（避免顾客的投诉或更糟糕的事情），以及我们老板的品牌（这是一家以独特的装潢、精美的食品和优质的服务而闻名的高消费阶层的食品店）。

你怎样说"不"

说"不"是一种自我保护，一种反对不公平的立场，一种自由之举。"不"的主人说的"不"就是"不"。他们了解说"不"的结果，并且已经肯定说"不"是最好的、符合道德的事情。

想象你如何说"不"。如果你不能想象自己如何说"不"，那么你几乎没有说"不"的能力。思考你想对谁说"不"，想象一下这个人的模样以及你与他交往的情形。

下列问题决定你将怎样说"不"，而且说到做到。

（1）什么激励你说"不"？

（2）你期望什么？你为什么想说"不"？

（3）你准备应对什么结果？

（4）你的站姿如何，坐姿如何？

（5）你的脸色如何？

（6）你将使用什么语气？

（7）你将怎样应对别人对你说"不"的回答？

（8）你想在什么场合说"不"？

（9）听一听你将怎样说"不"。

现在，请大声说出"不"！如果你发现自己说出"不"时的声音不大而且毫无意义，就请回答下面的问题。这些问题可以帮助你练习如何大声地、有意义地说"不"。

（1）你想每周工作 100 个小时吗？

（2）你想得到少于你应该得到的报酬吗？

（3）你想吃到撑破肚皮吗？

（4）你想卷入一次致命的车祸吗？

保护决策的时间和空间

做出说"不"的决定可能是既耗时又紧迫的过程。创造一个或多个健康的保护空间以便你能做出好决定。选择或创建精神上、感情上、身体上安全的并且激励决策过程的空间——说"不"的人就生活在这种空间里。我们中其余的人则需要寻找实体的房间、活动、人。

拥有一个安全决策空间并不意味着你会使用它。因此，你也需要决定决策时间。你的决策需要多长时间？决策所需的时间通常取决于你所面临的决策。当处境危险时，决策只需 1 秒钟到 1 分钟的时间；当处境安全时，一个决策可以占用一两分钟到一两天的时间；当面临改变生活、但不威胁生命的情况时，决策可以花费 1 天、1 个月甚至 1 年的时间。

复杂的决策及其结果比简单的决策及其结果需要更长的时间。如果你因担心他人对你的决策的反应而推迟决策，那么对相关的人和事来说，你的决策所需的时间就不符合道德规范且失去公平。但是如果遇到一些安全的、令人兴奋的、有趣的东西，你也许在 1 分钟之内就会做出决策。你做决策平均每次花费多长时间？适量、太长，还是太短？

说"不"的策略

如果你一旦认识到你自己的说"不"的个性话语，就应该复习说"不"的策略的话语。这里描述了你不想发生的事情。你还不想要什么？你还想对什么说"不"？这些不但是你认为重要的事情而且是你价值观的一部分。你的价值观是你说"不"的策略的一部分。

再次思考你的说"不"的策略是什么。例如，"不，当苏珊娜父母不在家时，你不可以在她家过夜。你知道我们家的规矩。"或者，"我每月把 10% 的时间分给慈善机构，并且我的时间已经安排好了。"拥有一套指导你选择的个人策略不但能帮助你磨掉对请求说"不"所带的个人锋芒，也给你带来用言语或身体语言说"不"的信心，以至于听到你回答的人能够认真对待你的"不"。明确你的说"不"的策略，允许你更有效使用直接坦率、彬彬有礼、讲究细节、激励鼓舞的说"不"的个性话语。铭记你的说"不"的策略，有利于你避免使用闪烁其词和贪婪自私地说"不"的个性话语。

第二章

停止说"或许"

犹豫不决者

说"或许"很危险，因为听话人可能会仓促得出与我们想做出决定的愿望相反的结论和判断。如果你已经知道答案是"是"或"不"，"或许"也可能引起误解甚至不合乎道德。犹豫不决者生活在"不——或许"区域中。使用表示"不——或许"的习惯用语使你不但处于危险之中而且会被迫半途而废。

犹豫不决的意思是犹疑不定、优柔寡断、左右摇摆。我们都见过犹豫不决者，也许甚至我们自己就是犹豫不决者。犹豫不决者是那些不能做出决定的人或者那些一贯说"或许"和"我们等等看"的人。心里踌躇而且原地踏步的人就是犹豫不决者。犹豫不决的行为也包括在做选择、承担任务或避免做承诺时的踌躇。

1. 新闻报道中的犹豫不决

犹豫、踌躇等词语可以用来描述全世界的行为。请看看这些新闻的标题：在1993年和1997年，"犹豫不决"指比尔·克林顿总统外交政策的立场。2000年，"犹豫的'不'有用"展开了关于美国西部大坝和航道的报道。2000年，《印度时报》刊登了一篇名为"不再犹豫"的文章，这篇文章报道了巴基斯坦和印度之间的关系。2003年，哥伦比亚广播公司新闻报道说加拿大总理让·克雷蒂安"在伊拉克问题上犹豫不决"。

各国政府的新闻报道经常把政治家、世界政要以及政府机构描述为在政策和决策上"犹豫不决"。《华盛顿时报》2002年11月26日报道"美国联邦通讯委员会（FCC）掌舵，电信公司犹豫不决"。

这样的案例很多。我们中的许多人都犹豫不决过，或者至少受到过这方面的指责。但是，"人人都跳河并不意味着你也应该跳"。因此不要再犹豫不决，要果断做出决定。坚定不移，头脑清醒，想说"不"时就说"不"，想说"是"时就说"是"。

2. 为什么犹豫不决

我们为什么犹豫不决？其中有很多原因。例如，让你摆脱尴尬的处境或者棘手的局面。你不必感到不好意思或伤害他人，犹豫不决可以为你争取时间，为你做出尽可能好的决定获取更多的信息。

如果犹豫不决有任何优点，你就要保持清醒，不必解释；而且如果你许诺将有一个答案时，那么就用明确的"是"或"不"做后续行动。做调查研究，多问问题，应用"说'不'的能力模型"。一旦你有犹豫不决的正当理由，就应该维护你的声誉，遵守你的诺言，果断做出决定。但是，如果你没有犹豫不决的正当理由，就不要这样做。

犹豫不决的结果

说"不，或许"是犹豫不决的表现。如果你说"不"时缺乏信心，别人听起来就像你在说"或许"。如果你为你的"不"添加解释或原因来说服别人认为你的意思是"不"，别人会感觉你在犹豫不决，而且会认为"她不知道她自己在说什么"。

每个决定或者犹豫不决都会产生一些潜在的结果。犹豫不决是一种对被问的问题不做决定的决定。下面是犹豫不决的潜在结果。

1. 靠不住的犹豫不决的结果

正面结果：无。

负面结果：未能做出需要做出的决定；你让他人失望；人们认为你不能做出决定；人们不再来找你，他们开始去找他们认为能够做决定的人；错过机会；有人受到伤害。

中性结果：不论你在什么问题上犹豫不决，都没有重大关系或者引起任何问题。

靠不住的犹豫不决是最普通、最常见的一种犹豫不决。当你不想却被迫说"是"时，你会犹豫不决。当你想要却感到不舒适说"不"时，你会犹豫不决。而且，当你真的不知道该说"是"还是说"不"时，你也犹豫不决。

2. 犹豫不决的结果

正面结果：你从其他人那里收集资料做出决定；决策者依赖你；他做出决定。

负面结果：人们认为你不能做出决定；决策者是靠不住的犹豫不决者，因此，没有做出任何决定；人们不再找你，他们开始去找他们认为能够做决定的人；错过机会；有人受到伤害；作为决策者你将责任归咎于他人；因为人们了解你这一点，他们不会尊重你的决策——即使你做出了决定。

中性结果：不论你在什么问题上犹豫不决，都没有重大关系或者引起任何问题。

3. 合理的犹豫不决的结果

正面结果：你收集所需资料做出明确的"是"或"不"的决定；一旦你在犹豫不决之后通过坚持到底而恢复声望，人们便开始更加尊重你。

负面结果：如果你没有坚持到许诺的最后期限，你就会变为第一类犹豫不决者——靠不住的犹豫不决者。

中性结果：做出决定；没有人对你感到厌烦；没有人受伤害；在延迟期间没有损害。

停止犹豫不决，果断做出决定

依靠引导你清楚地回答"是"或"不"的一系列问题，以及你在得出明确的答案之前对将要发生的事情所做的明确的承诺，你将能学会如何做出更好的决定。

你可以能收集足够的信息达成一个明确的"是"或"不"的决定。记得要尽可能多地收集关于要求的目的、选项、时间、情绪联系以及权利和责任等方面的细节。

信息收集对你的决策过程非常重要。不过，在某些时刻，时间已到，你需要决定。或者，你那里已经收集了足够的信息可使你做出决定而且继续前行。

利用"说'不'的能力模型"终止你的犹豫不决，果断做出决定。方法如下：问你自己和他人关于 5 个做决定要点方面足够多的问题，以确定你的最佳答案或者反应是什么。否则，你将再次陷入犹豫不决。

1. 目的

请求的目的是请求者对其所想要的东西、所需要的东西、需要的原因，以及它与所要实现的目标的关系的清晰明确的表述。你如果因为目的不清楚而意欲犹豫，就问自己下面的问题：

需要做的是什么？

为什么我是最佳人选？

通过做这项计划，我们要完成什么目标？

2. 选项和资源

一旦明白了请求的目的，你就应该找出你有哪些选项和资源。选项是你完成计划可供选择的办法。资源是帮助完成计划的人和物，包括工具、人员、设备、资金以及职权等。下列问题可以帮助了解你有哪些可用的选项和资源，以便你能停止犹豫不决果断做出决定：

其他人能承担这个任务吗？

有多少种方法可以完成任务？

有哪些可用的工具、设备、资金可以帮助完成任务？

谁可以提供帮助？或者，有多少志愿者或工人帮助？

此外，如果可用的选项和资源不能帮助完成任务，就是该说"不"的时候了。如果选项和资源能帮助完成任务，就要继续考虑下一个做决定的要点，了解计划或请求到期的时间，以决定你将对计划或请求说"是"还是说"不"。

3. 时间

一个关于完成计划的时间的话语可以告诉你该计划的时间安排或者请求的最后期限。为了确定完成请求的时间，问下列问题：

完成这项计划的具体日期与时间是什么？

最后期限是固定不变的，还是可协商的？

这个期限与我们其他必须做的事情冲突吗？

这个请求的时间是否顾及所需资源？

4. 情绪联系

情绪来源于你过去的经验、你对如何完成计划或请求的直觉，或者一种莫名其妙的不想做事的感觉。情绪可以引起对请求说"是"的兴奋、许诺和干劲。另一方面，情绪也可以引起对请求说"不"的愤恨、怀疑以及劲头。

前3个做决定要点——目的、选项、时间是逻辑上必然的。仔细考虑每一个要点，在需要时可以协商。即使有这些合乎逻辑的讨论，你的情绪也能使你犹豫不决而且影响你是否坚持"是"或"不"的决定。

在你清楚而彻底地考虑好请求之后，请考虑你的感受如何。问自己以下问题：

你真正想做、完成、涉足的是什么？

如果你说"不"，你有何感受？

如果你说"是"，你有何感受？

然后，确定你对请求的最好回答到底是什么："是"还是"不"。

5. 权利和责任

权利是指那些在一定情况下被认为是正确的东西以及不管你对请求说"是"还

是"不"都正确的东西。除了权利之外，你还应该知道你负有什么责任。责任指你应该做到、履行、执行的法律的、道德的、精神的义务或职责。

一旦你已经决定说"是"或"不"，你就想证实你是否通过决定得到了保护和支持。问下列问题，以便弄清如果自己坚持执行自己的"是"或"不"的决定，你应该得到什么支持。

如果我说"不"，会发生什么？

如果我说"是"，我能期望什么保持不变？

如果我说"是"，我要对什么负责？

如果我说"不"，我要对什么负责？

在你完全探讨了这些问题之后，你应该清楚你的"是"或"不"的最好回答是什么。因为在决定之前做深入的讨论，你将更可能坚持并完成你的决定。而且，在完成请求期间，你将得到更大的保护，因为你和你周围的人已经确定了你的权利和责任是什么。

第三章

说 "是"

现在说 "不"，稍后说 "是"

"不，我目前不能帮助你。但是我对活动感兴趣并且想稍后参加。"这是一种真诚而有效的现在说 "不" 稍后将说 "是" 的方式。本章的重点是如何说 "是"，使内在主观愿望与外在客观行为协调一致，以便你更容易贯彻实行 "是"，这样你就不会再成为犹豫不决者。说 "不" 者不但知道什么时候说 "是"，而且知道什么时候说 "不"。犹豫不决者没有主见，唯唯诺诺者则受困于对任何人、任何事说 "是" 的习惯。

你知道你常常说 "是"，下列的事情什么时候开始发生在你身上？

（1）因担心必须做的一切事情，你在夜里无法入睡。

（2）你似乎一直感到疲倦。

（3）你不能完成你所有的许诺去做的事情。

（4）你经常说 "我没有足够的时间"。

（5）别人不再要求你做事，因为你不能坚持到底。

（6）别人对你的幸福表示关心，因为你好像总是如此忙碌和疲倦。

内在主观愿望与外在客观行为

你的大脑想要说 "是"，因此你大声说出 "是"。这是内在主观愿望与外在客观行为的协调一致，因为你的内心所感、所想就是你实际上大声说出的话。但是，即使你自己清楚内在主观愿望与外在客观行为协调一致，知道自己大声说出头脑里的 "是"，其他人也有可能听不到你的 "是"。

即使"是"字从你的嘴里说出来，听话人也有可能把它当做"或许"。你要表达的意思通常取决于你所使用的语气，比如，"是"可以表示同意或要求。"是！我很愿意与你一起去看电影"表示同意。"是，我想让你打扫你的房间"则表示要求。你一旦说"是"，就要坚持并履行自己的承诺，这样他人才能把你的"是"看做"是"，"不"看做"不"。

当你说"是"时，你或者承诺采取行动或者确认某些事情。做好准备，用你的行动支持你的"是"。

1. 内在主观愿望与外在客观行为不协调

这是不情愿的不协调：因为你想要说"不"，或你不想做被要求做的事情，但是你却说出了"是"。

即使你不想说"是"，由于某些原因，你也大声说出了"是"。当你感到害怕，或者不喜欢说"不"的结果时，你将说"是"。例如，"如果我拒绝了老板，我将会丢掉工作。"当你不喜欢某项任务，但因为你不想显得怠慢而同意做它时，也会造成内在主观愿望与外在客观行为的不协调。一个十来岁的少年分享了这个例子："我不喜欢做晚餐沙拉，然而我得做，只有这样我们才能吃晚餐。因此，我做了沙拉。"

内在主观愿望与外在客观行为的不协调行为还包括下面这些：

你不想去替老板开会，但是你说了"是"。

你不想你的孩子去他的一位朋友家里吃晚饭，但是你很长时间都没有同意过，你这次说了"是"，因为你知道孩子朋友的父母在家。

你不想去看电影，但是你不能想到其他更好的事情，因此你同意去看电影。

2. 外在客观行为与内在主观愿望不协调

这是情愿的不协调：你想要说"是"，然而你却说出了"不"。

在不同的情况下，由于不同的原因，当你想说"是"时却大声地说出了"不"。例如，某人被邀请去看一部他想看的电影时说："不，我想去，但是我已经答应整个周末照看孩子了。"或者，某位职员终于等到了期待已久的晋升时说："不，我现在的生活境遇不允许我接受这个新职位。"

你能消除这些不协调的行为吗？不能，因为在很多情况下，你不喜欢做的、不想学的，或不想做的事情却很重要。因此当你认识到某个请求对某一步骤、事情，或者另一个人的重要性时，虽然你心里想说"不，我不想做"，但你说出口的却是"是"。因此，在有些时候，虽有人提供给你确实想要的东西或想做的事情，但是并没有带来好结果。

构造表示"是"的话语

虽然没有完全消除内在主观愿望与外在客观行为不一致的方法，但是有方法减少这种经历的次数。"说'不'的能力模型"能确保你回答的"是"和回答的"不"一样清楚。换句话说，你构造的表示"是"的话语肯定表示"是"。下面是如何运用"说'不'的能力模型"说"是"的方法。

1. 目的

请求的目的是请求者对其想要的东西、需要的东西、需要的原因，以及它与所要实现的目标之间的关系的清晰明确的表述。当目的或者请求明确时，你的内在主观愿望可以说"是"，而外在客观行为可以继续探讨"说'不'的能力模型"的其他4个组成部分。

2. 选项和资源

选项是你完成计划可供选择的办法，资源是帮助完成计划的人和物，包括工具、人员、设备、资金以及职权等。在你完成请求或者实现目的时，如果你确信你有合适的选项和资源可用，那么你的内在主观愿望可以说"是"，而外在客观行为可以继续探讨它的最后期限。

3. 时间

关于完成计划的时间会告诉你该计划的时间安排或者请求的最后期限。如果时间和最后期限符合实际情况，并且你有所需的选项和资源，那么你的内在主观愿望可以说"是"，并思考你在做出最后的决定之前的感觉。

4. 情绪联系

情绪联系来源于你的经验、你对完成如何计划或请求的直觉，或者一种莫名其妙的不想做事的感觉。在探讨完"说'不'的能力模型"的前3个部分之后，请认真考虑你对所给的回答有什么感受，问你自己是否真的想要大声说出"是"。你的内在主观愿望对前3个部分的讨论说"是"，并不意味着你想承担这项计划。

5. 权利和责任

权利是指那些在一定情况下被称为真实的事情和不管你对请求说"是"还是"不"都是真实的事情。除了权利之外，你还应该知道你负有什么责任。责任指你应该做到、履行、执行的，法律的、道德的、精神的义务或职责。你一旦说"是"，则意味着你想要继续交谈，并且想确保你通过这个回答得到保护和支持。

大声说"是"

在构造真正表示"是"的话语时，你要对下面的"说'不'的能力模型"问题全部回答"是"。

（1）目的："是"字出现在句子里吗？

（2）选项和资源：你知道什么选项和资源将有助于你完成计划吗？

（3）时间：句子明确说明了你的"是"在什么时候生效吗？

（4）情绪联系：你接受你对自己将要说的感受吗？

（5）权利：你考虑过说"是"的权利、责任以及后果吗？

如果你不能对这5个问题中的全部回答"是"，你可能让你自己处于犹豫不决的位置，其他人可能认为你没回答或者说了"不"。如果你发现自己对某个问题说"不"，请寻找更多的资料帮助你找出有关这5个问题的细节。然后，再重做这5个问题，心里做出明确的"是"或"不"的决定，以便你说出自己的最好的答案并坚持到底。

第四章

不同情境下如何说"不"

做日常决定

日常生活变化如此迅速，当面临需要你去答复的人时，你可能感到不知所措。时间、人、计划、合伙用车、上下班、志愿活动、寻找个人时间等压力可能使你不能专心做出最好的决定。尽管重重阻碍致使你觉得没有选择，其实你还是有选择的。并且，每时每刻你都可以选择。尽管每天都有干扰、要求、恳求、呼声、邀请、请求以及承诺，你也有权利停一下，做个深呼吸，然后做出选择。

的确，有时会发生生死攸关的危机。即使身处危机，你也可以一边深呼吸一边选择采取尽可能好的行动。不管发生什么，你都可以选择。

我们在倾听"不"、说"不"，以及坚持我们的"不"等方面都有不同的经历。如果你有令人气愤或令人疲惫的经历，你就可能时常避免说"不"。在你的经验基础之上，创建说"不"的技能。在下面的没有安全压力的练习中，学会使用这些可以提高你的说"不"的技能的模型、方法和策略。

在下面16个情境中的每一个情境里，都把你自己放在需要说"不"者的位置。如果你是说"不"的人，请写下你说"不"或说"是"的方式。使用"说'不'的能力模型"的5个问题确定你将如何应对以下每种情况。此外，如果某个情境和你遇到的情境相同，请写下你所用的话语和问题。

1. 工作情境（1）

你在公司已经工作了3年。你想要晋升而且已经得到加薪的许诺，但还没有兑现。有两位同事辞职了，公司还没有招聘新员工来替代他们的位置。老板来找你帮忙完成一项从现在起只有10天期限的计划。如果你的工作量减半，这个期限才能实现。

你将对老板说什么?

你将怎样得出你将说的话?

你怎样运用"说'不'的能力模型"?

你感觉你的回答怎么样?

你将怎样为你的回答承担责任?

如果你必须按照下列3种方式做出回答,你将怎样对老板说?

不,永不:

不,或许:

不,现在"不",稍后"是":

在每一组(工作、家庭、朋友和社区)情境中,只给第一个情境提供了参考答案,以便你了解其余情境的回答模式。

工作情境(1)的参考答案:

你将怎样得出你将说的话?

通过使用"说'不'的能力模型"。因为规定的期限是从现在起10天之内,所以为了确定老板的要求有多现实,你可以问老板:"你需要完成的计划包括什么?什么资源可以帮助完成计划?如果我说"不",我的权利是什么?如果我说"是",我的责任是什么?而且,你心里要问自己:"我到底感觉这项计划如何?我要承担这项计划吗?"

你将怎样为你的回答承担责任?

你已经说出了你决定要说的话。坚持你的回答,不要后悔,继续努力,并做出比现在的决定还要好的决定。

如果你必须按照下列3种方式做出回答,你将怎样对老板说?

不,永不:"不,我不打算承担这项计划。"

不,或许:"我看看是否有时间做。"

不,现在"不",稍后"是":"我下周开始做,仍然能如期完成计划。"

2. 工作情境(2)

你的上司刚刚要求你顶替一位驾驶员。下午2点之前你必须把货送给一位客户,并且在返回途中要到第2个客户那里取货款。公司没有车辆可用,你的汽车保险不包括因工作原因给单位送货而造成的损失,并且你也没有义务为公司收货款。

你将对上司说什么?

你将怎样得出你将说的话?

你怎样运用"说'不'的能力模型"？

你感觉你的回答怎么样？

你将怎样为你的回答承担责任？

如果你必须按照下列 3 种方式做出回答，你将怎样对上司说？

不，永不：

不，或许：

不，现在"不"，稍后"是"：

3. 工作情境（3）

你的部门刚刚被告知因利润下降而"削减开支"。你将怎样确定采取什么措施？

你将对上司说什么？

你将怎样得出你将说的话？

你怎样运用"说'不'的能力模型"？

你感觉你的回答怎么样？

你将怎样坚持你的回答和所承诺的行动？

如果你必须按照下列 3 种方式做出回答，你将怎样对上司说？

不，永不：

不，或许：

不，现在"不"，稍后"是"：

4. 工作情境（4）

你的公司有反对经理—员工私人关系的政策。你刚刚发现一位经理和他的一位直接报告人有私人关系，而且已经开始对工作产生负面作用。你和他人心里都对所发生的事情感到气愤，并且你想要制止这种关系的发展，这样就不会影响大家的工作了。不管你目前在公司里担任什么工作，你将做什么？

你将说什么？对谁说？

你将怎样得出你将说的话？

你怎样运用"说'不'的能力模型"？

你感觉你的说'不'行动和回答怎么样？

你将怎样为你的回答承担责任？

5. 工作情境（5）

描述你工作时最令你气愤地说"不"的情境。

知道你现在所知道的事情，你下次将说什么？

你将怎样得出你将说的话?

你怎样运用"说'不'的能力模型"?

你感觉你的回答怎么样?

你将怎样为你的回答承担责任?

如果你必须按照下列 3 种方式做出回答,你将怎样对老板说?

不,永不:

不,或许:

不,现在"不",稍后"是":

6. 家庭情境（1）

你打算在 4 个月内结婚,但是你和未来的配偶还没有谈论你们是否要孩子或者要生几个孩子的问题。你不想要孩子,但是却不知道如何说出口。

你将对未来的配偶说什么?

你将怎样得出你将要说的话?

你怎样运用"说'不'的能力模型"?

你怎样应对配偶的回答?

你将怎样为你的回答承担责任?

家庭情境（1）的参考答案:

你将对未来的配偶说什么?

从"说'不'的能力模型"开始,构造一个可以用于和配偶商谈生孩子的问题的句子。

目的:"我们还没有谈论过生孩子的问题,我想谈谈这个问题。"

选项:"我从高中开始就不想要孩子,我现在仍然不想要孩子。你觉得要孩子怎么样?"

时间:"我知道这个话题很沉重,但是我认为在我们结婚之前,我们真的应该讨论一下。"

情绪联系:"我对这个问题反应很强烈,我不会改变主意。我不想要孩子。"

权利和责任:"我对你诚实,请你对我也诚实。不管我对生孩子有什么感受,你还想与我结婚吗?"

你将怎样为你的回答承担责任?

你已经说出了你决定要说的话。坚持你的回答,不要后悔,继续努力,并做出比现在的决定还要好的决定。此外,请考虑你将如何遵守你对配偶所做的关于是否想要孩子或想要几个孩子的承诺。

7. 家庭情境（2）

你一直长时间工作，你的配偶也一直长时间工作。你们两口子过去经常一起清扫房间和庭院，但现在没有人打扫了。你一直想躲避谈起如何做出改变，以避免你们家脏得不再有家的感觉。你筋疲力尽，灰心丧气。你不想让家里的每一位成员对需要做的家务活感到压力。

你将怎样说"够了，不要再如此了"？

你将对配偶说什么？

你将怎样得出你将要说的话？

你怎样运用"说'不'的能力模型"？

你怎样应对配偶的回答？

你将怎样为你的回答承担责任？

8. 家庭情境（3）

你在你的房子里已经生活了5年，而且房子变小了——因为现在家里有5口人一起生活。你也有钱搬到别处住，但是你非常喜欢现在居住的街道和附近的学校。你的配偶说："我认为该搬家了。"现在你怎么办？

你将对配偶说什么？

你将怎样得出你将要说的话？

你怎样运用"说'不'的能力模型"？

你怎样应对配偶的回答？

你将怎样为你的回答承担责任？

9. 家庭情境（4）

描述在家中最令你气愤地说"不"的情境。

知道你现在所知道的事情，你下次将说什么？

你将怎样得出你将说的话？

你怎样运用"说'不'的能力模型"？

你感觉你的回答怎么样？

你将怎样为你的回答承担责任？

如果你必须按照下列3种方式做出回答，你将怎样说？

不，永不：

不，或许：

不，现在"不"，稍后"是"：

10. 朋友或家族情境（1）

多年未见的一位朋友来到你所在的城市。他刚刚打电话问你今晚是否愿意出去喝酒，但是你的配偶和孩子正盼望你回家做晚饭。

你将对你的朋友说什么？

你将对你的配偶和孩子说什么？

你将怎样得出你将说的话？

你怎样运用"说'不'的能力模型"？

你感觉你的回答怎么样？

你将怎样为你的回答承担责任？

如果你必须按照下列 3 种方式做出回答，你将对你的配偶怎样说？

不，永不：

不，或许：

不，现在"不"，稍后"是"：

朋友或家族情境（1）的参考答案：

你将对你的朋友说什么？

你的选择：无论你想要说什么。

你将对你的配偶和孩子说什么？

你的选择：无论你想要说什么。

你将怎样得出你将说的话？

你怎样运用"说'不'的能力模型"？

按照如下方式运用"说'不'的能力模型"。

目的：你的朋友为什么想和你聚会？目的影响你的选项吗？

选项：你能在别处而不在家和你的朋友见面吗？你能邀请你的朋友到家吃晚饭，和家人见面吗？你们能在和家人吃过晚饭之后去见面吗？你们能在和家人吃晚饭之前去见面吗？

时间：今晚真的是你和朋友见面的唯一时间吗？回顾选项里的问题再确定一个对你们俩都合适的时间。

情绪联系：与这位朋友见面你有什么感受？你确实想见，或者用少量的时间和家人一起去，还是不和家人一起去？

权利和责任：家人盼望你回家吃晚饭，那么，你应该做出什么决定才能使你的朋友、家人和你自己都感到满意？

你将怎样为你的回答承担责任？

你已经说出了你决定要说的话。坚持你的回答，不要后悔，继续努力，并做出比现在的决定还要好的决定。

如果你必须按照下列 3 种方式做出回答，你将对你的朋友怎样说？

不，永不："不，下次来时不要再给我打电话。"

不，或许："我不确定，我和家人商量一下。"

不，现在"不"，稍后"是"："我有其他事情。你下次来时再给我打电话，这样我可以有时间安排一下。"

11. 朋友或家族情境（2）

高中同学聚会的压力变得越来越大，你对它越来越没有兴趣。今年，已经达到你的忍耐极限：你不想去。

你将怎样得出你将说的话？

你怎样运用"说'不'的能力模型"？

你感觉你的回答怎么样？

你将怎样为你的回答承担责任？

如果你必须按照下列 3 种方式做出回答，你将对同学怎样说？

不，永不：

不，或许：

不，现在"不"，稍后"是"：

12. 朋友或家族情境（3）

你的朋友（或者表姐妹）刚刚来到你家，问你是否可以从现在开始替他们照看几小时孩子。

你将怎样得出你将说的话？

你怎样运用"说'不'的能力模型"？

你感觉你的回答怎么样？

你将怎样为你的回答承担责任？

如果你必须按照下列 3 种方式做出回答，你将怎样说？

不，永不：

不，或许：

不，现在"不"，稍后"是"：

13. 朋友或家族情境（4）

一位高中时的熟人打电话给你说她即将来你所在的城市玩，并且问你她是否可以在你家住几晚。

你将怎样得出你将说的话？

你怎样运用"说'不'的能力模型"？

你感觉你的回答怎么样？

你将怎样为你的回答承担责任？

如果你必须按照下列 3 种方式做出回答，你将怎样说？

不，永不：

不，或许：

不，现在"不"，稍后"是"：

14. 社区情境（1）

一年来，你一直和几个朋友合伙用车上班（或者为了孩子的事情）。其中两位朋友按月支付他们那部分汽油费和停车费。但第 3 个朋友没有交钱，过去 4 个月来甚至连交钱的事都未曾提起。你失去了耐心，你将如何说"你不能再用车了"。

你将对这位朋友说什么？

你将怎样得出你将说的话？

你怎样运用"说'不'的能力模型"？

你感觉你的回答怎么样？

你将怎样为你的回答承担责任？

如果你必须按照下列 3 种方式做出回答，你将对这位朋友怎样说？

不，永不：

不，或许：

不，现在"不"，稍后"是"：

社区情境（1）的参考答案：

你将对这位朋友说什么？

你的选择：无论你想要说什么。

你将怎样得出你将说的话？

你怎样运用"说'不'的能力模型"？

按照如下方式运用"说'不'的能力模型"。

目的：你想要表达你的气愤，并且要求公正公平地解决问题。

选项：一言不发，继续生气。单独和这位合伙用车者交谈并且弄清是怎么回事。你和配偶可以邀请这位合伙用车者和其配偶吃晚饭，和他们讨论这个问题并提议帮助他们。和其他合伙用车的朋友或其他朋友交谈，看看这个合伙用车者是否有需要帮助的问题。

时间：你等待的时间越长，大家忍受的时间越长。因此，应寻找时间进行一次明确而友好的谈话。

情绪联系：你已经受到了干扰，因此该采取行动了。

权利和责任：每个人都签订了合伙用车的协议，同意交钱给你，因此每个人都需要交钱。你有权利和责任要求每个人都遵守协议。

你将怎样为你的回答承担责任？

你已经说出了你决定要说的话。坚持你的回答，不要后悔，继续努力，并做出比现在的决定还要好的决定。如果你决定让这位朋友继续用车而不用交钱，你将如何想？其他合伙用车者又将如何想？最友好、最公正、最诚实的回答到底是什么？

如果你必须按照下列3种方式做出回答，你将对这位合伙用车的朋友怎样说？

不，永不："你不能再用车了，这对我们任何人都不公平。请在本月15日之前把这5个月的费用交给我。"

不，或许："我们能否制订一个付款计划，以便你有钱补欠款？"

不，现在"不"，稍后"是"："我知道你现在有困难。你现在可以先付给我一部分钱，然后我们再商量出一个付款计划以便你补欠款？"

15. 社区情境（2）

"你今年担任特别事件委员会主席，好吗？"你已经担任了一个贸易协会的委员，而且要教你最小的孩子踢足球。你相信这个新的机构并且想帮忙。但是，你觉得今年还不能同意担任这个你从未参加过的机构的主席。

你将对请求你担任主席的志愿者说什么？

你将怎样得出你将说的话？

你怎样运用"说'不'的能力模型"？

你感觉你的回答怎么样？

你将怎样为你的回答承担责任？

如果你必须按照下列3种方式做出回答，你将怎样说？

不，永不：

不，或许：

不，现在"不"，稍后"是"：

16. 社区情境（3）

描述在社区活动中最令你气愤地说"不"的情境。

知道你现在所知道的事情，你下次将说什么？

你将怎样得出你将说的话？

你怎样运用"说'不'的能力模型"？

你感觉你的回答怎么样？

你将怎样为你的回答承担责任？

如果你必须按照下列 3 种方式做出回答，你将怎样说？

不，永不：

不，或许：

不，现在"不"，稍后"是"：

说"不"的结果模型

说"不"的结果可以影响说"不"的决定。对于下列每一句话和情境，请写出在继续进行谈话或其他活动之前你所考虑的结果。

1. 作为说"不"者，你刚刚说"不"。

正面结果：

负面结果：

中性结果：

2. 作为说"不"者，你对一个请求已经思考了 10 分钟，并且已经决定说"不"。

正面结果：

负面结果：

中性结果：

3. 你是犹豫不决者，刚刚慢吞吞地说："不……"

正面结果：

负面结果：

中性结果：

4. 你是唯唯诺诺者，你刚刚说："是，我将帮助你。我不知道怎样，但是我会。"

正面结果：

负面结果：

中性结果：

5. "不，我不会去做这项计划。我不敢相信你竟会要求我考虑它。"（这是说"不"者、犹豫不决者，还是唯唯诺诺者说的话？）

正面结果：

负面结果：

中性结果：

6. "我想帮忙，但我不确定我什么时候能开始。"（这是说"不"者、犹豫不决者，还是唯唯诺诺者说的话？）

正面结果：

负面结果：

中性结果：

7. "你今天在工作时提及聚会的事，我决定去。"（这是说"不"者、犹豫不决者，还是唯唯诺诺者说的话？）

正面结果：

负面结果：

中性结果：

8. "是，从 7 月 1 日开始，我可以在这个委员会帮一年忙。"（这是说"不"者、犹豫不决者，还是唯唯诺诺者说的话？）

正面结果：

负面结果：

中性结果：

◆ 参考答案：

对下列每个句子，考虑并写出大声说出这些话的可能结果。这些只是参考答案。

1. 作为说"不"者，你刚刚说"不"。

正面结果：每个人都知道你的意思是"不"。

负面结果：有些人认为你的"不"急躁轻率。

中性结果：每个人都清楚，没有人推诿。

2. 作为说"不"者，你对一个请求已经思考了 10 分钟，并且已经决定说"不"。

正面结果：你做出了明确的决定。犹豫不决者、唯唯诺诺者以及一些初学者看到了你发挥决策过程的作用。

负面结果："不"的主人认为你的决定用了太长时间。

中性结果：每个人都清楚，没有人推诿。

3. 你是犹豫不决者，刚刚慢吞吞地说："不……"

正面结果：你推迟做出决定。

负面结果：你推迟做出决定。

中性结果：做决定无关紧要，所以没有产生其他结果。

4. 你是唯唯诺诺者，你刚刚说："是，我将帮助你。我不知道怎样，但是我会。"

正面结果：你被看作一个愿意帮忙的人。

负面结果：你不能完成，他人感到失望。

中性结果：不确定是否有这种结果。你已经承诺帮忙，那么如果你确实提供帮助，他人就高兴；如果你不提供帮助，他人就不高兴。

5. "不，我不会去做这项计划。我不敢相信你竟会要求我考虑它。"（这是犹豫不决者说的话，因为说"不"者不会加上最后那句话。）

正面结果：每个人都知道你不会去做。

负面结果：他人认为你有点情绪激动，反应过激。

中性结果：将做出同样反应的人会认同你的回答。

6. "我想帮忙，但我不确定我什么时候能开始。"（这是唯唯诺诺者说的话。）

正面结果：他人认为你友好，乐意帮忙。

负面结果：你再次做出承诺，任务没有完成。人们对你感到失望。

中性结果：一切都还凑合。

7. "你今天在工作时提及聚会的事，我决定去。"（这是唯唯诺诺者说的话。）

正面结果：每个人见到你都很高兴。

负面结果：主人觉得你闯入聚会，因为你没有受到邀请。

中性结果：一切都还凑合，没有造成伤害，也没有引起反感。

8. "是，从 7 月 1 日开始，我可以在这个委员会帮一年忙。"（这是说"不"者说的话。）

正面结果：你已做出承诺，并且清楚说明开始的日期。

负面结果：人们因你未能早点开始而感到不快。

中性结果：一切都还凑合，可以接受。

（注意：唯唯诺诺者可能说"好"、"当然可以"或者"我能帮忙"，但然后并不能按照所希望的那样完成计划。）

第六篇

最讨人喜欢的说话方式

当今社会，一个人的成功，仅仅有 15％取决于技术和知识，而其余 85％则取决于口才艺术。

——［美］戴尔·卡耐基

第一章

说到对方心窝里

先为对方着想

与对方沟通交流时，最重要的就是能够以真情感动对方。说话的时候先为对方着想，无疑是很好的办法。

因为一般情况下，自己对某一件事所认为的"对"或"好"并不能代表别人的看法。在沟通时最好先得知对方的看法。看别人怎么理解情势，你就能以对方了解的方式讲话和行事。若你径自表现出"好"或"对"，而不去弄清楚对方是否有相同的看法，你可能会惊讶于对方的反应。

所以在谈话之前你所要做的就是尽你所能了解别人的背景、观点和热诚程度，你因而可以知道：

什么使他们兴奋，什么使他们厌烦，什么使他们害怕。

他们上班时是什么人，他们下班时是什么人。

他们生活中真正需要什么，他们怎么能获得。

你可以从别人的判断知道很多他们的事。

研究他们从前的决定。

知道这些问题的答案，不仅可以避免你犯难堪的错误，它让你设计你的表达方式，因而你的意见可以跟他的需要和要求结合，这样就会使你们的沟通更加融洽。

但平时我们最常听见人们对工作环境的 3 项抱怨却是：

（1）他们认为别人不听他们的话。

（2）他们觉得受不到尊重。

（3）他们认为别人想办法要控制或操纵他们。

在与别人谈话的过程中，如果你先提自己的需要，这 3 种情况是最可能发生的。

你先提别人的需要，它们就最不可能发生。

大部分人对自己的兴趣大过对别人的兴趣，对自己的需要，热衷程度远强于对别的需要。但是如果你先提对方最有兴趣的、他们需要的事情，就能掌握他们的注意力，建立联结，且赢得他们的信任和尊敬。

当你提对方所需，为对方着想时，你会发现许多可喜的变化，而这些变化对你也是有利的。

首先，当你先提对方的需要时，对方会有以下表现：

（1）较快开始聆听。

（2）比较注意。

（3）听得较久。

（4）对你说的记得较多。

（5）比较尊重你。

（6）认为你是比较聪明的人，甚至是较好的人，因此你会得到较大的活动空间和自由。

（7）等你在说你自己的需要时，会听得较专心。

相比较而言，这样先提对方需要的小投资，有相当好的回报。

另一方面，若你先提自己的需要，人们常不愿聆听、保护自己或使冲突升级。他们可能以愤怒的眼神和僵硬的表情回敬你，怀疑你不考虑他们的需要，你的话一句也不听。这种恐惧和不信任，很容易就爆发公开的敌对。

此外，人通常在冲突开始时会焦虑。任何能缓和他们恐惧的方法，都会使情形变得较轻松和对每个人较有利。在这种时候，如果你先为对方着想，提出他人的需要就是一种很好的解决途径。在一些重大事情中，先提对方的需要，也会使你们成为合作伙伴。你们合作，联合对抗问题，而不是互相对抗。

所以，在与对方交往沟通时，如果想取得较为满意的结果，你就必须先为对方着想，满足对方所需。

说话的魅力在于真诚

真诚的语言是最能打动人的，巧妙地运用充满真情实意的话语，可以促使说者与听者产生情感共鸣，可以使双方的关系变得融洽，从而营造出一种良好的沟通氛围，赢得广泛的人际关系，为成功创造有利的条件。

1915 年，小洛克菲勒还是科罗拉多州一个不起眼的人物。当时，发生了美国工业史上最激烈的罢工，并且持续达两年之久。愤怒的矿工要求科罗拉多燃料钢铁公司提高薪水，小洛克菲勒正负责管理这家公司。由于群情激奋，公司的财产遭受破坏，军队前来镇压，因而造成流血，不少罢工工人被射杀。

那种情况，可以说是民怨沸腾。小洛克菲勒后来却赢得了罢工者的信服，他是怎么做到的呢？

原来，小洛克菲勒花了好几个星期结交朋友，并向罢工者代表发表了一次充满真情的演说。那次的演说可谓不朽，它不但平息了众怒，还为他自己赢得了不少赞誉。演说的内容是这样的：

"这是我一生当中最值得纪念的日子，因为这是我第一次有幸能和这家大公司的员工代表见面，还有公司行政人员和管理人员。我可以告诉你们，我很高兴站在这里，有生之年都不会忘记这次聚会。假如这次聚会提早两个星期举行，那么对你们来说，我只是个陌生人，我也只认得少数几张面孔。由于上个星期以来，我有机会拜访整个附近南区矿场的营地，私下和大部分代表交谈过，我拜访过你们的家庭，与你们的家人见过面，因而现在我不算是陌生人，可以说是朋友了。基于这份相互的友谊，我很高兴有这个机会和大家讨论我们的共同利益。由于这个会议是由资方和劳工代表所组成，承蒙你们的好意，我得以坐在这里。虽然我并非股东或劳工，但我深觉与你们关系密切。从某种意义上说，也代表了资方和劳工。"

这样一番充满真诚的话语，可能是化敌为友的最佳途径。假如小洛克菲勒采用的是另一种方法，与矿工们争得面红耳赤，用不堪入耳的话骂他们，或用话暗示错在他们，用各种理由证明矿工的不是，那结果只能是招惹更多怨恨和暴行。

此外，在人际交往中，我们经常会遇到"祝贺"这种交往形式，一般是指对社会生活中有喜庆意义的人或事表示良好的祝愿和热烈的庆贺。通过祝贺表示你对对方的理解、支持、关心、鼓励和祝愿，以抒发情怀，增进感情。

祝贺的语言要真诚、富有感情色彩，语气、表情、姿态等都要有情感性。这样才会有较强的鼓动性与感染力，才能达到抒发感情、增进友谊的目的。

道歉也是人际交往中常见的交流活动。为人处世，犯错误总是难免的，毕竟"人非圣贤，孰能无过"。但是犯错误后的态度人们却非常重视。所以犯错误时，我们首先要坦率承认、真诚道歉。

你道歉的时候态度真诚，别人就会很轻易地原谅你。相反，有的人在犯错时态度极差，道歉时让人看不到一丝真诚，有的甚至根本就不道歉，只是一味地为自己辩解不休。结果使彼此之间的裂痕越来越大。

古人云："有朋自远方来，不亦乐乎！""最难风雨古人来。"都道出了朋友间所凝聚的真情厚谊，反映了他们肝胆相照，充满真诚的交往过程。可以说，充满真诚、以诚暖人是交友说话、打动人心的重要因素，是赢得知心朋友的重要所在。

温语相求化冷面

会说话同会办事是相辅相成的。话说得好听，说得到位，对方才乐意接受你提出的条件和要求。只有温言相求，拣对方爱听的话说，才有利于事情的解决。

西汉初年有一个叫季布的人，他为人正直，乐于助人。不管谁有困难，他都会热心地帮忙，所以在当时名声很好。季布曾经是项羽的部将，他很会打仗，几次把刘邦打败，弄得刘邦很狼狈。后来项羽乌江自杀，刘邦夺取天下，当上了皇帝。刘邦每想起败在季布手下的事，就十分生气。愤怒之下，刘邦下令缉拿季布。

他的邻居周季得到了这个消息，秘密地将季布送到鲁地一户姓朱的人家家里。朱家是关东一霸，素以"任侠"闻名。此人很欣赏季布的侠义行为，尽力将季布保护起来。不仅如此，还专程到洛阳去找汝阴侯夏侯婴，请他解救季布。

夏侯婴从小与刘邦很亲近，后来跟刘邦起兵，转战各地，为刘邦建立汉王朝立下了汗马功劳。他很同情季布的不幸处境，在刘邦面前为季布说情，终于使刘邦赦免了季布，还封他为郎中。不久又任命他为河东太守。

当时，楚地有个名叫曹丘生的人，能言善辩，专爱结交权贵。季布原来和这个人是邻居，很瞧不起他，偏偏曹丘生听说季布又做了大官，一心想巴结他，特地请求皇亲国戚窦长君写一封信给季布，介绍自己给季布认识。窦长君早就知道季布对他印象不好，劝他不要去见季布，免得惹出是非来，但曹丘生坚持要窦长君介绍。窦长君无奈，只好勉强写了一封推荐信，派人送到季布那里。

季布读了信后，很不高兴，准备等曹丘生来时，当面教训教训他。过了几天，曹丘生果然登门拜访。季布一见曹丘生，就面露厌恶之情。曹丘生对此毫不在乎，先恭恭敬敬地向季布施礼，然后慢条斯理地说："我们楚地有句俗语，叫做'得黄金百两，不如得季布一诺'。您是怎样得到这么高的声誉的呢？您和我是邻居，如今我在各处宣扬您的好名声，这难道不好吗？您又何必不愿见我呢？"

季布觉得曹丘生说得很有道理，顿时不再讨厌他，并热情地款待他，留他在府里住了几个月。曹丘生临走时，还送他许多礼物。曹丘生确实也照自己说过的那样去做，每到一地，就宣扬季布如何礼贤下士，如何仗义疏财。这样，季布的名声越来越大。

在这个故事中，季布本来是很讨厌曹丘生的，但是曹丘生却依靠自己的温言相求，使季布冰释前嫌，这不能不说是语言的功劳，有谁会忍心拒绝别人的温言相求呢？正所谓"情之所至，金石为开"就是这个道理。

现代社会，求人办事的地方有很多，很多人因为怕麻烦都会冷言冷语地拒绝帮忙。此时，你大可不必懊恼，你完全可以另寻理由，温言相求。人都是有感情的，在你的温和"攻势"下他就冷不起面来拒绝你了。

说话不要踩上"雷区"

"雷区"也就是一个忌讳，说话时千万不可以踩上"雷区"。因为你一旦踩上"雷区"，极易造成交际的失败，往往也会浪费你的一片苦心，从而引起别人强烈的反感。因此，了解他人的"雷区"是在人际交往中左右逢源、游刃有余的不可忽视的环节。

"雷区"主要有生理和心理两种。

1. 生理"雷区"

一些有生理缺陷的人都会对他们的生理缺陷非常敏感。因此在与这类人交往时，要特别谨慎。不要对秃顶的领导说："你真是聪明绝顶。"也不要对双臂残疾的领导说他"两袖清风"。也尽量不要当着腿残废的人赞美别人说"我佩服得五体投地"之类的话。这样会使他们的心里留下阴影，甚至会使有生理缺陷的人误以为你有意嘲笑他。但一般说来，生理缺陷比较容易发现，只要稍加留意便可避免。

2. 心理"雷区"

心理"雷区"往往是由于某些人因为一些特殊的经历所形成的，那些不愉快的记忆隐藏在人们的心中，无形中会形成一种忌讳。

有一位下属给他的领导去祝寿，当着众人的面，他向领导作祝词时说："希望我们的王厂长将来能大富大贵、儿孙满堂。"一席话说得王厂长脸色发青。原来王厂长的独子刚刚在车祸中过世，其妻子因为已经实行计划生育，没有再生的能力，而这位下属初来乍到，因此并不知情。而这位厂长却以为他故意嘲笑他断子绝孙，因此不顾贵宾云集，竟摔杯而去，弄得这位下属很尴尬。这位下属虽然并不是有意，却冲撞了王厂长的忌讳，结果弄得不欢而散。

在与朋友相处时，有时会因为二人关系密切，习惯成自然，对对方的忌讳满不在乎，结果往往使朋友陷入尴尬的境地，有时甚至会致使二人的感情破裂。

钱英和张敏是一对形影不离的好朋友，二人私底下无话不谈。在一次同学聚餐上，钱英一时兴起，笑着对大家讲了张敏暗恋班上某男生的事，而那位男生已经有了女朋友，而且当时也都在场，一时间，弄得张敏下不了台，气着跑开了。这就警示我们，千万不要在众人面前暴露好朋友的隐私，既然是隐私也就是不愿意让他人知道，如果让他人知道就冒犯了他或她的忌讳，是很不够朋友的表现。

心理上的雷区并不仅仅体现在个人的经历与隐私上，还表现在宗教信仰以及生活习惯上。比如对方若是信奉佛教，你就不可大谈对各种肉类的口感及味道，或是狩猎等与杀生有关的话题。信奉佛教的人往往清心寡欲，慈悲为怀。谈这些话题往往会引起对方的反感。每个宗教都有本身的禁忌的事物，最好能有所了解，以避免在谈话中导致冲突，以致尴尬无法收场。

当然，我们不可能尽善尽美地做到与任何人融洽都交谈，有些冲突也在所难免。但在说话之前，应尽可能了解对方的情况，对对方的好恶应有所了解。并且在谈话中，应保留一些敏感话题，以免出现意外情况，犯着对方忌讳，让自己吃不了兜着走。

第二章

活化人际关系的幽默沟通术

把拒绝的话说得幽默些

拒绝的话一向不好说，说不好就很容易得罪人。因此拒绝他人时，要讲究策略，最重要的一点就是含蓄委婉。而幽默地拒绝正能巧妙地体现这一点。用幽默的方式拒绝别人，有时可以故作神秘、深沉，然后突然点破，让对方在毫无准备的大笑中失望。

有一位"妻管严"，被老婆命令周末进行大扫除。正好几个同事约他去钓鱼，他只好回答："其实我是个钓鱼迷，很想去的。可成家以后，周末就经常被没收了啊！"同事们哈哈大笑，也就不再勉强他了。

有时候拒绝的话像是胡搅蛮缠，但因为它是用幽默的方式表达出来的，所以也就在起到拒绝目的的同时，让别人很愉快地接受了。

意大利音乐家罗西尼生于1792年2月29日，因为每4年才有一个闰年，所以等他过第18个生日时，他已72岁了。他说这样可以省去许多麻烦。在过生日的前一天，一些朋友来告诉他，他们集了两万法郎，要为他立一座纪念碑。他听了以后说："浪费钱财！给我这笔钱，我自己站在那里好了！"

罗西尼本不同意朋友们的做法，但他没有正面回绝，而是提出一个不切实际的想法："给我这笔钱，我自己站在那里好了！"含蓄地指出朋友的做法太奢侈，点明其不合理性。

此外，还可以用假设的方法，虚拟出一个可能的结果，从而产生一个幽默的后果，而这个后果正好是你拒绝的理由。这样，不仅不会引起不快，反而可能给对方一定的启发。

著名剧作家萧伯纳的辞爱方式，可以说是辞爱的经典。

有一日，萧伯纳收到著名舞蹈家邓肯的求爱信，她在情信中写道："如果我们结合，有一个孩子，有着和你一样的脑袋，和我一样的身姿，那该多美妙啊！"

萧伯纳看了信后，很委婉而又很幽默地回了她一封信，他在回信中说："依我看那个孩子的命运不一定会那么好，假如他有我这样的身体，你那样的脑袋岂不糟糕了吗？"

这位美女演员收到信以后，明白了萧伯纳的拒绝之意。她失望地离开了，但她一点也不恨萧伯纳，反而成了他最忠实的读者和好朋友。

不管对于中国人还是外国人，拒绝别人的话总是不好说出口，但拒绝的话又经常不得不说出口。这时不妨用幽默的方式说出拒绝的话，抹去对方遭到拒绝时的不愉快感。

用幽默平息他人的怒气

幽默的语言往往给人以诙谐的情趣，使人在笑意中有所领悟。幽默是缓解紧张、祛除畏惧、平息愤怒的最好方法。

一个可怜的、严肃的美国省议员觉得受到了别人的侮辱，他怒气冲天，迫不及待地想报复，但一时又找不到什么方法，结果，他的行为举止好像一个小学生一样幼稚：小学生往往会去找老师告状，要求老师去惩罚他的敌人，这个议员则是去主席那里申诉。

这个议员找的是麻省省议会的主席柯立芝。这个议员所受的委屈使他相信柯立芝一定会替他当场主持公道的，但是，柯立芝却以一种非常幽默的方式把这件事解决了。

纠纷是这样引起的：当另一个议员在做一个很漫长的演讲时，这个议员觉得对方占用的时间太长，就走到对方跟前低声说："先生，你能不能快点……"话未说完，那个正在演讲的议员便回过头来，用严厉的口气低声呵斥他道："你最好出去。"然后仍旧继续演讲。

于是，这个受了委屈的议员走到柯立芝面前说："柯立芝先生，你听见某某刚刚对我说的话了吗？"

"听见了，"柯立芝不动声色地答道，"但是，我已经看过了有关的法律条文，你不必出去。"

这种回答实在是太聪明了。柯立芝把那位议员的愤怒当成了玩笑，他没有让自己卷入这种儿童式争吵的漩涡中去，就是因为他能看出这种无聊争吵的幽默之处。

机智的人不仅善于以局外人的身份化解他人的争吵，而且更善于打破在与人交往时因发生矛盾而出现的僵局。

有一天，在拥挤喧闹的百货大楼里，一位女士愤怒地对售货员说："幸好我没有打算在你们这儿找'礼貌'，在这儿根本找不到！"

售货员沉默了一会儿说："你可不可以让我看看你的样品？"

那位女士愣了一下，笑了。售货员的幽默打破了他们之间的尴尬局面。

人们为了解决求学、工作、住房、购物等方面的问题，往往要与人交涉。学会在交往中适时地表现幽默，你的成功几率一定会大大增加。

在把事情弄得很紧张、很严重的时候，能从这种白热化的僵局中看出其中所包含的幽默成分，便可巧妙地避免麻烦和纠纷。如果柯立芝或是那位售货员对于争吵也采取一种较真的态度，那对于大家又有什么好处呢？无非是更加激化双方的矛盾。而由于采取了一种幽默的态度，柯立芝便缓解了那种大伤感情的纠纷，那位售货员也巧妙地批评了那位女士的无礼，从而制止了进一步的争论。

让幽默增添自身的魅力

所有的人都会有年华消逝，红颜不再的时候。但岁月只能风干肌肤，而睿智和幽默的魅力却不会减去分毫。

乔羽不但歌词写得好，而且话也说得妙，乔羽的幽默诙谐、能"侃"会说在京城文艺圈内久负盛名。

据报载，某年6月中旬，中国民族声乐比赛初评在武汉举行，乔羽是评委之一。在有火炉之称的武汉一天三班地连续听录音，对65岁的乔羽可不轻松。为了解闷，乔羽不断地抽烟，一边抽还一边念念有词："革命小烟天天抽。"也是评委的歌唱家邓玉华为乔羽补充了三句，成了一首打油诗："革命小烟天天抽，遇到困难不犯愁；袅袅青烟佛祖嗅，体魄康健心长寿。"乔羽听罢，微微一笑，他联想到邓玉华每餐节食的情景，也回敬了一首："革命小姐天天愁，腹围过了三尺九；干脆天天吃肥肉，明天又到四尺九。"众人听后都捧腹大笑，连日来的劳累烟消云散。

乔羽不是美男子，由于头发稀少，不熟悉他的人，往往容易将65岁的乔羽判断为七八十的老人。但乔羽从未感到自己老了，他说："我从18岁就开始脱发了，看来是不会再长了，索性毛全掉光，成了老猴子，倒用不着理发了。我心里从没有感到老。年龄是你的一种心理上的感受，你觉得自己老了，即使年轻也真的老了；你觉得自己还年轻，即使老了你也还年轻。"

上面的故事充分展示了乔羽乐观向上的精神面貌，他善于幽默，他用自嘲的手法跟自己开起了玩笑，不言头发而称"毛"；并自喻"老猴子"，让人闻之不禁莞尔，而"倒用不着理发了"一句则在幽默之中透露出了乔羽的豁达心境。

幽默的魅力，仿若空谷幽兰，你看不到它盛开的样子，却能闻到它清新淡雅的香味；幽默的魅力，又如美人垂帘，人不能目睹美人之芳华，却能听到美人的声音，间或环佩叮咚，更引人无限遐思……

启功先生的前半生可以说是充满坎坷和艰辛，1岁丧父，母子二人便由祖父供养。10岁祖父过世，家道中落，一贫如洗，再无钱读书，由于得到祖父门生极力相助，才勉强读到中学，但尚未毕业，由于个性坚强，不愿再拖累别人，便决心自谋生路。经祖父的门生傅增湘先生介绍，认识辅仁大学校长陈垣，经陈垣介绍到中学任教，但两份工作皆因没有文凭而被炒。但他却没有绝望，一边靠卖字画为生，一边自学，最后终于在辅仁大学谋到一个教职。此后，在陈垣校长的耳提面命之下，取得长足进步。然而，命途多舛，1957年又被错划为右派分子，直到1979年才得以平反……

经过无数人生历练的启功先生，不但在艺术上取得了非凡的成就，而且也在心灵上步入了大彻大悟之境，生命中充满着一种"身心无挂碍，随处任方圆"的大气和洒脱。

启功先生成名之后，便经常有人模仿他的笔墨在市面上出售。有一次他和几个朋友走在大街上，路过一个专营名人字画的铺子，有人对启功说："不妨到里面看看有没有你的作品。"启功好奇，大家就一起走进了铺子，果然发现好几幅"启功"的字，字模仿得也真够到家，连他的朋友都难以辨认，就问道："启老，这是你写的吗？"启功微微一笑赞道："比我写得好，比我写得好！"众人一听，全都大笑起来。谁知说话之间，又有一人来铺里问："我有启功的真迹，有要的吗？"启功说："拿来我看看。"那人把字幅递给他。这时，随启功一起来的人问卖字幅的人："你认识启功吗？"那人很自信地说："认识，是我的老师。"问者转问启功："启老，你有这个学生吗？"作伪者一听，知道撞到枪口上了，刹那间陷于尴尬、恐慌、无地自容之境，哀求道："实在是因为生活困难才出此下策，还望老先生高抬贵手。"启功宽厚地笑道："既然是为生计所害，仿就仿吧，可不能模仿我的笔迹写反动标语啊！"那人低着头说："不敢！不敢！"说罢，一溜烟地跑走了。同来的人说："启老，你怎么让他走了？"启功幽默地说："不让他走，还准备送人家上公安局啊？人家用我的名字，是看得起我，再者，他一定是生活困难缺钱，他要是找我借，我不是也得借给他吗？当年的文徵明、唐寅等人，听说有人仿造他们的书画，不但不加辩驳，甚至还在赝品上题字，使穷朋友多卖几个钱。人家古人都那么大度，我何必那么小家子气呢？"启功的襟怀比之古人，可以说是有过之而无不及。

幽默是一种心境、一种状态、一种与万物和谐的"道"。

幽默的语言来自纯洁、真诚和宽容如大海般的心灵，是生命之中的波光艳影，是人生智慧之源上绽放的最美丽的花朵，是人们能够从你那里享受到的心灵阳光。幽默之魅力，如英国谚语所云："送人玫瑰之手，历久犹有余香。"

生活中不妨多点幽默来做"调节剂"

为了应付人生大大小小的挑战，你需要力量——不论你是为人父母或是为人子女，是教师或是学生，是售货员或是消费者，是老板或是职员，是上司或是下属，幽默都能赋予你战胜困难的力量。

幽默的力量体现在沟通上，就像我们打开电灯开关，电流便沿着电线输送到机器上一样，只要按下幽默的按钮，也能促使一股特别的力量源源而来。我们可以把这股幽默的力量导向他人，并与他人直接沟通。

有了幽默，我们可以学会以笑来代替苦恼；借着幽默的力量，我们能使自己和他人超越痛苦。

真正的幽默力量是从内心涌出，更甚于从头脑涌出。

幽默的力量体现在它可以润滑人际关系，消除紧张，解除人生压力，提高生活的品质。它可以把我们从各人的体壳中拉出来，使我们和他人相处不至于紧张；它可以化解冰霜，使我们获得益友；它还可以使我们精神振奋，信心倍增，使我们脱离许多不愉快的事情。

有一位年逾80的老先生在接受身体检查时说："医生，你可记得上回你说我有一大堆毛病，说我得学会和这些毛病生活在一起？包括我的关节炎、视力减退、重听、高血压。"

医生回答说："信任我吧，你很快就能学会和这些毛病生活在一起的。"

"我知道。"老人也同意，"现在，我在想，您是不是可以再加一项，加上一个20岁的妻子！"

把"因幽默的力量而享受趣味"加在你的日程表上，学会去生活得更快乐，以轻松的心情面对自己，而以严肃的态度面对人生，掌握你自己的幽默力量。

1. 幽默是烦恼生活的开心剂

生活绝非全是幸福，与幸福相对的就是烦恼，这是一对孪生的兄弟，谁也离不开谁。一般的家庭，遇上烦恼的事情，往往是一方发火，甚至双方发火，发展到大吵一场，从而带来更大的烦恼和不快。幸福的家庭同样也有烦恼，只不过解决的方法不同，他们在理性解决烦恼的同时，往往还运用幽默的手段，化烦恼为欢笑。

2. 幽默又是趣味生活的添加剂

生活需要趣味，而且是各种各样的趣味，于是世界便有了层出不穷的志趣、理趣、情趣、谐趣、童趣、野趣、真趣、闲趣、文人雅士之趣、市井小民之趣、渔夫樵子之趣、灯红酒绿之趣、田园牧歌之趣，还有猫之趣、狗之趣、花鸟鱼虫之趣……如果再加上幽默，我们不妨称它为"幽默趣"。

幽默是趣味生活的添加剂，因为生活中存在着幽默，关键是你能不能发现它，并且用幽默的语言来解释它，那样你的生活就会更加充满乐趣。

幽默是艰苦生活的调味剂。生活有时是相当艰苦的，有幽默感的人善于苦中作乐，用幽默作为艰苦生活的调味剂，鼓励自己克服困难，渡过难关。

3. 幽默还是天伦生活的合成剂

出于延续后代的需要，人类有繁衍后代的本能，所谓"不孝有三，无后为大"是也。儿孙绕膝、其乐融融——天伦之乐也！所以，没有子女要烦恼，有了子女也要烦恼，不过在后一种烦恼中，蕴含着天伦之乐罢了。

法国总统德斯坦从小很顽皮，经常问一些使他父亲难以回答的问题。一次，他考试成绩不佳，得了个倒数第 10 名，父亲很不满意。德斯坦问父亲道："1 和 20，哪一个数值大？"

"自然是 20 的数值大。"爸爸不假思索地回答。

德斯坦接着问道："那么我考试列第 20 名，不是比第 1 名好吗？你为什么不满意？"

德斯坦的幽默告诉我们这样一个道理：不要强求子女的成绩，因为不可能所有的学生成绩都是 100 分，有时要"顺其自然"，这样"天伦"之间才有"乐"可言，不然就要徒增烦恼了。

生活有时会像一个喜剧小品，充满了幽默感；聊天，有时也会像一段相声，使人觉得妙趣横生……处在那样一种心境，你会感到：生活，是多么美好！

第三章

最自然的赞美方式

对男人和女人采取不同的赞美

人人都渴望被别人赞美，但男人和女人的需要是不同的。

男人要面子好虚荣，多表现在追逐功名、显示能力、展示个性以显潇洒和能人之形象方面，而女人则表现在对容貌、衣着的刻意追求或身边伴个白马王子以示魅力方面。男人要面子好虚荣，他们对此毫不遮掩，有时甚至坦率得令人吃惊，而女子则总是遮遮掩掩、羞羞答答；女性对于面子、虚荣还有几分保留，而男子则是全力以赴去追求面子，好似他的人生目的就是追求面子一般；男人为了面子可以大动干戈，有权力的甚至可以轻辄杀一儆百，重则发动战争，女人为了面子则会大喊大叫或者在家里大吵大闹。别人的面子千万不要去伤害、破坏，否则便万事皆休一切都了——友谊中断、恋爱告吹、生意不成、升官无望、职称泡汤。因此对男人和女人要采取不同的赞美方式。

作为男人更要会赞美女人。能够做到张口也赞闭口也赞。这样，你才能在女人面前受欢迎，使你魅力无穷。

男人赞美女人是对女人的肯定，更是对女人魅力的一种欣赏。在男人眼里，女人身上总有美丽动人之处，或者是皮肤细腻，或者是身材苗条，或者是眉目含情，或者是穿着得体。所以你一定要善于去发现、去捕捉她的美。许多女人都会对自己的缺憾有所了解，但她们也十分了解自己的动人之处，只要你能慧眼独具，赞美得体，你一定会博得她的赏识与青睐。

当今社会注重个性，夸赞一个女人有个性已成为一种时尚。固执的性格可当此人有个性来称赞，孤傲的性格也可以用有个性来称赞，像男人一样不拘小节，有些泼辣的女性也能用有个性来称赞。只要是稍稍区别于大众的性格，你用个性二字来赞她，无论是哪种女性，她都会觉得你这个人很有品位。

最后，谈一谈女人的能力。现代社会，在各种事业中女人都表现出了她非凡的能力。她们不仅能把自己分内的事完成得十分得体，还会凭她们细心的洞察力去发掘工作中出现的问题，把各部门的事情都安排得十分妥当，在某些方面工作能力大大地超越了男性。而女人在取得很大的成就时，她是需要被这个社会所肯定的。她们希望这个社会能认同自己，肯定自己的能力，也希望在男人眼中她们不再是处处依附于男人的人，而是能够独当一面，把事情处理得完美无瑕有能力的人。于是，她们就需要男人的赞美，希望自己所做到的能够得到男人的认同与赏识。如果，你是她的老板、上司，或是同事，你可千万别忽视她的业绩，常常激励她、赞美她，换取她更大的工作积极性吧！

除此之外，生活中女人们的能力也值得你一赞。日常家务，如烧饭做菜、收拾房间、照顾孩子，这些虽是一些细小的事情，但却能表现出女人的动手能力、审美能力、教育能力。只要你在日常生活中也不忘记赞美一下女性，你定会得到女性们一致的好评。

人们都说女人是用耳朵来生活的，赞美是女人生命中的阳光。然而，男人也一样，他们一样喜欢听到他人对自己的肯定和赞美，因为这会让他们有一种价值感，并由此充满自信。可以说，恰到好处的赞美是打在男人身上的一剂强心剂。你可以从以下几个方面对男人进行赞美：

1. 赞美他是成功的男人

由于传统社会对男性角色的定位——挑家立业者，使得男人非常在乎自己在别人心目中的形象，任何人对他的工作做出的评价都会让他反应敏感。因此，无论男人从事的是怎样的工作，他都希望得到别人的认同。

不过你得注意，不管一个男人有多成功，多得意，他内心深处最渴望的还是别人的理解和关怀。一般的理解和关怀都是无可厚非的，可一定要注意把握分寸。过犹不及，说得太夸张、太过分、太直白就会被人当成追逐名利、爱慕虚荣的女人，会成为男人心底讨厌的势利女人。因此，即使是赞美，也要掌握分寸。

2. 赞美他是一位绅士

所谓风度，是男人在言谈举止中透出的一种味道。不要以为男人真的是散漫随意、潇洒不羁，其实他们是很在乎别人对自己举止的评价。曾经有一位女士说起她和男友分手的原因，只因为她在一次朋友聚会上调侃了男友的局促，就大大伤害了对方的自尊心，扔了句："既然你认为我没风度，那么分开好了。"

事实也如此，行动比语言更有说服力，只有当女方对对方的举止言谈很满意、很欣赏时，女方才会爱上他。而在这方面赞美男人的聪明之道，也是拿他和别的男人比较，表现出你的欣赏。一位范先生说："有一次，我和女友乘出租车，下车后我替她打开车门，她说她以前遇到的男人从不知道什么是绅士风度。这句话极大地满足了我的自尊心，也让我觉得自己是个很受欢迎的男人。"

3. 赞美他仪表堂堂

许多男性承认，他们在关注女人闭月羞花之貌的同时，也希望自己貌比潘安。但是同样因为社会角色定位，男人特别害怕女人把他们当做绣花枕头，因而他们对女人对他们外在形象的夸赞是特别敏感的，让女人兴奋的"你长得真漂亮""你穿得真好看"之类的话，会让男人觉得特别不舒服，按他的理解，这里透着一种嘲讽，好像说："你有些娘娘腔，你怎么像女人一样爱打扮。"

所以说，要真的想对男人表达你对他外形的欣赏，还需审时度势。但你可以对他的某个部位做出较高的评价，例如，你的鼻子好有个性等。

褒扬有度，点到为止

一个气球再漂亮、再鲜艳，吹得太小不会好看，吹得太大很容易爆炸。赞美就如吹气球，应点到为止，适度为佳。

因此，在赞美他人时一定要坚持适度的原则。夸奖或赞美一个人时，有时候稍微夸张一点更能充分地表达自己的赞美之情，别人也会乐意接受。但如果过分夸张，你的赞美就脱离了实际情况，让人感觉到缺乏真诚。因为真诚的赞美往往是比较朴实的、发自内心的。只有恭维、讨好才是过分夸张和矫揉造作的。

据说有一个年轻人曾经给恩格斯写了一封热情洋溢的信，信中称赞恩格斯是一位无与伦比的革命导师，一位伟大的思想家，甚至称其为马克思的再现等，恩格斯并没有因为这封信而有丝毫的感动，反而生气地回信说："我不是什么导师、思想家，我的名字叫恩格斯。"恩格斯作为一位杰出的思想家，他不喜欢别人在赞美他时用近乎夸张的词汇，又因为他和马克思近几十年的友谊，他是非常尊敬马克思的，当然会忌讳别人称他为"马克思的再现"。

历史上有一位臭名昭著的马屁精冯希乐，他是一个热衷于夸张拍马的人，有一次，他去拜访长林县令，赞叹道："仁风所感，猛兽出境。昨日入县界，见虎狼相尾而去。"刚夸过不久，就有村民来报告："昨夜大虫连食三人！"长林县令很不高兴地责问冯希乐究竟是怎么回事？冯希乐面红耳赤地回答说："是必便道掠食。"冯希乐夸张得脱离了实际情况，无视野兽吃人的本性，信口雌黄，说野兽已被县太爷的仁义教化所感动，所以离县而去，结果是抡起巴掌，自己打自己的脸，这就是所说的轻言取辱。

要做到点到为止、褒扬有度是有技巧的。

1. 比较性的赞美

两个人或两件事相比较，在夸奖对方的同时，让他意识到自己的优点和存在的差距，使对方对你的赞美深信不疑。有一次，汉高祖刘邦与韩信谈论诸将才能高下。刘邦问道："你看我能指挥多少兵马？"韩信回答："陛下至多能指挥 10 万兵马。"刘邦又问："那你能指挥多少兵马呢？"韩信自豪地回答："臣多多益善耳。"刘邦笑道："既然你带兵的本领比我大，却为什么被我控制？"韩信很诚实地说："陛下不善于指挥兵，但善于驾驭将，这就是我被陛下控制的原因。"刘邦自己也曾说过，统一指挥百万军队，战无不胜，攻无不克，他不如韩信。这是他做了皇帝以后对自己的评价。韩信的赞美，首先肯定了刘邦控制大臣为自己效命的能力，但又指明了他在带兵作战方面与自己相比有不足之处，正与刘邦的自我评价相吻合。话说得很实在、很坦诚，刘邦不但不怒，反而很满意。此时，韩信与刘邦关系已很紧张，如果他违心地恭维刘邦，调兵遣将无所不能，恐怕刘邦不愿意听，甚至会怀疑他在吹捧、麻痹自己。

2. 根据对方的优缺点提出自己的希望

金无足赤，人无完人。有所保留的赞美应既要看对方的优点和长处，同时还要看到他的弱点和不足，讲究辩证法。常言道："瑕不掩瑜。"指出对方的缺点和不足，并提出一定的希望，不仅不会损害你赞美的力度，相反，却使你的赞美显得真诚、实在，易于为人接受。尤其是领导称赞下属时，要有一是一，有二是二，把握分寸，要有所保留。可以多用"比较级"，千万慎用"最高级"。领导可以在表扬时，把批评和希望提出来。

有效的赞美不应该绝对化。像"最好""第一""天下无双"这类的帽子别乱戴。有个企业的广告词说："只有更好，没有最好。"就显示了企业的真诚承诺，而不是哗众取宠、华而不实，在消费者中建立了很好的形象。实际上，一般人都对自己有个客观的认识和评价，如果你的赞美毫无遮拦，就会让人感觉你曲意奉承，难以接受。赞美时必须记住：一个人的成绩和优点毕竟是有限的。许多伟人看自己时，也都是有所保留。毛泽东曾说过，他能够做到三七开就可以了，更何况一般人呢？因此，赞美别人，应当一分为二，有成绩肯定成绩，有不足也要说明不足，控制好赞美的度。

过分的夸张对于被赞美者来说也是有百害而无一利的。高尔基曾经说过："过分地夸奖一个人，结果就会把人给毁了。"因为过分的夸奖，往往会使被赞美者不思进取，误以为自己已经是完美无缺了，从而停止前进的脚步。众所周知的方仲永，小的时候因为天资聪慧，于是别人就称其为天才，其父则四处带他去走访宾客而不让他学习新知识，结果等到他长大以后，便泯然众人矣，跟别的人没有什么两样了。

赞扬最好辅之以鼓励，这样才能充分发挥赞美的积极作用。

赞别人没有赞过的美

"喜新厌旧"是人们普遍具有的心理。陈词滥调的赞美，也是很没劲的；新颖独特的赞美，则使人回味无穷。

1. 给人耳目一新的语言

赞美是所有声音中最甜蜜的一种，赞美应该给人一种美的感受。新颖的语言，是有魅力的，有吸引力的。简单的赞扬也可能是振奋人心的，但是一种本来是不错的赞扬如果多次单调重复，也会显得平淡无味，甚至令人厌烦。一个女人就曾说过，她对别人反复说她长得很漂亮，已经感到很厌烦，但是当有人告诉她，像她这样气质不凡的女人应该去演电影，给世界留下一部电影拷贝的时候，她笑了。

有一个国外的电视连续剧，父亲走入厨房看女儿做饭，他对女儿说："如果没有你做的美妙饭菜，就像天上没有星星那么遗憾。"女儿露出了特别快乐的笑容。

新颖的赞语，给人清爽、舒心之感。毛阿敏在哈尔滨演出时，《当代大舞台》的节目主持人是如此将她介绍给观众的：

主持人：请问毛阿敏小姐，您是从哪里来的？

毛阿敏：哦，我从北京来。

主持人：您像一只美丽的蝴蝶给冰城哈尔滨带来了欢乐，请问这次能做几日停留呢？

毛阿敏：呵呵，5日。

主持人：我们冰城的朋友热烈欢迎您的到来，愿您与《当代大舞台》永不分手！

主持人巧妙化用毛阿敏的成名歌曲《思念》来向她发问，亲切而诙谐，同时也激起了演唱者与观众的热情，创造了良好的舞台气氛。

如果主持人只有公式化的套词俗语，那么，不但观众会觉得乏味，毛阿敏也可能会腻味。妙语连珠的赞美，既能显示赞美者的才能，也能使被赞美者更快乐地接受。

2. 不一样的角度

一些人在公共场合谈话时，不知怎样赞美别人，只能跟着别人说话，附和别人的赞美。常言道："别人嚼过的肉不香。"唐朝末期的大军阀朱温手下就有一批鹦鹉学舌乐于拍马的人，一次，朱温与众宾客在大柳树下小憩，独自说了句："好大柳树！"宾客为了讨好他，纷纷起来互相赞叹："好大柳树。"朱温看了觉得好笑，又道："好大柳树，可作车头。"实际上柳木是不能做车头的，但还是有五六个人互相赞叹："好作车头。"朱温对这些鹦鹉学舌的人烦透了，厉声说："柳树岂可作车头！我见人说秦时指鹿为马，有甚难事！"于是把说"可作车头"的人抓起来杀了。

每个人都有优点和可爱之处。赞扬要有新意，当然要独具慧眼，善于发现一般人很少发现的"闪光点"和"兴趣点"，即使你一时还没有发现更新的东西，也可以在表达的角度上有所变化和创新。

对一位公司经理，你最好不要称赞他如何经营有方，因为这种话他听得多了，已经成了毫无新意的客套了；倘若你称赞他目光炯炯有神，风度潇洒大方，他反而会更加受用。

法国某将军屡战屡胜，有人称赞他："你真是个了不起的军事家。"他无动于衷，因为他认为打胜仗是理所当然的事。而当那人指着他的髭须说："将军，你的髭须真可与美髯公相媲美。"这次，将军欣然地笑了。

赞美的角度很重要，新颖的角度将起到事半功倍的效果。

著名节目主持人白岩松，他去采访一位知名学者，老学者正卧于病榻，对采访并不热心。白岩松提出的第一个问题却是，请他谈谈毛主席接见红卫兵时他鞋子被挤掉的事。这个出乎意料的问题使老学者十分激动，竟一口气谈了好几个小时，从而顺利地完成了采访计划。

白岩松找到了一个很好的角度，打开了老学者的话匣。正如每把锁都会有相应的钥匙，每个人都有其独特之处，先要把握好"点"，把握好角度，才能沟通得轻松、顺畅。

3. 新鲜的表达方式

赞美他人，在表达方式上是可以推陈出新、另辟蹊径的。

富兰克林年轻时，在费城开一家小小的印刷所。那时，他参加了宾夕法尼亚州议会的选举。在选举前夕，困难出现了。有个新议员发表了一篇很长的反对他的演说，在演说中，竟把富兰克林贬得一文不值。遇到这么一个出其不意的敌人，是多么令人恼火呀！该怎么办呢？富兰克林自己讲述道：

"对于这位新议员的反对，我当然很不高兴，可是，他是一位有学问又很幸运的绅士。他的声誉和才能在议会里颇有影响。但我绝不对他表现一种卑躬屈膝的阿谀奉承，以换取他的同情与好感。我只是在隔数日之后，采用了一个别的适当的方法。

"我听说他的藏书室有几部很名贵，又很少见的书。我就写了一封短信给他，说明我想看看这些书，希望他慨然答应借我数天。他立刻答应了。"

富兰克林用一种不露痕迹的赞美方式，赞美新议员，恰如润物细无声。

表达赞美的方式有很多，要针对不同人、不同场合、不同时间选择最为恰当的方式。选择赞美方式时，既要考虑表达方式的新意，又要考虑对方的感受及最后的效果，综合各方面去思考，将会找到最适宜的表达方式。

多在背后说他好

世上背后道人闲话的人不少，大家都很清楚，被说之人一旦知道便会火冒三丈，轻则与其绝交，重则找其当面算账。因此，人们都引此为戒，唯恐犯背后说他人闲话的忌讳。但是，背后说人优点，却有佳效。

《红楼梦》中有这么一段描写：史湘云、薛宝钗劝贾宝玉做官为宦，贾宝玉大为反感，对着史湘云和袭人赞美林黛玉说："林姑娘从来没有说过这些混账话！要是她说这些混账话，我早和她生分了。"

凑巧这时黛玉正来到窗外，无意中听见贾宝玉说自己的好话，"不觉又惊又喜，又悲又叹"。结果宝黛两人互诉肺腑，感情大增。

在林黛玉看来，宝玉在湘云、宝钗、自己3人中只赞美自己，而且不知道自己会听到，这种好话就不但是难得的，还是无意的。倘若宝玉当着黛玉的面说这番话，好猜疑、使小性子的林黛玉可能就认为宝玉是在打趣她或想讨好她。

背后说别人的好话，比当面恭维别人或说别人的好话，效果要好得多。不用担心，我们在背后说他人的好话，很容易就会传到对方耳朵里去的。

赞美一个人，当面说和背后说所起到的效果是很不一样的。如果我们当面说人家的好话，对方会以为我们是在奉承他、讨好他。当我们的好话是在背后说时，别人会认为我们是真诚、真心地说他的好话，人家才会领情，并感激我们。假如我们当着上司和同事的面说上司的好话，我们的同事会说我们是在讨好上司，拍上司的马屁，从而容易招致周围同事的轻蔑。另外，这种正面的歌功颂德所产生的效果是很小的，甚至还有可能起到反作用。同时，上司脸上可能也挂不住，会说我们不真诚。与其如此，还不如在上司不在场时，大力地"吹捧一番"。而我们说的这些好话，最终有一天会传到上司耳中的。

有一位员工与同事们闲谈时，随意说了上司几句好话："梁经理这人真不错，处事比较公正，对我的帮助很大，能够为这样的人做事，真是一种幸运。"这几句话很快就传到了梁经理的耳朵里，梁经理心里不由得有些欣慰和感激。而那位员工的形象，也在梁经理心里上升了。就连那些"传播者"在传达时，也忍不住对那位员工夸赞一番："这个人心胸开阔、人格高尚，难得！"

在日常生活中，背着他人赞美往往比当面赞美更让人觉得可信。因为你对着一个不相干的人赞美他人，一传十，十传百，你的赞美迟早会传到被赞美者的耳朵里。这样，你赞美的目的也就达到了。

众所周知的廉颇与蔺相如的故事就体现了这种赞美方式所产生的重大作用。蔺相如和廉颇是赵国的重臣，渑池会之后，蔺相如被封为上卿，位居廉颇之上，廉颇心中很不服气，愤曰："我身为大将，有攻城野战的大功，蔺相如只不过靠耍嘴皮子的功劳，而位居我上，我怎甘心位居其下。"并扬言要借机羞辱他。而蔺相如却经常在门下面前赞美廉颇，廉颇得知此事后，非常感动，亲自上门请罪。可见，间接赞美对于化解矛盾、协调人际关系都大有好处。

在日常生活中，如果我们想赞扬一个人，不便对他当面说出或没有机会向他说出时，可以在他的朋友或同事面前，适时地赞扬一番。

当你面对媒体时，适当地赞美你的同行，是一种风度，也是一种艺术。

足球教练陈亦明为人爽朗、心直口快，极善处理与球员、官员、球迷以及媒体的关系。记者问陈亦明："张宏根和左树声都有执教甲A的资历，如何能成为你的助手？"陈亦明先以简明之言道出了"团结就是力量"这个道理，再道出："国内名气比我们大的人不少。一个人斗不过，3个人组合就强大多了。张导是我的老师，左导是我的师兄弟，我们的组合可谓是强强联手、'梦幻组合'。"令人不由想到了当年那集NBA所有高手的美国国家篮球队——梦之队的威风八面。其语既自我褒扬，又夸张、左二人，敷己"粉"而不显白，赞他人又不显媚，显示出一种极高档的"自我标榜"及"恭维他人"的语言艺术。

张艺谋做人很随和，做导演却极富个性。对另一位名导演陈凯歌，他的评价如下："凯歌是个很出色的导演，我跟凯歌的特点在于：我们都保持自己的个性。这种个性你可以不喜欢、不欣赏，但凯歌从不妥协，他保持他的个性。而中国这样的导演很少。不能因为凯歌的作品没有得奖，就说这说那的，我觉得这是一种短视。"

多在第三者面前去赞美一个人，是你与那个人关系融洽的最有效的方法。假如有一位陌生人对你说："某某朋友经常对我说，你是位很了不起的人！"相信你感动的心情会油然而生。那么，我们要想让对方感到愉悦，就更应该采取这种在背后说人好话、赞扬别人的策略。因为这种赞美比一个魁梧的男人当面对你说"先生，我是你的崇拜者"更让人舒坦，更容易让人相信它的真实性。

夸人有讲究

赞美的话，人人都会说，但要说好，不仅要掌握许多小窍门，而且还要有所讲究。

首先，赞美要有根据，比如根据对方的为人或处事来赞美。有根有据、有板有眼才能避开阿谀之嫌。

每个人在为人方面都有其优势，笼统的词语难以说明什么；有事实做根据将变得真实可信、生动形象。

一次《东方之子》采访学界泰斗季羡林。主持人一开始面对电视机前的观众说道："也许，了解季羡林可以从这样一个真实的故事开始：几年前，有一个北京大学的新生入校带了大量的行李，他看见路边有一个淳朴得像农民一样的老者，便以为是学校的工友，于是，他让这位老者替自己看行李长达半小时之久。这位老者欣然同意，并尽职尽责地完成了任务。过了几天，北京大学召开新生入学典礼，这位同学惊讶地发现，坐在主席台正中的正是那一天替自己看行李的老者。"

对于这位对印度古代语言、中外文化交流史、东西方文化比较有着高研究水平的学者的访谈，从"这样一个真实的故事开始"，目的很清楚，正如编导所说，从"他们的渊博的学识背后"，了解其"散发着独特魅力"的人格。

其次，不要假充内行。

俗话说："不是船工乱弄篙——假充内行。"肯定和赞美他人必须建立在理解的基础之上，特别是一些专业水平要求比较强的方面，尤其如此，如果你不懂装懂，就难免会出洋相。赞美是一门学问，其中一个重要的法则就是要懂行。只有"懂行"才能抓住赞美之事的特点与实质，才能不说外行话。如果不懂装懂，则经常会发生讲外行话，语言不到位等情况。

在现实生活中常常发生这种情况：在一个书法展上，常常听到有人感叹，"这字写得真是漂亮"。但究竟好在哪里，他却什么也不知道，这就是知其然，而不知其所以然。在一个画展上，一位参观者站在一幅抽象画前说："这幅画不错，可惜看不出它是画的啥东西。"这让内行的人听见了，岂不是笑掉大牙。

一些人明明自己是外行，还不自量力，没有自知之明，甚至厚着脸皮装内行，结果让别人看笑话。既达不到赞美他人的目的，而且还暴露了自己的无知。一位男士陪他的女朋友去听音乐会，而实际上他只会听一些流行音乐，对于高雅音乐一窍不通，当音乐会结束时，主持人希望在座的人能发表一些看法，这位男士站起来说："演得实在太好了，让人听起来欢欣鼓舞。"这时，四下响起一片哄笑之声，事后他看到女朋友脸上挂满了泪痕，原来演奏的是一支非常伤感的曲子，女朋友一气之下与之分手了。

因此，在赞美他人时，要懂得适可而止，不必画蛇添足。在措辞上，选择一些大而空的赞词，这样才不至于出错。

再次，赞美必须从性别、性格、知识等全方位来考虑。

"一母生九子，九子各不同"，即使是亲兄弟彼此的性情脾气也有所不同，更何况是来自五湖四海不同的人士。

每个人由于其个性的差异，其所喜欢的赞扬方式也就有所不同，有的人喜欢含蓄委婉，有的人喜欢直露，有的人喜欢日常工作中一个眼神及一个手势的赞扬，有的人喜欢在正式场合的称赞。如果，你对喜欢含蓄的人，用直来直去的赞语，就难以达到赞美的预期效果；若你对喜欢直露的人用较为含蓄的赞语，也许他根本不能领会。

老周是某部门内的一个司长。这不，今天刚好有两个年轻人到他所管辖的司内工作，一个是研究生，男性；另一位是本科生，女性。由于了解到这位男同志是山东人，且直爽，老周感到与他相处较为轻松，根本不需要考虑什么忌讳，在日常工作中，他只要注意作为领导者的身份，可以说，嬉笑怒骂皆可赞美。工作做得好了，走到这位男下属面前，拍拍他的肩膀，然后，可以在下班后，拉他在小馆子里撮一顿，借着酒劲，毫不客气地对他赞扬一番，第二天，小伙子工作起来特别有精神，他们之间相处得也很和睦。对于那位年轻的小姐，可没有这么随便，她是上海人，生性腼腆，说话做事比较含蓄，不喜欢直白的言辞。老周根据这一情况，对这位小姐在工作中的突出成就，就采取了与那位小伙子所不同的赞扬方式。有时受到领导的嘉奖，老周都要说是这位小姐和男士的功劳，当然女士排在前面，满足女性微妙的心理，而生性直爽的小伙子，对于这种排名先后，则无所谓。在注意到平常言语外，老周还经常运用赞许的眼神，及一些适当的物质奖励，来鼓励她上进，如此一来，老周与她也处得和谐。于是，他们尽心尽力地工作，老周感到很是开心。

老周正是由于掌握了小伙子与上海姑娘的不同个性，采取了不同的赞扬方法，充分调动其工作的积极性。

最后要注意，赞美不要冲撞他人的忌讳，弄巧反成拙。

忌讳就是世界各国、各民族长期以来形成的对于某些事物的禁忌，它常常反映着一个国家和民族的文化传统和生活习俗。对于个人来讲，忌讳往往是一个人内心的永久伤痕，每个人都有自己的忌讳。每个人对于自己的忌讳往往又不允许别人轻易侵犯。

赞美别人时千万不可以冲撞别人的忌讳。因为冲撞别人的忌讳，极易造成交际的失败，往往也会使你的一片苦心变成驴肝肺，从而引起别人强烈的反感。因此，在赞美他人时，了解他人的忌讳是在人际交往中左右逢源、游刃有余不可忽视的环节。

另外，在与不同民族、不同国家的人交往时，要注意不要冲撞他的忌讳。在赞美不同民族、不同国籍的人时，也是一样。因为不同的国家与民族往往都有一些忌讳。

数字的忌讳。如西方人普遍忌讳"13"。因此，在祝贺西方人成功时，送鲜花千万别送13枝。

颜色的忌讳。比如说巴西人忌讳棕色，俄国人忌讳纯墨色，比利时人忌讳蓝色。

花朵的忌讳。欧洲人忌讳送菊花，巴西人忌讳绛紫色的花，日本人忌讳荷花。

动物的忌讳。中国人忌讳乌鸦和猫头鹰，伊斯兰教徒忌讳猪，俄国人忌讳兔子。

在赞美他人时，应该对赞美对象的一些忌讳有所了解，千万不要自讨没趣地往人家的枪口上撞，否则，只会事与愿违。

第四章

说到人心服口服

说服从"心"出发

在公司内部，领导和员工因为所处地位的不同，个别上司在发派指令时不善说服，而是颐指气使，即使员工执行了，也是敷衍了事、应付差事。说服的最佳效果是双方达成共识，而启发对方进行心理位置互换，让对方设身处地体验别人的心理，主动调整自己的态度和行为方式，则是达到这一目的的行之有效的方法之一，这种方法就是将心比心。

下面举两个例子来阐述这个观点。

下乡知识青年小红在农村和农民小刘结婚并有了个女儿。后来回到城里，重逢昔日的恋人，欲重修旧好，却又遭到爸爸的反对。正当她举棋不定之际，农村的丈夫小刘又被人诬告入狱。小红进退维谷，不知何去何从。她向奶奶寻求帮助。

奶奶对她说："你的事，奶奶全知道，如今你打算怎么办？"

"不知道，我……我说不出来……"

奶奶说："奶奶知道你委屈。人，谁没有委屈呀。我24岁那年，你爷爷就牺牲了，本家本村的都劝我再找个主儿。你曾爷爷跟我说：'女儿，地头还长着呢，往前去一步吧。'我不愿给孩子找个后爹，硬是咬着牙过来了。儿子一个个长大了，参了军，又一个个地牺牲了。可我没在人前掉过一滴眼泪。人活着，就是为了别人，去受苦，去受难，天底下哪有那么多幸福？要说委屈，就先委屈一下自己吧！"

小红说："可我以后的路该怎么走啊？"

奶奶说："做人哪，前半夜想想自己，后半夜想想别人。你和那个小伙子倒是挺般配的，可就算你俩成了，日子过得挺舒心的，你就保准一早一晚地不想小刘他们父女？那时，你虽吃着蜜糖，但却忘不了人家在喝苦水。你甜在嘴上，苦在心里。甜的苦的一掺和，一辈子都是块心病。我今年 80 岁了，什么苦都尝遍了，可就是没留下一件亏心事。俗话说，'人'字好写，一撇一捺，真正做起来就难了！"奶奶说的话句句动人心。

"奶奶，我懂了。"小红擦了擦眼泪，说，"我今天就回家去带孩子，侍候公婆，等着小刘。"

奶奶的劝说语重心长，而且，她用通俗的语言，站在对方的立场上，设身处地为孙女分析情况，从而使孙女做出了正确的选择。

用语言做假设，可达到将心比心的目的；也可用实际的行为，现身说法，让对方体验别人的心理，进而对自己的言行进行调整，同样可达到将心比心的目的。

某商店有位营业员很会做生意，他的营业额比一般营业员都高，有人问他："是不是因为能说会道，所以生意兴隆？"他回答说："不是，我的秘密武器是当顾客是自己人。"

有一天，某位顾客站在柜台前东瞧瞧，西看看，还不时用手摸摸摆在柜台上的布料，却不肯买货。凭经验，营业员判断这位顾客是想买块面料，于是赶忙迎上前去说："您是想买这块面料吗？这块面料很不错，但是您要看仔细，这块布料染色深浅不一，我要是您，就不买这一块，而买那一块。"

说着，营业员又从柜台里抽出一匹带隐条的布料，在灯光下展开，接着说："您像是机关里的干部，年龄和我差不多，穿这种面料的衣服会更好些，美观大方。要论价钱，这种面料比您刚才看到的那种每米多 3 元多钱，做一套衣服才多 7 元多，您仔细看看，认真盘算盘算，哪个合算？"

顾客见这位营业员如此热情，居然帮自己选布料，挑毛病，于是不再犹豫，买下了营业员推荐的布料。

这位营业员之所以能成功地做成这笔生意，就是因为运用了将心比心术。站在买者的立场上替顾客精打细算，现身说法，使对方的戒备心理、防范心理大大降低，而且产生了一致的认同感，故而说服了对手，做成了生意。

将心比心术是站在对方的角度谋划和考虑，理解对方的心理、对方的需求、对方的困难，因此这种说服方法容易使对方接受，并能达成统一认识。

永远站在别人的立场去想，并从对方的观点去看事物的趋向，如果你从书本学到的是这样的一件事，那就不难成为你一生事业的一个关键。

要说服对方赞同你的观点，你必须与说服对象站在一起，两者的关系越融洽，说服越容易取得成功，这是因为人类有一个共同的天性，即喜欢听"自己人"说的话。美国纽约市立大学的心理学家哈斯也说过："一个酿酒专家也许能给你许多理由来解释为什么某一种牌子的啤酒比另一种牌子的要好。但如果你的朋友，不管他对啤酒是否在行，教你选购某种啤酒，你很可能听取他的意见。"

另一位心理学家莫恩在加利福尼亚州一个海滩上搞了一个传播训练公司，在培训过程中他发现，最佳商品推销员都能模仿顾客的声调、音量和言辞，表现顾客的姿态和情调，甚至还能下意识地在呼吸动作上与顾客相协调，好像是顾客的一面镜子把顾客发出的每一个信号反射回去。

毋庸讳言，这种在具体行动上，甚至是些很微不足道的方面表现出来的在感情上与听众的亲近感与认同感，往往会使你得到巨大的感情回报和共鸣。而一旦建立了这种感情共鸣，就不需要任何苦口婆心地劝诫与说服。

先抬高对方再做说服

给人一个超乎事实的美名，就像用"灰姑娘"故事里的魔法棒，点在她身上，会使她从头至脚焕然一新。

从孩子的天性，我们可以发现一点：当我们称赞夸奖他们时，他们是何等高兴满足。其实，他们并不一定具有我们所称赞的优点，而只是我们期望他们做到这点而已。这就是一种典型的"戴高帽"做法。在我们与人交往时，何不效仿这一做法呢？因为不管是大人还是小孩子，他们都喜欢别人给自己一个美名，如果他们没有做到这一点，内心里也会朝此目标努力，因为他们知道这样就可以得到一个美名，获得他人的赞许。

假如一个好工人变得消极散漫、不负责任，你会怎么做？你可以解雇他，但这并不能解决任何问题。你可以责骂那个工人，但这只能引起怨恨。

亨利·汉克，是印第安纳州洛威市一家卡车经销商的服务经理，他公司有一个工人，工作每况愈下。但亨利·汉克没对他吼叫或威胁他，而是把他叫到办公室里来，跟他进行了坦诚的交谈。

他说："希尔，你是个很棒的技工。你在这里工作也有好几年了，你修的车子也都很令顾客满意。有很多人都称赞你的技术好。可是最近，你完成一件工作所需的时间却加长了，而且你的质量也比不上你以前的水平。也许我们可以一起来想个办法解决这个问题。"

希尔回答说他并不知道他没有尽到职责，并且向他的上司保证，他以后一定改进。

他做了吗？他肯定做了。他曾经是一个优秀的技工，他怎么会做些不及过去的事呢？

包汀火车厂的董事长撒慕尔·华克莱说："假如你尊重一个人，这个人是容易被诱导的，尤其是当你显示你尊重他是因为他有某种能力时。"

总之，你若要在某方面去改变一个人，就把他看成他已经有了这种杰出的特质。莎士比亚曾说："假如他没有一种德行，就假装他有吧！"给他们一个好的名声来作为努力的方向，他们就会痛改前非，努力向上，而不愿看到你的希望破灭。

对于那些地位显赫、有权有势的人，想要说服他们，更要学会先抬高后说服的策略。

古代，有位宰相请理发师给他修面。那理发师修面修到一半时，忽然停下刮刀，两眼直愣愣地看着宰相的肚皮。

宰相见理发师傻乎乎发愣的样子，心里很纳闷：这平平板板的肚皮有什么好看呢？就问道：

"你不修面，却看我肚皮，这是为什么呢？"

"听人们说，宰相肚里能撑船，我看大人您的肚皮并不大，怎么可以撑船呢？"

宰相一听，哈哈大笑。

"那是讲宰相的度量十分大，能容天容地容古今，对鸡毛蒜皮的小事从不斤斤计较。"

理发师一听这话，"扑通"一声跪倒在地，哭着说："小人该死，方才修面时不小心，将大人您的眉毛刮掉了，万望大人大德大量，恕小的一罪！"

宰相听说自己的眉毛被刮了，不禁怒从心起，正想发作，转念一想：刚才自己还讲宰相的度量很大，我又怎好为这小事给他治罪呢？于是，只好说："不妨，用眉笔把眉添上就行了。"

聪明的理发师以曲折迂回之法，层层诱导宰相进入自己早已设定的能进难退的"布袋"中，幸免了一场驾临头上的灾难。

步步逼近，软磨硬泡

在处理问题时，西方人喜欢用快去快回的交涉方法，他们对谈判缺乏耐心，希望将事情快点解决，然后就去忙别的。而东方人却喜欢马拉松似的车轮战，问题一个接一个，且非谈出个满意的结果来不可，有时又会像棒球投手利用迅速而又毫无意义的虚晃动作来干扰击球者一样，以期把对方弄得晕头转向，再慢慢解决问题。以20世纪70年代的巴黎和谈来说，一开始越南代表就在巴黎租了一个别墅，签下为期2年的租约，而美国的代表却只订了里兹的旅馆，订下一个按日计算的房间。因为他们根本没有耐心，也不认为交涉会拖得很久，即使美国人过去有过韩国板门店谈判3年的教训，但仍然不习惯作长期交涉。

事实上，正如越是嘈杂的机器，所获得的润滑油就越多。如果能有坚韧的耐心，不厌其烦地把许多问题和资料搅和在一起，让对方不仅为目前的问题苦恼万分，还要忍受不断的轰炸。等他疲劳之余，正想撒手放弃，而你却缠着不放，做地毯式的攻击，伺机向对方提出"最后通牒"。对方在不胜厌烦的状况下，一般都会同意看来还算合理的条件，以彻底摆脱烦恼。说服最忌讳的就是遇到困难就退缩的态度，或没有耐心、速战速决的方法。有很多事情，不是一时半会儿就可以解决的，你要找出问题的症结，了解对方冒险的程度、考验对方的实力、找出对方的弱点、知道对方的要求，或者要改变对方的期望程度，等等，都需要时间来完成，甚至应该知道对方处在压力下会做出什么选择，这一切都是需要时间的。如果没有坚强的意志、毅力，是无法达到你理想的目标的。

欲速则不达，要说服成功一定要周密策划，沉着应付。对方施硬，你就来软；对方转软，你要变硬；应该讲法时，对他讲法；应该说理时，和他说理；应该论情时，与他论情；应该谈利害时，向他谈利害：用各种方法来轮番"轰炸"，始终坚持，绝不妥协。在说服过程中，耐心是最强而有力的武器，尤其是当对方已经感到厌烦或放弃与你争论的时候，只要你再做最后的坚持，不利的形势就会好转。越南就因擅长此策，以一个小小的国家，竟拖住美国8年，进而取得最终的胜利。

说服中的步步紧逼还表现在穷追不舍上。面对敏感的问题，有时说服对象表达出现了障碍，说服者无法获得满意的答复，然而，这一答复对于说服者又至关重要。在这种情况下，有经验的说服者会设计出一系列问题，或纵向追问，或横向追问，从而"挤"出一种明确的答案，搞清事实。

巴普自办了一个剧场，却总无戏剧评论家前来光顾，他深知没人宣传就没有观众，于是大胆闯入《纽约时报》搬尊神了。巴普点名要见著名评论家艾金森，凑巧艾金森在伦敦访问，巴普干脆待在报社不走："我就等到艾金森先生回来！"艾金森的助手吉尔布无奈，只好询问其原因。巴普便大施说服之术，说他的演员如何优秀，观众如何热烈，最后摊牌："我的观众大多是从未看过真正舞台剧的移民，如果贵报不写剧评介绍，那我就没经费继续演下去了！"吉尔布见其态度坚决，不由感动了，答应当晚就去看戏。谁知，露天剧场的演出到中场休息时，便遇上了滂沱大雨，巴普看到古尔布跑去避雨，就赶过去说："我知道剧评家平常不会评论半场演出的，不过我恳求你无论如何破个例。"巴普一次次地游说，真诚也有，"无赖"也有，斯人斯言到底感动了上苍，几天后一篇戏的简评见报，巴普剧场也日渐红火起来。

一个名不见经传的小小剧场主，其言何以搬动了《纽约时报》这尊大神？那不正是步步为营、巧舌游说的结果吗？言语的力量，正是在那步步紧逼、软缠硬磨中展示出来的。

从对方得意的事说起

生活中其实每个人都有自认为得意的事情，这种事情的本身，究竟有多大价值，是另一问题，而在他本人看来，却认为是一件值得终身纪念的事。你如果能预先打听清楚，在有意无意之间，很自然地讲到他得意的事情，只要他对你没有厌恶的情绪，只要他目前没有其他不如意的事情，在情绪正常的情况下，他一定会高兴地听你说的，当然此时说服他就容易得多了。

你在说服的时候当然要注意技巧，表示敬佩，但不要过分推崇，否则会引起他的不安。对于这件事情的关键，要慎重提出，加以正反两方面的阐述，使他认为你是他的知己。到了这种境地，他自然会格外高兴，会亲自讲述，你应该一面听，一面说几句表示赞赏的话，如此一来，即使他是个冷漠的人，也会变得和蔼可亲，你再利用这个机会，稍稍暗示你的意思，进行试探，作为第二次进攻的基点。这不是失败，而是你说服他的初步成功，对于涉世经验不丰富的人，得此成绩，已不算坏，若想一举成功，除非对方与你素有交情，又正逢高兴的时候，而且你的谈吐又是很容易令人接受的，否则千万不要存此奢望。

对方得意的事情要从哪里去探听？那当然要另谋途径，试着在你的朋友之中找一下是否有与对方交往的人，如果有，向他探听当然是最容易的。如能留心报纸上的新闻或其他刊物，平日记牢关于对方的得意事情，到时便可以应用。此外，随时留心交际场合中的谈话，像这些时候谈到对方得意的事情，也是很平常的。但是必须注意，对方得意的事情，是否曾遭到某种打击而消灭，如有这种情形，千万别再提起，以免引起对方不快，反而对你不利。因为在对方高兴的时候，你的请求易于接受；在对方不高兴的时候，即便是极平常的请求，也会遭到拒绝。比如对方新近做成了一笔生意，你称赞他目光精准，手腕灵活，引得他眉飞色舞，乘机稍示来意，也是好机会。诸如此类的例子很多，全在于你随时留心，善于利用。

当你提出请求时，首先，要看时机是否成熟，其次，说服过程中要不卑不亢。过分的哀求，反而会引发对方藐视你的心理。尽管你的心里十分着急，但说话表情还是要表现大方自然，并且要说出为对方着想的理由来，而不是为你自己打算。

第七篇

说好难说的话

要使人信服，一句言语常常比黄金更有效。

——［古希腊］德谟克利特

第一章

在最短的时间里逃脱窘境

保持谨慎意识，避开语言中的陷阱

要想自己不陷入窘境，最好时刻保持谨慎，避免可能出现的语言危机，与其在危机出现了之后再挖空心思解围，不如平时多注意如何来防止窘境的发生。

平时说话最忌讳的就是口无遮拦，说话不经大脑思考，直接信口而出。

在交谈中，每说一句话之前，都要考虑一下你要说的话是否合适，不要想说什么就说什么，给其他人造成不快。

除非是亲密的朋友，否则最好不要对个人的卫生状况妄加评论。如果某人的肩膀上有很多头皮屑或口中很难闻，或者拉锁纽扣没系好，请尽量忍耐不去想，并等他亲密一些的朋友告诉他。如果你直接告诉他，特别是在人比较多的场合，很容易让对方处于尴尬的境地。

许多人不喜欢别人问自己的年龄。尤其对女性而言，年龄是她们的秘密，不愿被人提及。对钱等涉及个人收入的一类私人问题的询问通常也是不合适的，可以置之不理。

在社交活动中，应以诚待人、宽以待人。要与人为善，而不要打听、干涉别人的隐私，评论他人的是是非非。不要无事生非、捕风捉影，也不要东家长，西家短，更不要传小道消息，把芝麻说成西瓜。说话要有事实根据，不能听风就是雨，随波逐流。俗话说："良言一句三冬暖，恶语伤人六月寒。"所谓恶语是指那些肮脏污秽、奚落挖苦、刻薄侮辱一类的语言。口出恶语，不但伤人，而且有损自身形象。在社交活动中，应当尊重人，温文尔雅，讲究语言美，而不要自以为是，出言不逊，恶语伤人。

有的人明明好心却办坏事，不分场合说安慰话，这等于就是在众人面前哪壶不开提哪壶。有一位姑娘谈恋爱遇挫，头一回感情旅程就打了"回程票"，心里有点懊恼。这位姑娘性格内向，平时不善言谈，也没有向旁人袒露内心的秘密。单位里一个与她很要好的同事在办公室里看到她愁容不展，就当着众人的面说起安慰话："这个人有什么好，凭你这种条件，还怕找不到更好的？"没等她说完，这位姑娘就跑出办公室。这时她才感到这样的地方、这样的安慰话有些不当，可姑娘已无法领情了。几句安慰话倒成了彼此尴尬的缘由。由此可见，即使说安慰话也要尊重人格，充分考虑到对方的性格和习惯。对性格内向的人，一般不宜在众人面前直接给予安慰，对不喜欢别人安慰的人，一般不要随意安慰。尤其是涉及别人的隐私，万万不可"好心办错事"，不宜在公开场合"走漏风声"，在说安慰话时，还得"看人点菜"，不同对象要不同处置。

人们在交谈中常有一些失言："哎，你儿子的脚跛得越来越厉害了？""你怎么还没结婚？""你真的要离婚吗？"等等，一些别人内心秘而不宣的想法和隐私被你这些话无情地暴露了出来，实在是不够理智的。如果你想让人喜欢，就不要对跛子谈跳舞的好处和乐趣；不要对一个自立奋发的人谈祖荫的好处；不要无端嘲笑和讽刺别人，尤其是别人无能为力的缺陷，否则就是一种刻薄。

在平时的交谈中，我们还应该知道一些礼貌忌语，尽量在某些场合去避免使用。

礼貌是文明交谈的首要前提。在交谈中要体现出敬意、友善、得体的气度和风范。要做到礼貌交谈，首先就要使用礼貌用语，如"请""谢谢"等；然后，要注意学习一些礼貌忌语，一语不慎造成的后果可能是不能够弥补的。

礼貌忌语是指不礼貌的语言，他人忌讳的语言，会使他人引起误解、不快的语言。不礼貌的语言，如粗话脏话，是语言中的垃圾，必须坚决清除。他人忌讳的语言是指他人不愿听的语言，交谈中要注意避免使用。如谈到某人死了，可用"病故""走了"等委婉的语言来表达。港、澳、台同胞忌说不吉利的话，喜欢讨口彩。特别是香港人有喜"8"厌"4"的习惯。因香港人大都讲广东话，而广东话中"8"与"发"谐音，"4"与"死"谐音。因此，在遇到非说"4"不可时，可用"两双"来代替。逢年过节，不宜说"新年快乐"或"节日快乐"，而用"新年愉快"、"节日愉快"或"恭喜发财"代之。这也是谐音的关系，因为"快乐"与"快落"听起来很相似。

容易引起误解和不快的语言也要注意回避。在议论他人长相时，可把"肥胖"改说成"丰满"或"福相"，"瘦"则用"苗条"或"清秀"代之。参加婚礼时，应祝新婚夫妇白头偕老。在探望病人时，应说些宽慰的话，如"你的精神不错""你的气色比前几天好多了"等等。随着语言本身的发展，一些词语的意义也发生了转移，譬如"小姐"等，在使用时要针对不同对象谨慎决定。还要注意在日常生活中，遇到矛盾冲突时，应冷静处理，不用指责的语言，多用谅解的语言，以免使人难堪。

有些预料中的尴尬是可以及时避免或减轻的。比如，说如果某主管欲将一位不受重用的职员降调至 A 分公司，光是对他说："我要将你调到某一公司去。"则他的内心必定会有被放逐的感觉，但如果你说："我本想派你到 A 分公司或 B 分公司，但我考虑的结果还是认为 A 分公司较为恰当，因为 B 分公司对你来说太远了，可能不太方便，所以还是麻烦你到 A 分公司去。"

这样一来对方就不会有丢面子的感觉，因为他的心里也只存有如何作选择而已。

要想不陷入难堪的局面，就应该多花些心思，培养一种避开语言危机的意识。

打破冷场的技巧

在日常生活和社会交往中，尤其是在比较正式的场合，如聚会、议事等常会出现冷场现象，彼此都尴尬。冷场，在人际关系中，它无疑是一种"冰块"。打破冷场的技巧，就是及时融化妨碍交往的"冰块"。

谈话者之间存在以下几种情况时，最容易因"话不投机"而出现冷场：

（1）彼此不大相识。

（2）年龄、职业、身份、地位差异大。

（3）心境差异大。

（4）兴趣、爱好差异大。

（5）性格、素质差异大。

（6）平时意见不合，感情不和。

（7）互相之间有利害冲突。

（8）异性相处，尤其单独相处时。

（9）因长期不交往而比较疏远。

（10）均为性格内向者。

会话出现冷场，双方都会感到尴尬。但只要会话者掌握住了破"冰"之术，及时根据情境设置话题，冷场是很容易被打破的。

1.要学会拓展话题的领域。

开始第一句话要注意的是使人人都能了解，人人都能发表看法，由此再探出对方的兴趣和爱好，拓展谈话的领域。如果指着一件雕刻说："真像某某的作品！"或是听见鸟唱就说："很有门德尔松音乐的风格。"除非知道对方是内行，否则不仅不能讨好，而且会在背后挨骂的。

如果不知道对方的职业，就不可胡乱问他。因为社会上免不了有人会失业，此时问他的职业无异于迫他自认失业，这对自尊心很重的人来说是不太好的。如果你想开拓谈话的领域而希望知道他的职业，只能用试探他的方法："先生常常去游泳吗？"如果他说："不。"你就可以问他是否很忙，"每天上哪儿消遣最多呢？"接下去再探出他是否有固定工作，如果他回答"是"，你便可加问一句他平时什么时候去游泳，从而判断他有无职业，如果他说是星期天或每天下午五时以后去，那无疑是有固定工作。

确定了别人有工作，才可问他的职业，这样就可以谈他的工作范围内的事情。如果不知对方有没有职业，或确知对方为失业者，那么还是谈别的话题为佳。

2. 巧妙析姓辨名

在气氛不活跃时，可以针对一些人的姓名进行别致的解释，其效果往往会出人意料，从而活跃气氛。在这方面伟大领袖毛泽东同志就很有造诣。

客人初次见面，往往要介绍姓名。毛泽东擅长抓住这一机会，运用他渊博的知识，把客人的姓名作有趣的解析，使交谈一开始就消除了对方的紧张情绪，显得亲切随和。普通干部、群众与这位中国最高领袖间的鸿沟顷刻填平，交谈气氛就更为活跃。

1957 年 9 月，毛泽东到上海，邀见新民晚报社社长赵超构（林放）。赵正因当时的政治气氛而惶惶不安。谁知毛泽东一见赵，就对旁人说："宋高宗的哥哥来了！"他由赵的名字"超构"，机敏地联想到高宗的名字"赵构"。前者既是"超构"，那不就可称作宋高宗的哥哥？此话出乎人们意料之外，听者初时为之一愣，细想又能自圆其说，别有一番诙谐之趣，会场里顿时爆发出热烈的笑声。赵超构的思想负担立刻解除了。毛泽东联系历史人物的姓名，对赵超构的名字作"歪解"，让人经过思考后发出了会心的微笑。

20 世纪 70 年代，唐由之初任毛泽东的保健医生，首次见面时，心情很紧张。谁知毛泽东望着唐，反复念着他的名字："由之，由之……"并问："你的名字是出自《论语》'民可使由之，不可使知之'吧？"又说："你不要按孔夫子的'由之'去做，而是按鲁迅的'由之'去做。"随即又抑扬顿挫地哼起了鲁迅的诗句："岂有豪情似旧时，花开花落两由之……"毛泽东出语成趣，使唐大夫欢笑出声，开始了融洽的交谈。这里，毛泽东"析姓辨名"的方法与上面不同，采取了解析名字出处，并随机发挥的方法，但效果是一样的。

3. 风趣接话题转话题

在谈话中善于抓住对方的话题，机智巧接答，可以使我们谈话变得风趣，从而使谈话活跃起来。有一个典型的例子：当我们夸奖对方取得的成绩时，总能听到这样的回答——"一般情况"。倘若我们不接着话茬说下去，就有点赞同对方的"一般情况"说法的意思，达不到接话说的目的。可以这样回答："'一班'情况尚且如此，那'二班'情况就可想而知了。"言外之意是说："你一班的情况才如此的话，我二班的情况就更不值得一提了。"这类答茬儿，一般是采用谐音、双关的手法，接住对方的话茬，作风趣的转答。

巧妙地接答对方的话茬，可以把原来的话题引向另一个话题，使谈话转变一个角度继续进行下去。

刘某是公司负责某一地区的销售业务员。公司为了加强和客户之间的联系，特举办了一年一度的"工商联谊会"。公司安排刘某在会议期间陪同他的客户顾某。他们路过一家商场，谈起了商场销售情况。末了，顾某深有感触地说："现在，市场竞争够激烈的。"刘某接过他的话茬儿说："就是。在你们单位工作的业务员也不少吧？"就这样刘某既把话题延伸下去，同时又把话题朝向有利于自己的方向发展。

4. 适时地提一些引导性的话题

提出引导性话题，可以给他人留下谈话时间和空间，特别是对于那些不善于当众讲话的人。这些话题可以根据对方的性格特点、兴趣爱好、职业性质等方面来设置。比如"近来工作顺利吧""听说你最近有件高兴的事，是什么呢""前一阵我见到你的孩子，学习怎么样"。先用这些听起来使对方温暖的话寒暄一下，便于开展谈话。对于那些在公司上班的人，可以探问对其公司的日常规则的看法，如："你们公司，每周都要举行升旗仪式，之后还要做早操，召开例会，你怎么看待？"引导性话题应该注重可谈性和可公开性。对学文的不宜谈深奥的理科的问题，反之亦然。不宜在公开场合触及个人隐私，或者是背后议论他人等。如果引导性话题过于敏感，或者越出了对方的兴趣爱好，或者过于深奥，超出了对方的知识结构等原因，对方也许不愿说，也许真的无话可说。提出这类话题，目的是让对方开口讲话，不能让对方讲，还有什么意义呢？

在提一些引导性话题的时候，也要注意方法和策略，不要让对方感到难以回答和附和而已。比如："你是不是也觉得你们现在的厂长很能干？"人家要说赞同的话，他自己的确也有保留意见；要说不赞同，而你已经认可了，他总不至于在你的面前进行反对吧，何况是说别人的坏话呢。这样的话题，处理得不好，会让自己失去谈话的亲和力，适得其反。再者也不要问些大而空的问题，让人不知从何说起，最好具体点。

此外，在打破冷场时说话还应该注意下面的内容：

（1）如果是由于自己太清高、架子大，使人敬而远之，而造成双方的沉默，在交谈中应该主动、客气及随和一些。

（2）如果是由于自己太自负，盛气凌人，使对方反感，而造成了沉默，则要注意谦虚，多想想自己的短处，适当褒扬对方的长处。

（3）如果是由于自己口若悬河，讲起话来漫无边际、无休无止，而导致了对方的沉默，则要注意自己讲话适可而止，给对方说话的机会，不要让人觉得你是在做单方面的"传教"。

（4）有时装作不懂事的样子，往往可以听取他人更多的意见，这根源于人们的自炫心理。反之，你表现得太聪明，人家即使要讲，也有顾虑，怕比不上你。如果我们用"请教"的语气说话，引起对方的优越感，就会引出滔滔话语。一般人的心理总是喜欢教人，而不喜欢受教于人。

冷场的出现，往往与"话题"有关。"曲高和寡"会导致冷场；"淡而无味"同样会引起冷场。不希望出现冷场的交谈者，应当事先做些准备，使自己有一点"库存话题"，以备不时之需。

面对恶意冒犯者

在社交场合，有时我们会遇到别人有意无意的抢白、奚落、挖苦、讥讽，这时该怎么办？有随机应变能力的人，能调动自己的智慧，化被动为主动，使尴尬烟消云散。"兵来将挡，水来土掩"，你可视不同的对象选择不同的应付办法。

1. 仿拟话语

仿照对方讽刺性的话语形式，制造出一种新的说法，将对方置于一种反而不利的位置上，从而使对方落入"聪明反被聪明误"的自造的陷阱中。

丹麦著名童话家安徒生一生俭朴，常常戴一顶破旧的帽子在街上溜达。一次，一个富翁嘲笑他说："你脑袋上边的那个玩意儿是个什么东西，能算是一顶帽子吗？"安徒生马上回敬了一句："你帽子底下的那玩意儿是个什么东西，能算是个脑袋吗？"

对方本想嘲笑安徒生服饰破旧寒酸，不想反被安徒生嘲弄了一番。安徒生仿拟对方的话语形式，改换了几个字词，便辛辣地讽刺了对方的愚蠢卑鄙，空长一个脑袋。

2. 歧解语义

它是指故意将对方讽刺性的话做出另一种解释，而这种解释又恰巧扭转了矛头，指向对方，这等于让对方自己打了自己的嘴巴。

普希金年轻时并不出名。一次，他在彼得堡参加一个公爵举行的舞会。他邀请一位年轻漂亮的贵族小姐跳舞。这位小姐傲慢地看了普希金一眼，冷淡地说："我不能和小孩子一起跳舞！"普希金不但不生气，反而微笑着说："对不起！我亲爱的小姐，我不知道您正怀着孩子。"那位贵族小姐一听顿时羞得满脸赤红。

普希金在这里就是歧解了语义，把"小孩子"偷换成贵族小姐"已有身孕"，因而才不能和别人跳舞。

3. 以毒攻毒

当对方用恶毒的话攻击你的时候，不妨顺水推舟，借他的话回敬对方。

有一个掌柜经常喜欢愚弄人，并常常以此自得。一天早上他正在门口吸着水旱烟，看见赶集的大爷骑着毛驴来到门口，于是他就喊道："喂，抽袋烟再走吧！"大爷忙从驴背上跳下来，说："多谢掌柜的，我刚抽过了。"这位掌柜一本正经地说："我没问你呢，我问的是毛驴。"说完，得意地一笑。

大爷猛地转过身子，照准毛驴脸上"啪啪"两巴掌，骂道："出门时我问你这里有没有朋友，你说没有。没有朋友为什么人家会请你抽烟呢？""叭叭"，对准驴屁股又是两鞭子，说："看你以后还敢不敢胡说！"说完，翻身上驴，扬长而去。

这位大爷的反击力相当强。既然你以你和驴说话的假设来侮辱我，我就姑且承认你的这个假设，借此教训毛驴，来嘲弄你自己与毛驴的"朋友"关系。

孔融10岁那年，有一次到李膺家做客，当时在场的都是些社会名流，孔融应答如流，得到宾客们的称赞。但有一位叫陈韪的大夫却不以为然，讥讽地说："小时候聪明，长大了未必也聪明。"孔融立刻回答道："我想先生在小时候一定很聪明吧？"

孔融采用以其人之"法"还治其人之身的语言形式、以问作答，把对方射过来的"炮弹"又原样给弹了回去。暗示对方长大后就变愚蠢了。

4. 一箭双雕

抓住主要事实或揭露要害，在自己摆脱困境的同时，通过对比指出对方的弱点，置其于窘境。

1988年，美国第41届总统竞选。民意测验表明：8月份前，民主党总统候选人杜卡基斯比共和党总统候选人布什多出10多个百分点。当布什与杜卡基斯进行最后一次电视辩论，布什的策略是，抓住对方的弱点，揭其要害，戳在痛处，从而让对方陷入窘境。杜卡基斯嘲笑布什不过是里根的影子，嘲弄地发问："布什在哪里？"

布什轻松地回答了他的发问："噢，布什在家里，同夫人巴巴拉在一起，这有什么错吗？"平淡一句，却语义双关，既表现了布什的道德品质，又讥讽了杜卡基斯的风流癖好，置杜卡基斯于极尴尬的境地。可谓是一箭双雕。

5. 巧借比喻

巧借对方比喻中的不雅事物，用与此相克相关的事物作比，针锋相对，给以迎头痛击。例如，达尔文提出进化论以后，赫胥黎竭力加以支持和宣传，并与宗教势力展开了激烈的论战。教会诅咒他为"达尔文的斗犬"。在伦敦的一次辩论会上，宗教首领见赫胥黎步入会场，便骂道："当心，这只狗又来了！"赫胥黎轻蔑地答道："是啊，盗贼最害怕嗅觉灵敏的猎犬！"

赫胥黎以比对比，引出被比的事物"盗贼"，巧妙地戳穿了宗教首领的丑恶本质和害怕真理的面目。

当你面对别人恶意的侵犯时，具备随机应变的语言表达功力非常重要。在防卫中运用优雅、得体的语言把你的智慧和大度发挥得淋漓尽致。

找个化解尴尬的"台阶"

在社交活动中，能适时地为陷入尴尬境地的对方提供一个恰当的"台阶"，使对方免丢面子，也算是处世的一大原则，也是为人的一种美德，这不仅能获得对方的好感，而且也有助于自己树立良好的社交形象。否则对方没能下得"台阶"而出了丑，可能会记恨终生。相反，若注意给人"台阶"下，可能会让人感激一生。是让人感激还是让人记恨，关键是自己在"台阶"上不陷入误区。

外圆内方的人，不但尽量避免因自己的不慎而使别人下不了台，而且还会在对方可能不好下台时，巧妙及时地为其提供一个"台阶"。这是因为他们在帮助别人"下台"时，掌握了正确的方法。

1. 因势利导搭台阶

小吴师范院校刚毕业，分到一所小学，给全校出了名的"捣蛋班"上第一堂课。这个班全是男生，鬼点子特多，专爱变着法子为难老师。

小吴刚进教室，就觉得气氛不对，正想开始讲课时，忽然发现讲桌上放着一块木板，上面用粉笔写着"吴××老师之墓"。对血气方刚的青年来说，这无疑是一个奇耻大辱，再看台下，有几个学生正挤眉弄眼地嘲笑他。

他气愤极了，但他没有发作。而是一本正经地把"灵牌"放到了黑板前，然后缓缓地对学生说："让我们以极其沉痛的心情对吴××同志的不幸表示最衷心的哀悼。现在，我提议，全体起立默哀一分钟！"

以前有好几个老师面对类似情况，不是当场大发雷霆，便是夹起书本扭头就走。小吴的这一举动使同学们大吃一惊，个个面面相觑，不再挤眉弄眼。接下来，小吴又故作惊讶地问："吴××是谁呀？"听了这话，同学们都瞪大眼睛惶恐地望着他。他指指自己的鼻梁说："吴××者，台上新任语文老师是也。他没想到你们这么敬重他，还给他立了'灵牌'，他在九泉之下得到消息很快就起死回生了，现在他就站在你们面前给你们道谢！"说完，还真的向全班同学鞠了一躬。这一下，同学们都开心地笑了，笑声里充满了敬意和歉意。

小吴第一天上课，便遭受了学生如此的戏弄，他没有大发脾气，而是煞有介事，顺藤摸瓜地用含蓄的语言自然而然地化解了自己的难堪，还赢得了学生们内心真正的佩服。这一招叫"因势利导"，即在遭受冷遇时，不马上驳斥或者埋怨对方，而是顺着对方的话或者对方设下的场景，慢慢地往对自己有利的方向发展。

2. 增光添彩设台阶

有时遇到意外情况使对方陷入尴尬境地，这时，"外圆内方"的人在给对方提供"台阶"的同时，往往会采取某些妥善措施，及时给对方的面子上再增添一些光彩，使对方更加感激不尽。

1953 年，周恩来总理率中国政府代表团慰问驻旅大的前苏军。在我方举行的招待宴会上，一名前苏军中尉在翻译总理的讲话时，译错了一个地方。我方代表团的一位同志当场做了纠正。这使总理感到很意外，也使在场的前苏联驻军司令大为恼火。因为部下在这种场合失误使司令有些丢面子，他马上走过去，要撕下中尉的肩章和领章。宴会厅里的气氛顿时非常紧张。这时，周总理及时地为对方提供了一个"台阶"，他温和地说："两国语言要做到恰到好处地翻译是很不容易的，也可能是我讲得不够完善。"并慢慢重述了被译错了的那段话，让翻译仔细听清，并准确地翻译出来，从而缓解了紧张的气氛。总理讲完话在同前苏军将领、英雄模范干杯时，还特意地同那位翻译单独干杯。前苏驻军司令和其他将领看到这一景象，在干杯时眼里都含着热泪，那位翻译也被感动得举着杯酒久久不放。

3. 遭遇戏弄巧下台阶

有人喜欢故意挑起事端，企图以巧言戏弄他人，陷人于尴尬境地，以博取笑料。此时，可以使用幽默作为武器，予以还击。

有这样一个故事：

一个自恃有才学的城里人，遇到一个乡下人，就想奚落他一番，于是向他发难："请问这位老乡，你有几个令尊？"

乡下人装作不知，反问："令尊是什么？"

城里人以为得手，狡黠地一笑："令尊就是儿子的意思啊。"

乡下人不动声色地说："噢，原来如此，那么请问您有几个令尊？"

城里人没有思想准备，一时竟无言以对，气得直翻白眼。

乡下人步步紧逼，伴作安慰状："原来您膝下无子。我倒是有两个儿子，可以过继一个给您当令尊，不知可否？"

城里人偷鸡不成反蚀一把米，只好悻悻而去。

乡下人有理有节；既有效化解了尴尬，又达到了反击对方的目的。

化解尴尬最聪明的做法就是幽默素材取材于对方的话题，让对方自吞苦果，将尴尬不知不觉地转移给对方。这叫作以其人之道还治其人之身。

一次马克·吐温应邀赴宴，席间他对一位贵妇说："夫人，你太美丽了！"不料那位妇人却说："先生，可是遗憾得很，我不能用同样的话回答你。"

头脑灵敏，言辞犀利的马克·吐温笑着说："那没关系，你也可以像我一样说假话。"

4. 将错就错下台阶

在一次战争后，军官问一个士兵：

"在这次战争中，你是否勇敢？"

士兵回答道："你听了一定会很高兴的，在战争开始后我勇敢地冲上去砍掉了一个敌人的双脚。"

军官听了后奇怪地问道："为什么不是头呢？"

士兵回答道："因为他的头已经被砍掉了。"

有时候，最好的下台阶办法就是将错就错，顺着对方的话往下说，把尴尬化解掉。

此外，还有挥洒感情造台阶法，就是故意以严肃的态度面对对方的尴尬举动，消除其中的可笑意味，缓解对方的紧张心理。

人人都有下不来台的时候。学会给人下台阶，既可以缓解紧张难堪的气氛，使事情得以正常进行，又能够帮助尴尬者挽回面子，增进彼此的关系。要达到这样的目的，我们应系统地学会使用以上技巧。

第二章

让难说的话变轻松

表态时"是"或"不是"要少说

在实际的交往中，有时你可能处于主动地位，有时则可能处于被动的位置。在被动情况下接受对方的提问、质疑时，如何回答、如何表态就成为一个十分关键的问题，稍有不慎，就会造成误解、泄密或其他不良后果。这时，最好的办法就是避免表态。但是，直率地拒绝表态是失礼的、不当的。正确的办法应该是：表态时尽量避开说"是"或"不是"，既要避开表态，同时又不能有损对方的面子，破坏双方交谈的气氛，还要在国际公众面前树立起良好的个人形象和国家形象。常见的避开表态的方法有以下两种。

1. 话题转移法

20世纪70年代的中东战争中，基辛格率领美国代表团前往埃及与萨达特总统进行和平谈判。会谈一开始，萨达特说了几句寒暄话以后，就让基辛格看一个计划。然后，萨达特吸了一口烟，征求基辛格的意见，要他表态。

根据这个计划，以色列须大范围撤离，这是难以办到的。基辛格不能表示同意这个计划。但是，会谈刚刚开始，而且美、埃自战争以来才刚刚开始接触，这时表态拒绝这个计划也是不明智的。那么，可不可以表态说"让我们就交换条件谈谈吧"？也不行，在双方没有任何基础的时候来谈这个各方都难以让步的棘手问题，也将是危险的。这时，基辛格就使用了话题转移法。基辛格说道："在我们谈论手头的事务以前，可否请总统告诉我，你是怎样设法在10月6日那天如此成功地发动了那次令人目瞪口呆的突然袭击的？那是个转折点，我们现在所做的事，从某种意义上说，是这个转折点的必然结果。"

萨达特眯着眼睛，又吸了一口烟，他微笑了。于是他放弃了要基辛格表态的要求，而是应基辛格的要求讲述起来。基辛格之所以能成功地避免表态，是因为他采用尊重对方的方法来转移话题。基辛格主动问起那件事是恭维萨达特，确立他的谈判地位，证明他不是从软弱的地位出发来进行谈判的，他不是一个低声下气的人，他已为埃及取得了谈判的权利。总而言之，他恢复了埃及的荣誉和自尊心。

2. 玩笑回避法

在埃及和美国会谈结束后，萨达特和基辛格两人会见了记者。一名记者问萨达特："总统先生，美国是不是从现在起不再给以色列空运军用物资了？"

"你这个问题应当向基辛格博士提出。"萨达特回答道。虽然此时他已十分清楚地知道空运即将结束，但他还是进行了回避。

基辛格立即说："幸亏我没有听见这个记者问的是什么问题。"

对于空运是否即将停止这个敏感的机密问题，双方都出于保密原因而进行回避，但萨达特用的是转移视线，而基辛格用的则是"打哈哈"，即说笑回避。在当时情况下，这两种方法都是有效的。

因此在遇到一些棘手的事，需要你表态时，要尽量避免用"是"或"不是"这样的绝对性字眼，而要采取措施转移或回避表态。

当别人打探你的隐私时该怎样说

隐私本是一个人内心深处的不愿被别人知道的东西，但是在人际交往中，有些人总是会有意或无意地触及别人的隐私。不管问的人动机如何，一旦被问的人回答不好，很有可能会产生一些不良的后果。那么当你面对被问及隐私时该怎样回答呢？下面的几种方法不妨一试。

1. 答非所问

菲律宾前总统科拉松·阿基诺夫人，在出席一次记者招待会时，记者问她有多少件旗袍礼服，科拉松·阿基诺夫人不假思索地回答：

"我所有的旗袍礼服，都是第一流服装设计师奥吉立德罗为我设计的。你知道吗？她经常向我提供最新流行的服装样式。"

别人问数量，她却回答是谁设计的，这样回答明显文不对题，然而，那位记者却知趣地不再追问了。

2. 似是而非

有一位女名人准备与一位考古学家结婚，朋友问："你为什么会选择考古学家？"

她一本正经地回答：

"对一个女人来说，选择考古学家做丈夫是最明智的选择，因为这样一来，她就不用担心衰老，考古学家对越古老的东西越感兴趣。"

似是而非的回答往往让那些爱探听隐私的人无功而返，它的奇妙之处就在于听上去你像是在回答对方的问题，但其实并不是对方想要的答案。

3. 绕圈子

世界著名男高音歌唱家帕瓦罗蒂不愿把自己的体重公开，于是，当有人问他现在体重多少时，他说："比过去轻。"再追问他过去多重时，他说："比现在重。"他用的是和对方绕圈子的技巧，绕来绕去，最后对方还是什么信息也得不到。

4. 否定问题

著名影星、孙悟空的扮演者六小龄童，在一次记者招待会上，有一位记者问他："当初谈恋爱，你和于虹谁追的谁？"六小龄童回答：

"到底谁追谁，有什么重要？我们都没有想过要'追'对方，因为不是在赛跑，一个在前一个在后，我们是夜色中的两颗星星，彼此对望了几个世纪，向对方眨着眼睛，传递着情意。终于有一天，天旋地转，我们就像磁石的两极碰到一起，吸在一起了。"

六小龄童根本就没有回答对方的问题，而是一开始就否定了对方问题的前提，即认为两人谈恋爱不一定是一方主动追另一方，随后便对两人的爱情作了一个浪漫、精彩的比喻。这样既回答了记者的提问，又没有透露自己的隐私。生活中，遇到有人打听隐私的时候，这不失为一个好办法，从一开始就否定对方的问题，自然也就不用按照他的提问来回答了。

5. 直言相告

有一位女士因公出差，在火车上和旁边的一位看起来挺有涵养的男士交谈起来。谁知，谈着谈着，男士突然话题一转，问了一句：

"你结婚了吗？"

女士一听顿时心生厌恶，于是她态度平和地对那位男士说：

"先生，我听人说过这样一句话，前半句是'对男人不能问收入'，所以我一直没打听你的收入；后半句是'对女人不能问婚否'，所以你这个问题我是不能回答了。请你原谅。"

有时候，对方打听你的隐私时，你可以开门见山，指出对方问话的不当，直言相告，表达自己的不满。

面对无理要求时如何说

面对无理要求时，盲目答应当然不行，但是一概严厉拒绝，也非最佳解决问题之道，下面的两种解决方式可以使你既能拒绝对方，又能不惹恼他，是处理这种难题的首选。

1. 略地攻心，让对方主动放弃

一位老师，她弟弟因为一场纠纷，被人告上了法庭，而接案的法官恰恰是她昔日的得意门生。一天晚上，这位老师前往学生家，希望他能念在师生的情面上，帮帮她弟弟。法官显然有些为难，既不能徇私枉法，又不能得罪恩师。于是，他说：

"老师，我从小学到大学毕业，您一直是我最钦佩的语文老师。"

老师谦虚地说："哪里哪里，每个老师都有他的长处。"

法官接着说：

"您上课抑扬顿挫，声情并茂。尤其是上《葫芦僧判断葫芦案》那一堂课，至今想起来记忆犹新。"

语文老师很快就进入角色了："我不仅用嘴在讲，也是用心在讲啊。薛蟠犯了人命案却逍遥法外，反映了封建社会官官相护、狼狈为奸的黑暗现实。"

法官接着感叹，"记得当年老师您讲授完这一课，告诫学生们，以后谁做了法官，不要做'糊涂官'，判'糊涂案'，学生一直以此为座右铭呢。"

本来这位语文老师已设计好了一大套说辞，但听到学生的一番话，再也不好意思开口了，自动放弃了不合理的请求。这位法官用的就是"略地攻心"的技巧，先用一句恭维的话，填平了老师的自负，终拒人于无形之中。

2. 用"类比"反驳对方

一家公司的经理在一次业务谈判中，受到了另一家公司业务员的顶撞。为此，他气冲冲地找到那家公司的经理，吼道：

"如果你不向我保证，撤销上次那个蛮横无理的工作人员的职务，那么显然就是没有诚意和我公司达成协议！"

这家公司的经理听了微微一笑，说：

"经理先生，对于工作人员的态度问题，是批评教育还是撤职处理，完全是我们公司的内部事务，无须向贵公司做什么保证。这就同我们并不要求你们的董事会一定要撤换与我公司工作人员有过冲突的经理的职务，才算是你们具有与我公司达成协议的诚意一样。"

先前怒气冲冲的经理顿时哑口无言。在这里，后一家公司的经理就巧妙地运用了类比的技巧。虽然说这两家公司有很多不同之处，但有一点却是相似的，即两家公司对工作人员或经理的处理完全是各公司的内部事务，与和对方有没有诚意合作无关。该经理就是抓住了这一相似点作比，从而敬告了对方所提要求的过分和无理，表达了对其态度蛮横的不满。

面对过分的玩笑你该如何应对

玩笑开得过分时，气氛往往会变得比较尴尬或紧张，这种情况下，很多人还是希望能保持住自己说话的风度。那么，该如何应对这种过分的玩笑呢？你可以选择下面的方法作为参考，以便顺利走出困局。

1. 借题发挥

某业余大学中文班开学第一天开了个座谈会。首先，学员们一个个作自我介绍。当轮到来自农村的牛力时，他刚说了句："我姓牛，来自乡下……"不知谁小声说了句："瞧，乡下小牛进城喝咖啡了！"一下子，许多人都笑起来了。牛力先是一愣，但很快就镇定下来，说道：

"是的，我是来自乡下的小牛。不过，我进城是来'啃'知识的，以便回乡下耕耘。我'吃的是草，挤出来的是奶和血'。我愿永远做家乡的'孺子牛'！"

话音刚落，大家热烈地鼓起了掌，为牛力精彩的讲话喝彩。牛力用自己的机敏，顺着那位同学过分的玩笑话，引用鲁迅的名言，不但摆脱了尴尬的场面，而且表明了自己做人的准则，为自己赢得了喝彩。

当有人对你开的玩笑带有一定的侮辱性质，而开玩笑的人又不是恶意刁难你的时候，如果你能顺着对方的话，再借题发挥一番，反而把他的话变成你用来夸奖自己的话，可谓是一种最机智的选择。这样既能避免自己的难堪，又不至于把关系弄僵。

2. 诱敌上钩

集市上，几个小贩摆着麻袋和秤杆，等着收购农民拿来的山货。一位老农民来到一个商贩面前，诚恳地问："老弟，灵芝菌一斤多少？"老农的本意是问一斤灵芝菌能卖多少钱，小商贩见老农两手空空，以为他是问着玩玩的，就想开开他的玩笑，开心开心。小商贩于是答道："一斤是十两，你连这都不懂？"旁观者哄笑起来，使得老农很尴尬。不过他略一定神之后，开始反问小商贩：

"你做多久生意了？"

小商贩随口答道："十年了。"

老农哈哈一声，脸露讥笑地说：

"亏你还是个生意人，人家问你多少钱你却回答多少两。我看你像个老生意人，才这么问的，哪里晓得你连'钱'都不懂，唉……"

老农故意拖长一声失望的口气，这回轮到小商贩被人哄笑了。

当有人纯属恶意地开你的玩笑时，你当然需要毫不客气地回敬，诱敌上钩就是其中的一种技巧。你要逐渐诱惑对方进入你语言的圈套，在适当的时候，就反戈一击，让对方自取其辱。

3. 反唇相讥

生活中一些尴尬的局面，完全是由于别人不敬的玩笑引起，如果你隐忍退让，只会被人看扁；如果针锋相对，又会把事情搞僵。这时不妨采用反唇相讥的办法，把对方开自己玩笑的话返回到他自己身上去，从而为自己争取主动。

圆场的话该怎样说

在剑拔弩张的情况下，怎样说才能让气氛缓和下来，这确是个难题。我们不妨学一下下面的几个方法，使圆场的话变得不再难说。

1. 化分歧为两面，让双方都满意

清末的陈树屏口才极好，善解纷争。他在江夏当知县时，张之洞在湖北任督抚，谭继询任抚军，张谭两人素来不和。一天，陈树屏宴请张之洞、谭继询等人。当座中谈到江面宽窄时，谭继询说："江面宽是五里三分。"张之洞却说："江面宽是七里三分。"双方争得面红耳赤，本来轻松的宴会一下子变得异常尴尬。

陈树屏知道两位上司是借题发挥，故意争闹。为了不使宴会大煞风景，更为了不得罪两位上司，他说：

"江面水涨就宽到七里三分，而落潮时便是五里三分。张督抚是指涨潮而言，而谭抚军是指落潮而言，两位大人说得都对。"

陈树屏巧妙地将江宽分解为两种情况，一宽一窄，让张谭两人的观点在各自的方面都显得正确。张谭两人听了下属这么高明的圆场话，也不好意思争下去了。

有时候，争执双方的观点明显不一致，而且也不能"和稀泥"。这时，如果你能把双方的分歧点分解为事物的两个方面，让分歧在各自的方面都显得正确，这必定是

一个上乘的好办法。

2. 善意谎言，营造轻松氛围

一次大学同学聚会，有个男士突然对一位女士说："当年可是你主动追求我的，还记得不？"这虽然不是一句非常得体的话，可在这样的场合下开开玩笑，也无伤大雅。谁知，这位女士心情不好，很是生气地回敬了他："神经病！谁会追你这样的人哪？也不看看自己是谁！"大家愣住了，场面顿时冷了下来，沉默让人难堪。

这时另一位同学站起来，搂着这位女士的肩膀说："小妹，怎么还跟大学时的脾气一样啊？喜欢谁就说谁是神经病。"大家一阵嬉笑，又开始聊起大学时的往事，气氛重新活跃起来。

在交际中，有些人不合时宜地开玩笑，撞在别人的枪口上，免不了尴尬。为了缓解这种局面，我们可以善意地撒点小谎，为对方的玩笑话添加特定的背景资料，从而将玩笑从有利于气氛缓和的角度去解释，最好加上一点幽默的调料或者结合当时的场景说话，为大家营造出轻松的氛围，从而将话题引开。

3. 旁逸斜出，顺着对方的心意

有一个调皮的孩子，大年初一那天，一大早便出门找伙伴玩去了。玩到中午时分，才发现自己头上的新帽子不知什么时候丢了。于是胆战心惊地跑回家去，向母亲汇报了一下大体情况。要是在平时发生这种情况，母亲一定会大声斥责他，可当天是大年初一，不能骂孩子，于是就强忍着没有爆发。

这时隔壁阿姨来她家串门，感觉到了这位母亲的火气和孩子的害怕搅和在一起的异样的气氛，一打听，才知道事情的原委。于是笑着说："孩子的帽子丢了，这是好事啊，不正意味着孩子要'出头'了吗？今年你一定走好运，有好日子过了。"一席话，说得孩子的母亲转怒为喜，并附和着说："对，对，孩子从此出头了。"于是大家一阵哈哈大笑，家里又恢复了祥和喜庆的气氛。

当双方因为其中一个做错了事，而情绪紧张时，把事情往好的方向解释，顺着对方的心意，往往就能化解紧张的气氛。

第三章

走出辩论的僵局

旁敲侧击，迂回包抄

与别人辩论时，有些事在某些情况下不能明说，但又不得不说，只好从侧面以委婉曲折的方式来表达，以避免发生正面冲突，这种论辩的技巧就是旁敲侧击。熟练地运用旁敲侧击的方法，往往能收到良好的效果。

唐朝时，庐江王李瑗谋反被唐太宗镇压，李家被满门抄斩，只有一个小妾幸免。但李瑗的小妾是位美人，太宗不忍杀她便据为己有。满朝文武都觉得太宗这样做极不合适，但没有人敢站出来直接指责皇上，那样会掉脑袋的。

这一天，李世民跟王珪谈话。王珪注意到那位美人就侍立在李世民的身旁。

李世民指着美人说：

"这是庐江王李瑗的妾，李瑗杀了她的丈夫而娶了她。"

王珪听后，立即反问道：

"那么，陛下认为庐江王这样做对还是不对？"

李世民答道："杀人而后抢人妻子，是非已经十分明显，卿何必还要问呢？"

王珪答道：

"今天，庐江王因谋反被杀，可是这个美人却为陛下占有，我认为陛下肯定认为李瑗做得对。"

李世民听了，深感惭愧，立刻把美人送还她的家族，同时对王珪能指出他的错误，大加赞赏。

旁敲侧击法虽好，但也要注意方式，"敲"得有理有据，尤其是连锁式旁敲侧击法更应注意以下几点：

第一，"敲"之有据。旁敲侧击不是对论敌情况一无所知地胡"敲"乱"击"，更不是恐吓、讹诈，而是在已经掌握论敌部分情况的基础上，为攻克难点、扩大战果所做的论辩。因此，在论辩过程中，要精心筹划，分步实施。在选准突破口的基础上，用旁敲侧击法进行试探，当论敌狡辩、抵抗时，适时"敲"之以据，用已经掌握的情况这一武器予以回击。

第二，"击"之有方。旁敲侧击，顾名思义，就是在论辩过程中，先避开某个敏感的实质性话题，解除论敌的戒备心理，然后从两翼接近目标，最后迫使对方就范。同时，要围绕"旁"与"侧"做文章，用曲语敲山震虎，不要直截了当，以免被对方摸清意图而失去主动权。此外，还要准确地把握"敲"、"击"的力度。要按照"分寸适宜、轻重得当"的原则，"敲"要敲到对方的要害处，"击"要击得恰到好处，使论敌背上沉重的思想包袱，在心理上处于劣势，从而甘拜下风，拱手认输。

以退为进，反客为主

优孟是先秦时期的口才大师，是楚庄王面前的善辩之人。

有一次，楚庄王十分喜爱的一匹马得病死了，庄王命令全体大臣为死马致哀，并要按士大夫的礼节举行葬礼。百官纷纷劝阻，庄王大动肝火，下令如有再劝阻者，定判死罪。正当大家一筹莫展的时候，优孟闯进宫来号啕大哭。

庄王问为什么，优孟说："这匹马是大王最心爱的马，以楚国之大，什么东西弄不到！现在却仅以士大夫的葬礼来办丧事，实在太轻慢了！我请求用君王的礼仪来埋葬。"

楚庄王一听甚为高兴，便问："依你之见，怎么个埋葬法呢？"

优孟说："最好以雕花的白玉做棺材，以精美的梓木做外椁，还应建造一座祠庙，放上牌位，追封它为万户侯。这样，天下的人就都知道，大王对马的爱惜和重视更甚于对人的爱惜和重视了。"

楚庄王一听，如梦初醒，说："我竟错到了这种地步！"

优孟首先顺着庄王的旨意大谈要对死马进行厚葬，以貌似违逆本意的退却方式，既迷惑对方又为自己累积优势，一旦优势达成，便一发而出，以"重马甚于重人"一语给当头棒喝，使庄王在这种突进面前恍然悔悟。

以退为进，反客为主辩论法不愧为"语言战争"中一种绝好的攻守战术。

采用这种方法的步骤是形似守而实是攻——先退让而后发制人，先设隐语使对方轻敌而上钩，然后晓以利害，使自己处于积极主动的地位。应该说，当你"客"到最低限度时，也就是你的辩理积蓄到火候了，抓住这个玄机，你反过来给对方关键一击，对方自然措手不及。

有一位市长和其夫人去视察建筑工地，一个头戴安全帽的工人冲着市长夫人叫喊起来：

"夫人，还记得我吗？读高中时咱们常常约会呢！"

市长回到家里耿耿于怀地向妻子发难："看来你年轻时也只会在没档次的小伙子中混。"

市长夫人先是没说话，让丈夫继续说下去。市长进一步揶揄地说："你嫁给我算你运气好，要不你该是建筑工人的老婆，而不是市长夫人。"

夫人见他的"主"的角色已到了极限，便反唇相讥："你应该庆幸和我结了婚，要不然，市长就该他当了。"

在与别人谈话时，对方有可能会提出一些尖锐的问题。这种时候，你不必忙着替自己开脱，而是先退一步听听对方怎么说，然后再抓住机会反攻，如此，对方便无话可说了。

将错就错，出其不意

为了战胜对方的诡辩，先假定对方的论点是对的，然后顺着对方的前提进行推理，最后得出荒谬的结论，这就是论辩术中的将错就错法。针对诡辩自身存在着语言模糊、内容矛盾、逻辑错误等方面的局限性，将错就错法可以取得出其不意的效果。

古时候有一个吝啬的财主，算计完下人就喜欢喝酒。这一天，他拿出一个空酒瓶，叫一个聪明的长工去买酒，却没有给长工一钱银子。

长工莫名其妙，问道："老爷，没有银子，怎么能够买到酒呢？"

财主生气了，大声诡辩说："你不是很聪明吗？花银子买酒，哪一个不会？不花银子买到酒，那才算本事呢！"

长工听了，没有反驳，跑到外面小睡了一会儿，然后揉揉眼睛，就举着空酒瓶回来了，恭恭敬敬地对财主说："酒来了，请老爷品尝！"

财主一看是个空酒瓶，不禁高声喝道："没有酒，喝什么喝！"

长工却笑着说："酒瓶里有酒，谁不会喝？要是您从空酒瓶里喝出酒来，那您才是有本事呢！"

一个小长工，针对财主荒谬的观点，还给他同样一个荒谬的观点，就这样将错就错地把为难自己的大财主给制服了。

此外，对方如果进行诡辩，我们还可以将错就错，恣意发挥，反衬对方荒谬的立论，先指明矛盾所在，然后再点出问题的实质。这样让对方不得不败下阵来。

一个乡党委书记和乡派出所所长争辩了起来。

原来，事情的起因是这个乡的几个地痞经常偷鸡摸狗，气焰日益嚣张，群众向乡党委书记反映了情况，书记于是找来了派出所所长，责问是否知道那几个地痞的胡作非为。当时，所长说知道情况。于是，书记又问为什么至今未对他们采取行动。

所长说："采取行动只是个时间问题，这就像喂猪一样，如果还没等到猪肥就杀了，那怪可惜的，不合算。这些地痞就像猪一样，现在还是瘦瘦的，没有喂肥，处罚起来没分量。所以这是个策略问题，群众不理解，我们可以理解。"

书记说："你的'肥猪论'太玄虚了，群众怎么会理解？猪是人们心甘情愿喂养的，而这些地痞，群众会甘愿喂养吗？还是听听我的'肥鼠论'吧。如果有个人养了一只猫，指望它捉老鼠，可这只猫却放任老鼠在家里吃谷子，结果主人家老鼠成灾。主人找猫来问罪，可猫却振振有词地对主人辩解：'家里老鼠太瘦了，等到喂肥了再抓不迟。'你猜主人对猫会有什么看法？"

所长似乎没有了主意，却又似乎有了主意。他喃喃地说："这……书记的'肥鼠论'更有道理，我是一时糊涂，我马上就把那几只'老鼠'抓起来。"

将错就错，出其不意，能给人耳目一新的感觉，也能使辩论最终取得胜利。

借他的石头砸他的脚

所谓"借他的石头砸他的脚"，就是面对论敌的攻击，巧妙地从论敌方面取得反驳的证据，借用对方亲口说的话或承认了的话来反击对方，反守为攻、化被动为主动，使论敌欲辩无辞，只得认输。这颇似中国古代寓言"以子之矛，攻子之盾"的故事。

下面这个故事与"矛盾"的故事很相似，说的是有个卖马的人，每匹马要价 500 块钱。他吹嘘道："无论跟什么马比赛，我的马总是得胜。如果不是这样，我愿意倒贴 500 块钱！"

一个会说话的人接口说："你的马真是太好了，我要买下来，不过你得先给两匹，试试它的脚力。"

卖马的同意了，让这个人牵走了两匹马。过了一会儿，卖马的要他付钱。会说话的人却说："我一分钱也不欠你的！我让你的两匹马比试一下，结果一匹在前，一匹在后。在前面的我应该付给你 500 块钱，在后面的你应该倒贴我 500 块钱。这样一来一去，我们的账就是两讫了。"

商贩目瞪口呆，答不出一句话来。

这个会说话的人的论辩方式给我们以启示：利用论敌的矛盾，用对方自己的话反驳对方，是论辩制胜的绝妙方法。

还有一个例子，也能很好地用来证明"借他的石头砸他的脚"的魅力。

在一次外贸谈判中，中方外贸代表团拒绝了一位红头发的西方外商的无理要求，外商恼羞成怒，竟然出口伤人说："代表先生，我看你的皮肤发黄，大概是营养不良造成思维紊乱吧？"

面对攻击性的发难，中方代表没有暴跳如雷，而是用平静的声音回敬道："经理先生，我既不会因为你的皮肤是白色的而说你严重失血，造成你思维的紊乱，也不会因你头发是红色的而说你是吸了他人的血，造成你头脑昏昏。"

在不加肯定中肯定，实在是高妙！既然你满嘴歪理，那我只能用歪理来反击！

借他的石头砸他的脚重点是要抓住对方话语中的破绽，当对方只顾进攻的时候，我们便"因利称便，借力制胜"。因为是从对方亲口说的话中取得的证据，所以能让对方无可辩驳。

请君入瓮，逼其败阵

在论辩中，"请君入瓮"是指言在此而意在彼，先提出一个或几个问题，诱使对方说出或同意与你尚未说出的、准备坚持的观点相类似的观点，然后伺机运用类比、推理等方法，指出对方行为与观点、前言与后语相悖谬之处，使对方陷入圈套之中而无法争辩的雄辩方法。

作为一种论辩技巧，"请君入瓮"的关键在于巧设圈套和伺机点破，使对方"哑巴吃黄连——有苦说不出"，无言以对，俯首认输。

英国文学家萧伯纳在一个晚会上，独自坐在一旁想心事。一位美国富翁非常好奇，便走过来说：

"萧伯纳先生，我想出一块钱来打听你在想什么？"

显然，这位富翁不但干扰了萧伯纳先生的思绪，而且还浑身散发着一股铜臭味。他的话不仅俗不可耐，而且完全是对萧伯纳人格的侮辱。

对富翁庸俗的做派，萧伯纳决定给予反击。他抬头看了一眼富翁，说："我想的东西不值一块钱。"

这下更引起了富翁的好奇，他急不可待地问道："那么你究竟在想什么东西呢？"

萧伯纳笑了笑，叹了口气说："我想的东西就是你呀！"

萧伯纳的回答可谓典型的"请君入瓮"。富翁问他在想什么，如果他直接回答的话，必然兴味索然，达不到反击的目的。而他所说的"我想的东西不值一块钱"，自然就勾起了富翁的好奇心，使他不知不觉地上钩，非要对"不值一块钱"的"东西"问个水落石出不可。萧伯纳见"蛇"已"出洞"，便抓住玄机揭"谜底"。于是道出了"我想的东西就是你"。语言虽然简短，但却巧妙地给了富翁当头一棒。

第四章

说话也要讲究方圆和谐

转着弯儿说话

在现实的交流当中，说话的双方都希望对方能对自己实话实说。但是，在某些特定的场合下，如顾及面子、自尊，以及出于保密等，实话实说就会令人尴尬，伤人自尊。但是实话又不能不说，这种时候就需要转着弯儿说话了。说的话既能够让人听得顺耳，又能够欣然接受。

古代就有这样的例子，当年孔子、孟子周游列国，见到了不少王公大臣，说了许多话。从记载的资料看，他们大都是实话巧说，娓娓道来，以理服人，以情动人，使那些有权有势的人接受了他们的主张。否则，他们是很难有活动的余地。《战国策》记载的《触龙说赵太后》，也是实话巧说的典范。触龙这位忠心为国、善于进谏的老臣，希望赵太后把她宠爱的公子放出去锻炼，增长才干，为国立功，将来才好在赵国安身。他很讲究说话艺术，先问寒问暖，再说到周围环境形势，需要人才，把情况说得合情合理，丝丝入扣，赵太后居然转怒为喜，并接纳了他的一些建议，从而达到了自己说话的目的。

古圣先贤们留下了一些转着弯儿说话的例子，当然，我们应该传承，另外还要研究这一门艺术，以便收到一般"实话直说"所收不到的效果。在提倡实话实说的同时，也应当提倡迂回说话。

小刘与小丁是一对不错的朋友，他们之间也都视对方为知己。

有一次，单位中的一个青年小王对小刘说："我总认为小丁这家伙为人有点太认真了，可以说是已经到了顽固的地步，你说是不是呀？"小刘听到小王的话后，顿然产生了一种厌恶感，当时小刘心里就想："你还说别人，你这小子在背地里贬损我的好朋友，你不觉得缺德呀？"可是他也不好发作，于是就假装一本正经地反问道："小王，先问你一个问题，如果我在背后和你一起议论他的缺点，他要是知道了，那他会不会和我反目为仇呢？他又会怎么看你呢？"小王听了小刘那句话后，脸"刷"地就红了，也不再吭声了。

　　小刘用的就是委婉点拨的技巧，即侧面点拨。在面对小王的发问，小刘并没有直接回答，而只是把话题转到另一个角度，他给小王出了一道难题，而他出的这道难题也正好起到点拨对方的作用，他既表明了"小丁是我的好朋友，我绝不会和你一起议论他"，在他的话中又隐含了对于小王在别人背后议论纷纷、贬损别人的不满。

　　同时，因为这种转着弯儿的说话方式比较委婉含蓄，所以不会给对方一个太难堪的局面。

　　再比如说，现在大部分的女孩子为显示自己有个性，就经常生男友的气，如果这个女孩又是父母的掌上明珠，或者是家庭兄长中的一个娇妹妹，她就更不能容忍他人对她的抱怨与不满了。可能也会有一部分痴情的男孩子会因为自己的哪一句话引起女朋友心中的不快，怕得罪自己的"小公主"，而忙不迭地向她赔礼道歉，甚至还会为了所谓的原谅而贬低自己，才能表示对恋人的忠贞。其实大可不必用这种方式，他完全可以转着弯儿说话。

　　晓晓是某厅长的千金，她和自己父亲单位的小刚谈恋爱时，总是显示出她在某方面的优越感。可能是因为小刚出生在农家，大学毕业时被分到某厅当科员，也没有什么靠山。晓晓总认为她这方面比他优越。

　　有一次，晓晓到小刚家做客，她总对小刚家人的某些生活方式流露出不顺眼的情绪，而且还不断地在小刚耳边嘀嘀咕咕地发牢骚。特别是吃过晚饭后，把小姑子使唤得团团转，一会儿让她烧水，一会儿又让她拿擦脚布，可以说是当作一个仆人用了。小刚心里很不是滋味。但也不宜直接说，他就借助这个机会笑着对妹妹说："要当师傅先当徒弟嘛！你现在可得加紧培训一下呀，将来你要嫁到别人家里时，也可以摆起师傅的架子来了。"

　　晓晓当然是个明白人，她从小刚的话中听出了他的本意，以后在小刚面前就没有表现自己的某些过分行为了。小刚就是在恰当的时机采取转着弯儿说话的方式来表示对晓晓的不满，他用一句"要当师傅先当徒弟"的俗话来提醒晓晓，这就避免了一些直接冲突，也表达了对对方当时有点不满意，这不失为一种好办法。

　　实话实说，是大家都倡导的说话精神，但是在人际和社会关系极为复杂的环境中，光实话实说是远远不够的，我们还要学会转着弯儿说话。

不正面回答问题

对难以回答的问题，可以采用以下方法。

1. 糊涂一点最聪明

对于一些敏感性问题，提问者一般不直接就问题的本质提出质疑，而是从其他貌似平常的事物着手，旁敲侧击地进行诱导性询问。这是假装糊涂的最好时机，这时，我们可以故意装作不懂对方的真正用意，而站在非常表面的、肤浅的层次上曲解其问话，并将这种曲解强加给对方，使对方意识到我方的有意误解实际上是在表达委婉的抗议和回避，从而识趣地放弃自己的追问。很多名人都擅长用一些"聪明的糊涂"来巧妙摆脱对方的纠缠。

在一次记者招待会上，外国记者别有用心地问王蒙："请问，20 世纪 50 年代的你与 80 年代的你有何相同与不同？"这里，这位记者的用意是路人皆知的。

王蒙当时也十分清楚。他不慌不忙地抬起头，从容不迫地回答道：

"20 世纪 50 年代的我叫王蒙，80 年代的我也叫王蒙，这是相同之处；不同的是，那时我 20 来岁，而现在我则有 50 多岁了。"

记者的提问只给出了年代限定的范围，王蒙虽然知道对方是想借机让他谈一谈对中国国内形势改变的感受，但是却故意装糊涂曲解对方的本意，只是从自己年龄变化的角度作答。这个回答虽然也算是"合格"，但实际上没有真正给对方任何有用信息，令其大失所望。

2. 巧用模糊语言

德国大哲学家康德在 18 世纪就说过："模糊观念要比清晰观念更富有表现力……我们并不总是能够用语言表达我们所想的东西。"到 1965 年美国数学家查德从科学意义上研究了"模糊"这个概念，使人们对数学中模糊性与精确性的关系取得新的认识，他认为：任何事物都在不断地运动、发展、变化中存在。其过渡的、中介的形态是难以绝对精确判定的；同时各个事物之间的相互联系、渗透、转化的形态，也是无穷多样，往往是亦此亦彼的，所以事物只有在它的中心是明晰的，它的周缘地带都是模糊的。这一观点被现代语言学家所接受，形成模糊语言学。

鲁迅讲过一个故事：一户人家生了个男孩，全家高兴透了，满月的时候抱出来给客人看，有的说："这孩子将来要发财的。"说的人得到一番感谢。有的说："这孩子将来要做官的。"说的人得到了几句恭维。有的说："这孩子将来要死的。"说的人一定会得到大家合力的痛打。说要死的必然，说富贵的说谎，但说谎的得好报，说必然的遭打。那么既不愿说谎，也不愿遭打，就只能说："啊呀！这孩子呵，您瞧！多么……阿唷！哈哈！"鲁迅这里讲了模糊语有时出于情势所迫，无法说真话，就只能打哈哈。而从我们这里来看，打哈哈也包含了幽默机智的情趣。这就是我们要讲的模糊语言法。

所谓模糊语言法就是指在能够把话说得更确切一些的情况下，故意采取模糊表述，以回避一些不便回答的问题，打马虎眼，使对方摸不清虚实。

楚灭秦时，楚怀王分兵两路，东路由项羽率领 70 万兵马，西路由刘邦率 10 万兵马，同时向关中进发，事先约定：谁先进关谁为关中王。

结果刘邦先进关中，项羽自恃兵多势众，不服刘邦，欲设计害之。项羽自尊为西楚霸王，封刘邦为汉王，打算让刘邦到南郑去。谋士范增极力反对，他说："那地方内有重山之固，外有峻岭之险，让刘邦去，岂不是放虎归山？"

项羽反问："那有什么办法杀他呢？"

范增献计说："等刘邦上朝，大王问他：'寡人封你到南郑去，你愿不愿去？'如果他愿去，你就说：'我早知道你愿去，那里是养兵练将，积草屯粮的好地方，养足了锐气好与我争天下，对不对？这就证明你有反我之心。绑出去杀了！'如果他不愿意去，你就说：'我知道你不愿去的，本来楚怀王有约在先，谁先入关谁为关中王，叫你去南郑，你怎么会愿意呢？既然不愿去，就是要在这里反我。与其如此，不如现在就把你杀了。来人，绑出去斩首！'想他刘邦难逃灭顶之灾了。"

一番话说得项羽连连点头称是。密谋之后，项羽便召刘邦上殿。

项羽是个有勇无谋、沉不住气的人，他一见刘邦，便迫不及待地问道："寡人封你到南郑去，你愿意不愿意去？"

刘邦见项羽问得这么急迫，不免心中纳闷。虽然愿去，但不敢表白，于是他回答说："大王，臣食君禄，命悬乎于君。臣如陛下坐骑，鞭之则行，收辔则止，臣唯大王之命是听。"

刘邦这种模棱两可的话，完全出乎项羽的意料，他没听出刘邦到底是想去还是不想去。项羽只好说："你要听我的，南郑你就不要去了。"

刘邦连连拜谢说："是，臣遵旨。"

在上例中，刘邦就是巧妙地利用模糊语言救了自己的一条命。这里，范增利用

"两难选择",企图陷刘邦于进退两难、莫衷一是的境地,然后假名杀之,其计策真可谓刁毒。然而,刘邦则更为高明,他巧于心计,见项羽问得急,估计事出有因,于是运用模糊语言应对,并借此表白自己俯首听命于君,这就使项羽不知他心里想的是什么,无法确定他到底愿意还是不愿意去,当然也就不好杀他了。

活用谎言说服别人

谎言有时也是一种权宜之计,为了让事情的发展趋向自己的期望,有时我们不得不使用谎言来达成。在某些情况下说谎是可以被接受的,我们姑且称之为"善意的谎言"吧!在此举一个传说为例。

很久以前,在印度的一个小山村里有个很富裕的长者,他拥有一栋豪华住宅。有一天,在长者外出时,他的豪宅突然着火了,火势蔓延得很快。长者的宅院虽然很大,但却只修建了一扇门。这突如其来的大火使家人们都很慌张,一个个争先恐后从屋里逃到了门外。长者惊闻火灾后迅速赶回家来,但却发现他的儿子们尚未逃出来。

此时房子已经陷入火海中,木柱和方梁都燃起了火苗,灰烬也不停地往下掉。长者爱子心切,奋不顾身地冲进了火海中。他在火海中搜寻儿子们的身影。在一间屋子的角落里,他找到了自己的儿子们。那几个精力旺盛的孩子还没感觉到危险正向他们逼近,他们的玩兴正浓着呢!长者想冲进去将他们救出来,但无情的大火在他的面前形成了一道火墙,火势越来越猛,根本无法往前再踏近一步。情急之下,长者大声喊叫起来:

"孩子们,失火了!失火了!快点出来啊!"

但他的呼唤对还不懂事而且玩得正高兴的孩子们来说丝毫没有发挥作用,如果不能马上救孩子们逃离火海,那他们势必会被烧成焦炭。就在千钧一发之际,长者突然想起孩子们这几天一直在吵着要漂亮的嘟嘟车(儿童玩具),因此抱着姑且一试的心理向孩子们大喊:

"孩子们,你们不是想要漂亮的羊车、鹿车和牛车吗?现在我买回来了,正放在门外要给你们喔,快出来拿啊!"

困在火海中的孩子一听到父亲带回自己想要的羊车、鹿车和牛车,马上雀跃不已,争先恐后地冲出火海,一下子便冲出大门。此时,偌大的房屋终于承受不了大火的燃烧而倒塌了。

这个出自《法华经》第三章中的"三车火宅"传说,内容浅显易懂,同时也说明了善意谎言的必要性。同样是想救出孩子，但长者的真话却没有引起孩子的注意，可是"一个谎言把孩子们从火海中救了出来"。这个谎言就是所谓的权宜之计。所以，在必要时说谎是可以被原谅的。

生活中许多时候都需要这样的谎言，如果你的父母罹患癌症，生命危在旦夕，可你却不能向他们说出实情，只好编一些美丽的谎言，借以隐瞒事实，以期老人家在最后的日子里能快乐地度过。换言之，也正因为有了美丽的谎言，才使得老人家在病痛中能充满希望地顽强支撑。

美丽的谎言可以避免不必要的麻烦，并常常具有意想不到的作用。但在准备说谎时千万要想清楚，这个谎言是"善意的"还是"恶意的"，希望美丽的谎言能助你一臂之力。

说话要有点"眼力见儿"

所谓说话要有点"眼力见儿"，就是指能随机应变地转移话题，无论在什么场合，只要勇敢镇静，诙谐风趣，巧妙地、适时地、适当地转换话题，又妙语惊人，谈吐不凡，便可收到立竿见影的效果。否则"盲人骑瞎马"，一条道走到"黑"，一个劲地往死胡同里钻，其后果是"夜半临深崖"。

就拿药店为例。每个药店的营业员向顾客提供服务都需要有一个前提，这就是讲究接待方法。也就是在说话的时候要有点"眼力见儿"，针对不同的顾客需求，做出相应的回答。在药店的顾客中，女性就占据了"半边天"，营业员如果能接待好女性顾客，则能把销售范围扩大到"半边天"之外，因为那些女性不仅为自己购药，而且还经常为孩子买药，因为她们毕竟都是家庭主妇，在家里的一些小事情都归她们管理，所以对女性顾客的接待至关重要。

营业员说话要有"眼力见儿"，特别是在接待女性顾客的时候，因此在接待的时候要看看女性的年龄、职业及表情。通过观察，对于不同年龄、不同要求的女性顾客要运用不同的接待方法，而且在与她们交谈的时候要有分寸，而且还要把进店的每一位顾客都视为自己的亲朋好友，因为那样就容易极自然地做到主动、热情、文明、周到的服务了。

在一般情况下，妇科用药和儿科用药是女性顾客购买较多的药品。在接待方法上要有一定的针对性，对不同年龄段的女性要针对其本人实际情况采取不同的接待方法才行，特别是对年龄较轻、购药时表情犹豫不决或难以启齿的顾客，要采用低声询问、个别服务的方法。对文化素质较高者，可备好详尽的药品说明书，让其自己看，此时是"无声胜有声"，但需对药品的不良反应、注意事项适时地提示或忠告。对文化程度较低者要主动、热情、文明、周到地介绍药品功效、使用方法、不良反应、注意事项等。

如此一来，才能急顾客之所需，真正为顾客做一些事情，赢得顾客信任。

所以，在与别人交往时，说话要有点"眼劲儿"，这样才能获得别人好感，加深别人的印象。